权威·前沿·原创

皮书系列为
"十二五""十三五"国家重点图书出版规划项目

BLUE BOOK

智库成果出版与传播平台

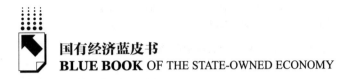

国有经济蓝皮书
BLUE BOOK OF THE STATE-OWNED ECONOMY

中国国有经济报告（2021）

REPORT ON CHINA'S STATE-OWNED ECONOMY (2021)

主　编 / 黄群慧

副主编 / 高文书

社会科学文献出版社
SOCIAL SCIENCES ACADEMIC PRESS（CHINA）

图书在版编目（CIP）数据

中国国有经济报告. 2021 / 黄群慧主编. —— 北京：
社会科学文献出版社，2021. 12
（国有经济蓝皮书）
ISBN 978 - 7 - 5201 - 9175 - 3

Ⅰ.①中⋯　Ⅱ.①黄⋯　Ⅲ.①国有经济 - 研究报告 -
中国 - 2021　Ⅳ.①F121. 21

中国版本图书馆 CIP 数据核字（2021）第 210189 号

国有经济蓝皮书
中国国有经济报告（2021）

主　　编 / 黄群慧
副 主 编 / 高文书

出 版 人 / 王利民
组稿编辑 / 邓泳红
责任编辑 / 吴　敏
责任印制 / 王京美

出　　版 / 社会科学文献出版社·皮书出版分社 （010）59367127
　　　　　地址：北京市北三环中路甲 29 号院华龙大厦　邮编：100029
　　　　　网址：www. ssap. com. cn
发　　行 / 市场营销中心 （010）59367081　59367083
印　　装 / 天津千鹤文化传播有限公司

规　　格 / 开本：787mm × 1092mm　1/16
　　　　　印张：20　字数：301 千字
版　　次 / 2021 年 12 月第 1 版　2021 年 12 月第 1 次印刷
书　　号 / ISBN 978 - 7 - 5201 - 9175 - 3
定　　价 / 128. 00 元

本书如有印装质量问题，请与读者服务中心（010 - 59367028）联系

主要编撰者简介

黄群慧 中国社会科学院经济研究所所长、研究员、博士生导师，《经济研究》主编、《经济学动态》主编，中国社会科学院大学经济学院院长，中国社会科学院国有经济研究智库主任。兼任中国企业管理研究会副会长、理事长，国家"十四五"规划专家委员会委员，国家制造强国建设战略咨询委员会委员，国务院反垄断委员会专家咨询组成员，国务院学位委员会学科评议组成员，国家计量战略专家咨询委委员，最高人民检察院专家咨询委员。享受国务院颁发的政府特殊津贴，入选"百千万人才工程"国家级人选，荣获"国家级有突出贡献的中青年专家"称号、文化名家暨"四个一批"人才。主要研究领域为发展经济学、制造业发展、企业改革与管理等。曾主持国家社会科学基金重大项目3项及其他研究项目多项。迄今为止，在《中国社会科学》《经济研究》等学术刊物公开发表论文300余篇，撰写《新时期全面深化国有经济改革研究》《工业化后期的中国工业经济》《企业家激励约束与国有企业改革》《新工业革命：理论逻辑与战略视野》《理解中国制造》《面向制造强国的产业政策》等专著30余部，主编"工业化蓝皮书""企业社会责任蓝皮书""国有经济蓝皮书""民营经济蓝皮书"多部。成果曾获孙冶方经济科学奖、张培刚发展经济学奖、蒋一苇企业改革与发展学术基金奖、"三个一百"原创图书奖、中国社科院优秀科研成果二等奖等，作品入选国家新闻出版总署优秀通俗理论读物出版工程、国家哲学社会科学成果文库等。

高文书 中国社会科学院大学经济学院常务副院长、教授、博士生导师。兼任中国社会科学院人力资源研究中心副主任，中国劳动经济学会常务理事、人力资源分会副会长，人社部劳动和社会保障研究院特邀研究员。曾任中国社会科学院人口与劳动经济研究所人力资源研究室主任。主要研究领域为人力资源、就业与经济发展。

2003年毕业于中国社会科学院研究生院财贸经济系，获经济学博士学位。同年进入中国社会科学院人口与劳动经济研究所从事研究工作，历任研究室主任、博士生导师、学术委员会委员等。2008年12月至2009年12月，任澳大利亚莫纳什大学经济系访问学者。2012年4~10月，任日本名古屋大学经济学院客座研究员。在《人民日报》、《经济研究》、*Journal of Development Studies*、*China Economic Review*、*Economics of Education Review* 等报纸期刊发表论文约100篇。主持国家社科规划办、中国社会科学院、发改委、人社部、科技部等国家和省部级课题20余项。

摘　要

　　"十四五"时期是我国全面建成小康社会、实现第一个百年奋斗目标之后，乘势而上开启全面建设社会主义现代化国家新征程、向第二个百年奋斗目标进军的第一个五年，我国将进入新发展阶段。在这个新的发展阶段，国有经济作为推进国家现代化、保障人民共同利益的重要力量，国有企业作为中国特色社会主义的重要物质基础和政治基础，要为贯彻新发展理念、构建新发展格局做出新的更大贡献。

　　《国有经济蓝皮书：中国国有经济报告（2021）》围绕中国国有经济如何服务构建新发展格局，分析中国国有经济发展总体状况，聚焦完善中国特色现代企业制度、推进国有资本布局优化和结构调整、积极稳妥推进新时代国有企业混合所有制改革、健全市场化经营机制、形成以管资本为主的国有资产监管体制、推动国有企业公平参与市场竞争、推动一系列国企改革专项行动落实落地等方面的重点任务，在构建新发展格局背景下，分析国有企业的角色定位、发展战略，探讨如何进一步深化国有企业改革和加快国有经济发展，更好地发挥国有经济在优化经济结构和畅通经济循环中的战略作用，为促进经济高质量发展提供新思路和政策建议。

　　报告认为，党的十八大以来，各级国资委和国资系统企业以习近平新时代中国特色社会主义思想为指导，全面贯彻落实习近平总书记关于国有企业改革发展和党的建设重要论述，特别是2016年全国国有企业党的建设工作会议重要讲话精神，深入贯彻落实党中央、国务院决策部署，持续推进国企改革"1＋N"政策体系落实落地，不断推动国企改革走深走实，取得了新

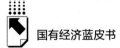

的重大进展和实质性突破。报告指出，新时代国有企业数量和规模实力显著增强，经济效益和运行质量稳步提高，企业创新能力和水平得到实质性提升，基础保障和民生供给能力不断加强，为服务国家战略和防范重大风险做出巨大贡献。

报告建议，新发展阶段要坚持党对国有企业的领导，建设中国特色现代国有企业制度。国有企业要增强以中华民族伟大复兴为己任、服务于中华民族伟大复兴战略全局、在全面建设社会主义现代化国家新征程中发挥支柱作用的使命感。新发展阶段国有资本应该更加聚焦高水平的科技自立自强、实体经济创新发展与产业链供应链治理能力提升的功能定位。新发展阶段国有资产监管体制改革要强调围绕资本的"技术属性"完善以管资本为主的监管体制，避免单纯围绕资本的"金融属性"来理解以管资本为主的监管体制。本报告从发展、改革、管理三大维度，就如何实现国有企业高质量发展、服务构建新发展格局，提出了一系列富有建设性、创新性的对策建议。

关键词： 国有经济　国有资本　国有企业　新发展格局

目 录

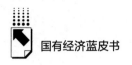

Ⅳ 管理篇

皮书数据库阅读**使用指南**

总 报 告
General Report

B.1
新时代国有经济的改革进展、
发展成就与未来任务

黄群慧*

摘　要：　党的十八大以来，国有企业改革不断深入，国有资本和国有
企业持续做强做优做大，中国特色现代企业制度和以管资本
为主的国有资产监管体制不断完善，国有经济布局优化和结
构调整持续推进，大力发展混合所有制经济，国有经济竞争
力、创新力、控制力、影响力和抗风险能力不断提升，国有
企业改革与国有经济发展取得了巨大的成就，为我国经济社
会发展、科技进步、国防建设、民生改善作出了历史性贡
献。中国特色社会主义进入到新发展阶段后，要全面贯彻新
发展理念、加快构建新发展格局，国有企业作为壮大国家综
合实力、推进国家现代化建设和保障人民共同利益的重要力

---

* 黄群慧，中国社会科学院经济研究所所长，中国社会科学院大学经济学院院长，研究员，博
士生导师。

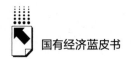

量，在完成建设社会主义现代化国家这个历史宏愿中要有新的使命和任务，这要求国有企业和国有资本应聚焦高水平的科技自立自强，产业链供应链治理能力提升，满足促进共同富裕和满足人民对于更加美好的生活需要，更好在"以内促外""双循环"中发挥作用、促进实体经济创新发展。

关键词：　国有企业　改革与发展　新发展阶段　新发展格局　使命与任务

　　党的十八大以来，中国进入中国特色社会主义建设新时代，这是中国发展的新的历史方位。在新的历史方位下，中国不断探索公有制多种实现形式，积极推进国有经济布局优化和结构调整，大力发展混合所有制经济，持续增强国有经济竞争力、创新力、控制力、影响力和抗风险能力，努力做强做优做大国有资本和国有企业，持续深化国有企业改革和完善中国特色现代企业制度，推进形成以管资本为主的国有资产监管体制，有效发挥国有资本投资公司、运营公司功能作用，国有企业改革与国有经济发展取得了巨大的成就。进入"十四五"时期后，经过全党全国各族人民持续奋斗，中国共产党实现了第一个百年奋斗目标，在中华大地上全面建成了小康社会，历史性地解决了绝对贫困问题，正在意气风发向着全面建成社会主义现代化强国的第二个百年奋斗目标迈进，中国社会主义进入新发展阶段。新发展阶段是我们党带领人民迎来从站起来、富起来到强起来历史性跨越的新阶段。国有企业作为壮大国家综合实力、推进国家现代化建设和保障人民共同利益的重要力量，在党执政兴国和中国社会主义国家政权的经济基础中起到了支柱作用，为我国经济社会发展、科技进步、国防建设、民生改善作出了历史性贡献，功勋卓著，功不可没。党的十九届六中全会通过的《中共中央关于党的百年奋斗重大成就和历史经验的决议》在总结中国特色社会主义进入新时代取得的十三个方面重大成就时指出："党毫不动摇巩固和发展公有制经济，毫不动摇鼓励、支持、引导非公有制经济发展，支持国有资本和国有企业做强做优做大，建立中国特色现代企业制度，增强国有经济竞争力、创新力、控制力、影响力、抗风险能力。"① 我国进入新发展阶段，国有企业在完成建设社会主义现代化国家这个历史宏愿中要有新的使命与任务。

一　新时代国有经济改革的基本进展

党的十八届三中全会以来，国有企业改革的进展集中体现为 2015 年 9 月 13 日《中共中央　国务院关于深化国有企业改革的指导意见》（以下简称《指导意见》）的下发以及相应配套文件的陆续发布，逐步形成了以《指导意见》为中心、以其他政策文件为配套的"1 + N"的政策体系，这意味着新时期全面深化国有企业改革的主体制度框架初步确立。同时，各领域国有企业改革向纵深探索。②

第一，推进国有企业功能界定与分类。2015 年 12 月，《关于国有企业功能界定与分类的指导意见》出台，与之相配套的《关于完善中央企业功能分类考核的实施方案》于 2016 年 8 月颁布，国资委和各地方政府普遍开展了对国有企业的功能界定工作，并积极研究制订和出台国有企业分类监管办法，中央企业在集团层面和子企业层面被分为商业一类、二类以及公益类三大类，首次实现了分类改革、分类监管和分类发展。

第二，推进国有资本布局与结构调整。十八大以来，国资委通过强强联合、优势互补、吸收合并、共建共享，按市场化原则完成 22 组、41 家中央企业战略性重组，中央企业数量从 2012 年底的 117 家调整至 2020 年底的 97 家，进一步增强了对行业产业发展的引领带动作用，有力推进了资源向优势企业集中，集中优势资源做强做优实业；2016 年加速开展压缩管理层级、

---

① 《中共中央关于党的百年奋斗重大成就和历史经验的决议》，人民出版社，2021，第 35 页。
② 本报告中国有企业主要是国资委系统监管的企业，并没有从严格学术意义上区分国有企业、国有经济、国有资本等概念。

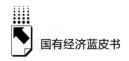

减少法人户数专项行动，中央企业累计减少法人 1.5 万户，减少比例达 28.4%，管理层级全部压缩至 5 级以内，企业组织结构进一步优化，集团管控能力和运行效率显著增强；出台《关于新时代推进国有经济布局优化和结构调整的意见》，过剩产能和低效无效资产加快退出，重要行业关键领域和战略性新兴产业布局调整力度进一步加大，国有资本进一步向关系国家安全、国民经济命脉和国计民生的重要行业和关键领域集中，向前瞻性战略性产业集中，境外投资和国际化经营深入推进。截至 2019 年底，中央企业境外资产总额 8.1 万亿元、所有者权益 2.3 万亿元，在全球 180 多个国家和地区拥有机构和项目超过 8000 个，海外员工达到 125 万人。①

第三，国有资产监管体制改革稳健前行。国务院于 2015 年 10 月印发了《关于改革和完善国有资产管理体制的若干意见》，对推进国有资产监管机构职能转变、改革国有资本授权经营体制、提高国有资本配置和运营效率、协同推进相关配套改革提出原则性要求。时隔一年半，发布《国务院国资委以管资本为主推进职能转变方案》，明确了国资监管事项，迈出了从以管企业为主的国资监管体制向以管资本为主的国资监管体制转变的重要一步。发布《国务院国资委关于以管资本为主加快国有资产监管职能转变的实施意见》，截至 2019 年，调整优化监管职能，取消、下放、授权监管事项 43 项，出台并动态调整权力和责任清单，监管重点聚焦优化资本布局、规范资本运作、提高资本回报、维护资本安全；27 个地方出台职能转变方案、37 个地方出台权责清单，累计取消、下放监管事项 696 项，职责边界更加清晰、行权履职更加规范，改进监管方式手段，有针对性地分类推进改革、分类促进发展、分类实施监管、分类定责考核。改组或组建一批国有资本投资、运营公司，截至 2019 年底，21 家中央企业和 118 家省级国资委出资企

<hr />

① 本报告的资料主要来自：一是《国务院关于 2019 年度国资系统监管企业国有资产管理情况的专项报告》，该报告是 2020 年 10 月 15 日在第十三届全国人民代表大会常务委员会第二十二次会议上，国务院国有资产监督管理委员会主任郝鹏受国务院委托，向全国人大常委会就 2019 年度全国国资系统监管企业国有资产管理情况进行的报告；二是国务院国资委研究中心于 2021 年 9 月 24 日在第四届中国企业发展论坛上发布的《中央企业高质量发展报告（2021）》，下面不再一一注明。

业开展国有资本投资、运营公司试点，加快打造国有资本市场化运作平台，建立起了界面清晰、精简高效、运行专业的管控模式，有效发挥产业培育和结构调整作用，不断强化国有资本运营功能。突出监督的严肃性、权威性、时效性，健全协同高效的监督机制。

第四，混合所有制改革有序推进。2015 年 9 月，《国务院关于国有企业发展混合所有制经济的意见》和《关于鼓励和规范国有企业投资项目引入非国有资本的指导意见》正式颁布。2016 年，《国有科技型企业股权和分红激励暂行办法》和《关于国有控股混合所有制企业开展员工持股试点的意见》先后出台。2017 年 11 月国家发改委、财政部、国资委等发布《关于深化混合所有制改革试点若干政策的意见》，2019 年 10 月国资委出台《中央企业混合所有制改革操作指引》。在这些政策指引下，坚持因地施策、因业施策、因企施策，宜独则独、宜控则控、宜参则参，不搞拉郎配，不搞全覆盖，不设时间表原则，按照完善治理、强化激励、突出主业、提高效率要求，分层分类深化国有企业混合所有制改革。2013～2019 年，中央企业实施混改 4000 多项，引入社会资本超过 1.5 万亿元，混改企业户数占比提高近 20 个百分点、超过 70%；上市公司已成为中央企业混改的主要载体，中央企业控股上市公司资产总额、利润分别占中央企业的 68%、86%；到 2019 年已经稳步开展四批 210 户电力、民航、电信、军工等重点领域混改试点。2020 年中央企业实施混合所有制改革 900 余项，引入民营资本超过 2000 亿元。为加强对混合所有制改革过程的监督，印发《企业国有资产交易监督管理办法》《上市公司国有股权监督管理办法》，防止只投不管，严格规范交易行为，推进信息公开，强化社会监督，坚决防止国有资产流失。

第五，中国特色现代企业制度日趋完善。首先，坚持"两个一以贯之"，牢牢把握坚持和加强党对国有企业的全面领导这一重大政治原则，把加强党的领导和完善公司治理统一起来，国有企业党建工作持续发力，中央企业全部开展了集团层面章程修订工作，实现了党建工作要求进章程。推动党的领导融入公司治理制度化、规范化、程序化。健全"三重一大"决策制度，落实党委（党组）研究讨论前置程序，充分发挥党委（党组）的领

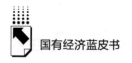

导作用，尊重和支持董事会、经理层依法行使职权。2020年93家中央企业及1432家（占比83%）子企业制定了党委（党组）前置研究讨论重大经营管理事项清单。其次，以董事会建设为重点完善公司法人治理结构。颁布了《国务院办公厅关于进一步完善国有企业法人治理结构的指导意见》，中央企业和96%的地方国资委出资企业已完成公司制改制；到2020年，国有独资、全资公司全面建立外部董事占多数的董事会。中央企业实现董事会应建尽建，94.6%的地方国资委出资企业建立了董事会，董事会定战略、作决策、防风险功能作用有效发挥。再次，国资监管部门向建有规范董事会的国有企业陆续下放发展决策权，经理层成员选聘权，业绩考核权，薪酬、职工工资分配及重大财务事项等重要权限，全面深化劳动、人事、分配三项制度改革，建立健全反应灵敏、运行高效的市场化经营机制，积极推进经理层成员任期制和契约化管理，推行职业经理人制度，中央企业621户子企业选聘职业经理人近5000人，省级国资委出资企业选聘职业经理人3000多人。"十三五"期间，119户中央企业控股的上市公司有效实施了股权激励，覆盖近1.8万名核心人才。最后，加大政策支持和资金保障力度，推动剥离办社会职能和解决历史遗留问题取得历史性进展，到2020年底，基本完成了职工家属区"三供一业"、市政社区管理等职能分离移交和教育医疗机构深化改革，总体上全面解决了企业办社会和历史遗留问题。

2020年6月《国有企业改革三年行动方案（2020—2022年）》出台，掀起了新一轮国有企业改革热潮，进一步激发国有企业改革发展的内生活力。"三年行动方案"提出着力完善中国特色现代企业制度、着力推进国有经济布局优化和结构调整、着力积极稳妥深化混合所有制改革、着力健全市场化经营机制、着力形成以管资本为主的国有资产监管体制、着力推动国有企业公平参与市场竞争、着力抓好国企改革专项工程、着力加强国有企业党的领导和党的建设的"八个着力"和50条意见。一是着力形成更加成熟更加定型的中国特色现代企业制度和以管资本为主的国资监管体制。2022年，国有企业重要子公司在董事会规范运作的基础上全面依法落实董事会各项权利，国有企业全面建立董事会向经理层授权的管理制度；基本形成科学系统、精简高效的以管资本为主的国资监管制度体系，基本形成国有资本投资、运营公司以及产业集团公司的功能鲜明、分工明确、协调发展的国家出资企业格局，实现国有企业信息公开全覆盖。二是围绕服务国家重大战略着力推进国有经济布局优化与结构调整。有效发挥国有经济优化结构畅通循环稳增长的作用、推进国有资本向重要行业和关键领域集中、提升国有企业自主创新能力、清退不具备优势的非主营业务和低能无效资产、完成剥离国有企业办社会职能解决历史遗留问题。三是着力深化国企混合所有制改革、健全国企市场化经营机制和推动国企公平参与市场竞争。推动混合所有制企业深度转换经营机制，支持混合所有制企业全面建立灵活高效的市场化经营机制，国资监管机构对持有股权的混合所有制企业、股权多元化的国有全资公司探索实施有别于国有独资公司的治理和监管机制；2022 年在国有企业子企业全面推行经理层成员任期制和契约化管理，实施以劳动合同管理为基础、以岗位管理为核心的市场化用工制度；在电网、电信、铁路、石油、天然气等重点行业和领域，放开竞争性业务，进一步引入市场竞争机制，建立健全符合国际惯例的补贴体系，形成科学合理、稳定可靠、公开透明的补偿机制。

二 新时代国有经济发展的主要成就

经过多年的改革发展，国有经济发展取得了巨大成就，尤其是新时代以来，国有企业稳健成长，国有资本和国有经济围绕着功能定位不断发展，已经具备了在新发展阶段为实现第二个百年奋斗目标而做出更大贡献的基本条件，拥有了开启新征程、实现新的更高目标的雄厚基础。

一是国有企业数量和规模实力显著增强。从数量上看，截至 2019 年底，国资系统企业共 1.3 万家（包括中央企业 97 家，省级企业 990 家，地市及区县级企业 12294 家），各级子企业 16.7 万户，进入世界 500 强的国有企业数量增加到 80 家，其中 49 家为中央企业，国家电网、中国石油、中国石化连续多年稳居世界 500 强的前 5 位。一大批具有核心竞争力的骨干企业相继涌现，为推动经济社会发展、保障和改善民生、增强综合国力作出了重要贡

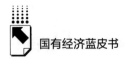

献。从规模上看，2020 年全国国资系统监管企业资产总额达到 218.3 万亿元，2020 年的营业收入为 59.5 万亿元、"十三五"时期的年均增速分别为 12.7%、7.4%。中央企业资产总额连续突破 50 万亿元、60 万亿元关口，2020 年底达到 69 万亿元，年均增速达到了 7.7%。截至 2019 年底，国资系统企业所有者权益 66.8 万亿元、国有资本权益 47.9 万亿元。其中，国务院国资委监管的中央企业所有者权益 22.2 万亿元、国有资本权益 13 万亿元。

二是经济效益和运行质量稳步提高。从经济效益看，2019 年，国资系统企业实现营业总收入 59.1 万亿元、利润总额 3.6 万亿元，较 2012 年分别增长 55.3%、78.8%，实现增加值 12.6 万亿元，占当年国内生产总值（GDP）的 12.8%。其中，中央企业实现营业总收入 31 万亿元、利润总额 1.9 万亿元，较 2012 年分别增长 38.8%、46.9%。2020 年虽然受新冠肺炎疫情影响，中央企业实现营业总收入 30.4 万亿元、利润总额 1.9 万亿元，但是"十三五"期间年均增速达到 9.4%。从运行质量看，2019 年，国资系统企业营业收入利润率 5.9%，较 2012 年提高 1.6 个百分点；全员劳动生产率 40.3 万元/人，较 2012 年增长 45.4%。其中，中央企业营业收入利润率 6.1%，较 2012 年提高 1.1 个百分点；全员劳动生产率 56.3 万元/人，较 2012 年增长 47.3%。2020 年，在新冠肺炎疫情突袭而至和经济形势复杂严峻的背景下，中央企业营业收入利润率为 6.1%，同比提升 0.1 个百分点；成本费用利润率 6.5%，同比提升 0.2 个百分点。在"十三五"期间，中央企业的营业收入利润率提升 1.9 个百分点，全员劳动生产率年均增速达 7.4%，资产负债率降低 2.4 个百分点。

三是企业创新能力和水平得到实质性提升。"十三五"期间，加强了对科技创新激励的制度保障，加大了政策支持力度。按照能给尽给、应给尽给原则，对用于企业重大科技创新的支出，凡属研发费用一律视同利润加回，凡属创新奖励一律实行工资总额单列，凡属人才表彰奖励一律畅通绿色通道。中央企业的研发投入强度从 2016 年的 2.26% 提升到 2020 年的 2.79%，中央工业企业研发投入强度达到 3%，五年间累计投入的研发经费达到 3.4 万亿元，约占全国的 1/4。中央企业作为科技创新的国家队，在载人航天、深海探测、高速铁路、高端装备、能源化工、移动通信、北斗导航、国产航母、核电等领域取得了一大批世界先进水平的标志性重大成果。"十三五"以来，中央企业累计获得国家科技进步奖、技术发明奖364项，占全国同类获奖总数的38%。截至2019年底，中央企业拥有有效专利总量约77万项，较2012年底增长3倍。中央企业打造了一批高水平科技平台，提高了企业创新能力，中央企业的国内外研发机构数量达到4360个，国家重点实验室91个，占企业国家重点实验室的50%以上；牵头或参与15个国家科技重大专项。集聚了一批高层次创新人才，中央企业从事研发人员达到97.6万人，两院院士229人，其中工程院院士占全国的1/5。

四是基础保障和民生供给能力不断加强。国资系统企业提供了全国近100%的原油产量和上网电量、97.4%的天然气供应量，搭建了覆盖全国的基础电信网络，在重大基础设施和民生工程建设运营方面发挥了重要作用。近年来一直积极落实提速降费、降电价等政策，带头降低社会经济运行成本。"十三五"期间，通信企业降费让利约7000亿元，电力企业降低全社会用电成本4000亿元，2020年中央企业降电价、降气价、降资费、降路费、降房租，全年降低社会运行成本1965亿元。2012～2019年，国资系统企业上缴税费25.9万亿元，约占同期全国税费收入的1/4，中央企业上缴国有资本收益6618亿元，向社保基金划转国有资本1.1万亿元、占中央层面划转总额的80%以上。国有企业在保障能源资源安全、节能减排等方面同样发挥了重要作用，"十三五"期间中央企业万元产值综合能耗按照可比价下降了17%，二氧化硫、氮氧化物、化学需氧量和氨氮排放量四项污染物排放指标分别下降了30%、25%、35%和31%，均提前完成"十三五"目标任务。

五是为服务国家战略和防范重大风险做出巨大贡献。在促进区域发展、服务国家区域发展战略方面成效明显。围绕东北等老工业基地振兴、中部地区崛起、西部大开发，聚焦京津冀协同发展、粤港澳大湾区建设、长三角一体化发展等国家区域发展战略，先后与全国多个省区市开展了合作对接，实现合作共赢，仅2019年中央企业与地方签署战略合作项目就达390个。在助力脱贫攻坚方面做出了巨大贡献，积极改变贫困地区生产生活条件，发挥

产业优势，切实提升贫困群众勤劳致富能力。中央企业积极做好援疆援藏援青对口帮扶任务，定点帮扶 246 个国家扶贫重点县（占全国的 42%），截至 2019 年底已有 219 个国家扶贫重点县宣布摘帽，承担 1.2 万个地方安排的结对帮扶任务，累计投入和引进帮扶资金超过千亿元，派出挂职扶贫干部 3.7 万亿名。参与"一带一路"建设成果丰硕，在"一带一路"沿线国家和地区设立经营单位 7180 户，中央企业参与建设"一带一路"项目超过了 3000 项，有力地促进了项目所在国的经济发展。在防范风险方面，统筹发展与安全，把风险防范摆在突出位置，系统构建风险防范体系，全面提升防范化解重大风险的能力和水平，强化依法合规经营，确保债务风险可控在控。尤其是面对突如其来的新冠肺炎疫情，国资国企全力以赴保障基础能源、移动通信、交通运输等行业稳定运行，抢建火神山、雷神山医院和方舱医院，紧急转产扩产紧缺医疗物资、加快疫苗研制，在应急保供、医疗支援、复工复产、稳定产业链供应链等方面发挥了重要作用。

三 新发展阶段国有经济发展的使命与任务

习近平总书记在庆祝中国共产党成立 100 周年大会上代表党和人民庄严宣告：经过全党全国各族人民持续奋斗，我们实现了第一个百年奋斗目标，在中华大地上全面建成了小康社会，历史性地解决了绝对贫困问题，正在意气风发向着全面建成社会主义现代化强国的第二个百年奋斗目标迈进。这意味我国社会主义现代化事业将进入新发展阶段。

新中国成立以来，国有企业作为壮大国家综合实力、推进国家现代化建设和保障人民共同利益的重要力量，在党执政兴国和中国社会主义国家政权的经济基础中起到了支柱作用，始终将自身的发展使命与国家发展战略紧密结合在一起。在新发展阶段，社会主义市场经济体制日益成熟，国有企业日益适应市场经济体制，国有企业改革发展已经取得了巨大成就，国有企业具备了为中国人民"强起来"做出巨大贡献的更为充分的条件，国有企业自身需要有更加强烈的使命感。

现代企业管理学认为，使命是企业组织存在的理由，使命决定战略，企业组织基于战略进行有效运作，在市场中计划运筹、组织协调各种资源，最终实现自己的使命，这是企业组织运行的基本逻辑。在市场经济条件下，如果仅仅把企业作为一个具有"经济人"特性、追求经济利益最大化的组织，企业就很难做大做强做久。卓越的企业从来不是把盈利作为自己组织的使命或者目标，盈利只是企业发展的手段，企业必须有为社会进步做出贡献的崇高使命。这对于中国国有企业而言，更是应该把实现中华民族伟大复兴作为自己的根本使命，这是国家出资设立国有企业的最基本要求，也是国有企业存在的理由。

在使命上将国有企业与社会主义现代化国家建设紧密联系起来，是中国特色社会主义制度对国有企业的内在要求，需要企业在价值观和企业文化方面认同，这不仅有利于企业在制订和实施发展战略时能够与国家战略同频共振，还有利于企业在激烈的市场竞争中避免短期化行为和培养全局意识，从而有利于企业的长远发展。改革开放以来，经过深化国有企业改革与国有经济战略性调整，在关系国家安全、国民经济命脉的重要行业和关键领域，在前瞻性战略性领域、公共服务领域和竞争性领域，国有企业占据重要的地位，对国民经济发展发挥了主要的支撑和稳定作用。在新发展阶段，围绕"强起来"的使命要求，国有企业应坚持贯彻新发展理念、走高质量发展之路，加快构建新发展格局，在全面建设社会主义现代化国家过程中发挥应有的作用。①

第一，国有企业应聚焦高水平的科技自立自强。构建新发展格局最本质的特征是实现高水平的自立自强，而自立自强的关键在于科技的自主创新。在新发展阶段，创新在我国现代化建设全局中处于核心地位，科技自立自强是"十四五"规划的首要任务目标。国有企业聚集了国家最重要的科技创新资源，代表了国家最重要的战略科技力量，"十三五"时期国有企业在科

---

① 黄群慧、张弛：《新发展阶段国有企业的核心使命与重大任务》，人民网，2021年3月11日。

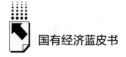

技创新方面取得突出成绩，为"十四五"期间进一步发展打下了良好基础。不过需要指出的是，国有企业总体上研发投入还严重不足，尤其是在基础研究方面投入较少。面对众多"卡脖子"关键核心技术薄弱环节，国有企业尤其是中央企业还没有很好地发挥作用进而实现迅速突破。国有企业必须围绕着原创性技术创新进行大量资本布局，针对国家重大科技和产业化项目进行科学战略部署，强化基础研究投入，提高高级技能工人占比，完善科技服务体系，在积极探索市场经济条件下的新型举国体制和推进创新攻关的"揭榜挂帅"体制机制的过程中发挥重要作用，国有企业尤其是中央企业要成为新型举国体制下的科技自立自强的核心平台，组织协调攻关重大的、战略性、基础性、共性技术问题，提升重大项目的组织实施效率。围绕提升国有企业科技创新水平推进相关国资国企改革举措，使得国有企业尤其是中央企业真正成为构建新发展格局的原创技术的策源地。

第二，国有企业应聚焦产业链供应链治理能力提升。从供给侧看，产业基础能力薄弱和产业链供应链现代化水平低是制约我国经济高质量发展的突出短板，提高我国产业基础能力和产业链水平是构建新发展格局的关键着力点。在当今全球价值链分工的背景下，提升国家产业链供应链现代化水平，就是一个国家推进其产业链供应链向高附加值延伸、强化其产业在全球价值链各环节的增值能力、实现在全球价值链的地位升级和企业在全球价值链治理能力提升的过程。从国际经济循环角度看，中国企业在全球价值链分工地位还处于中低环节，对全球价值链治理还缺少话语权；从国内经济循环角度看，总体上国有企业尤其是中央企业在产业链供应链中处于中上游地位，对产业链供应链具有一定的控制能力，但这种能力主要是基于资源导向的，不是基于创新导向的。新发展阶段要构建新发展格局，提升中国产业基础能力和产业链水平，国有企业要在现有的基础上，采用流程或者工序升级、产品升级、价值链环节攀升，或者企业功能升级、价值链跃迁，或者跨产业升级及其组合等方式来提高我国产业基础能力和产业链水平，实现从基于资源优势控制产业链向基于创新能力控制产业链的转化。这要求中央企业高度重视基础研究、共性技术、前瞻技术和战略性技术的研究，积极引导完善试验验证、计量、标准、检验检测、认证、信息服务等基础服务体系，在准确把握我国产业链、供应链、价值链分布和关键技术的现状的基础上在产业基础再造工程中发挥核心作用。中央工业企业应在生产制造层面成为要素集成、技术创新、流程优化、人才培育的专业平台，从而在专业集成、久久为功下提高中国的工业基础能力和产业附加值，成为真正意义的基于创新能力的产业链供应链的"链长"。

第三，国有企业应聚焦促进共同富裕和满足人民对于更加美好的生活需要。人民对于美好生活的向往是我们党和国家的根本奋斗目标，人民有能力满足自身的需要，且社会能够提供相应的需求，内需才能够不断扩大，有助于畅通国内大循环。一方面，居民收入水平直接决定了居民消费能力，进而影响着国家的内需消费潜力。如何合理调节城乡、区域和不同群体之间的收入水平，增加低收入者收入，扩大中等收入群体，调节过高不合理收入，是深化收入分配制度改革的重要任务，也是完善内需体系、畅通我国经济循环在收入分配领域的重要要求。国有企业吸纳了我国大量居民就业，从多方面影响着收入分配体系的形成，对于形成完善的收入分配体系具有重要的作用。另一方面，消费体系对于扩大内需、畅通国民经济循环具有最终牵引效应，我国正处于工业化后期和城镇化中期阶段，居民消费快速转型升级。长期以来制约消费体系转型升级的体制机制问题一直没有得到有效解决，严重抑制了消费的转型升级。国有企业对于形成新型消费体系而言意义重大，是我国促进消费品质升级、消费均衡发展的重要抓手。在新发展阶段，国有企业应积极思考如何更好地完善收入分配体系，健全国有企业内部激励分配机制，合理参与社会收入再分配，在正确处理国家、企业和个人之间的分配关系上形成国企样板，为实现共同富裕贡献力量，相关国资国企监管机制应充分适应这方面的要求。与此同时，国资国企还应主动布局人民群众亟须的消费领域和消费环节，通过市场机制满足人民群众对于高品质生活的需求，在参与形成新型消费体系的过程中做强做优做大国有资本和国有企业。

第四，国有企业发展应聚焦更好地在"以内促外""双循环"中发挥作

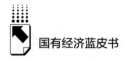

用。正确处理国内大循环与国际循环的关系是形成新发展格局的关键，面对国际环境的不确定性与"两头在外"国际循环带来的问题，以及我国国内经济规模、发展阶段和各类条件的变化，必须逐步转向以国内大循环为主体。但也必须认识到，这并不意味着不重视国际循环，更不意味着主动"脱钩"、闭关锁国，而是在更高开放水平的基础上形成以国内大循环为主、国内国际循环相互促进的"新局"。国有企业在我国对外开放过程中一直发挥着重要作用，在改革开放初期曾是引进外资和外部技术的主要力量。在构建新发展格局条件下，国有企业也应成为"以内促外"的重要主体，加大开放合作力度，积极落实国家对外发展战略举措。在当前外部经济发展环境急剧变化的条件下，在新发展阶段国资国企改革应促进国有企业更好地参与新形势下的国际经贸合作，积极应对区域贸易协定、贸易合作组织对于国有企业的质疑和挑战，在共建"一带一路"、参与 CPTTP 协定、完成"碳中和"目标等问题上发挥国有企业的应有作用。

第五，国有企业发展应该聚焦促进实体经济创新发展。近些年中国经济总体上呈现"脱实向虚"的趋势，一定程度上出现了过快和过早"去工业化"问题，这十分不利于我国经济高质量发展，不利于我国经济安全。一定要坚持把发展经济的着力点放在实体经济上，"十四五"时期要保持制造业比重基本稳定，巩固壮大实体经济根基，这是我国构建新发展格局、经济高质量发展的基本政策导向和要求。中央企业是我国实体经济的顶梁柱和制造强国建设的主力军，必须在推进实体经济创新发展上大有作为。但总体上国有资本也存在一定程度"脱实向虚"问题。从 2020 年 1 到 11 月的数据看，中央企业中工业企业资产总额占比 51.4%，虽然保持超过了一半比例，但近些年占比也是呈现明显下降趋势，2019 年工业企业资产总额占全部中央企业资产总额较 2015 年下降 5.5 个百分点；而同期地方国资委监管的国有工业企业资产总额占比更是只有 12.9%，比金融业低 9.5 个百分点，比房地产和建筑业还低 2 个百分点，2019 年比 2015 年下降了 7.5 个百分点。新发展阶段，国有资本必须在实体经济，尤其是制造业上积极布局，国资委要强化主业管理，有效地推动实体经济创新发展。

　　针对上述新发展阶段的重点任务和使命，新发展阶段国有资产监管体制改革要强调围绕资本的"技术属性"，完善以管资本为主的监管体制，避免单纯围绕资本的"金融属性"来理解以管资本为主的监管体制。这主要是基于以下几个方面的考虑。

　　国有企业使命定位和国有资本的功能布局的实现，不仅仅是国有企业自身的问题，同时与国有资产监管体制直接相关。党的十八大提出，要建立以管资本为主的国有资产监管体制，党的十九大和十九届四中、五中全会强调要健全以管资本为主的国有资产监管体制。建立健全以管资本为主的国有资产监管体制，是我国完善社会主义市场经济体制、深化国有企业改革的一项重要制度，是我国国资国企改革的重大进步，对避免政企不分、使国有企业成为真正的市场主体具有重要的意义。但是，近些年在建立和完善"管资本为主"监管体制过程中，出现了一些错误的理解，把"管资本为主"理解为"单纯管资本"、不能"管企业"，把"管资本"单纯理解为监管企业的资本收益。在分类改革的背景下，对商业一类企业国资委的确是主要考核其国有资产保值增值和利润状况。但这并不意味着国资委就不能对其企业使命、发展战略等重大经营方向进行监管，实际上应该把管企业的资本和管企业的使命、战略等统一起来。对于商业二类和公益类企业更应该注重对其企业使命、经营战略等重大发展问题进行监管。正是由于这些片面的理解，在宏观经济"脱实向虚"的背景下，一些国有企业将"管资本为主"作为挡箭牌，开始"脱实向虚"，只关注资本运作，成立大量基金投入非主业项目，放弃做强主业实业的使命。这在一定程度上加速了整个经济"脱实向虚"、过早过快"去工业化"的趋势。另外，从长期看企业核心能力弱化也加大了企业未来的经营风险。

　　从经济学理论来看，即使是"管资本"，其内涵也绝不是单纯的只关注资本收益。"资本"在现实中存在两种内涵，或者说属性，一种是资本可以表述为作为一种资源的可自由流动的资金，能够很容易地从一种用途转换为另外一种用途，这实质上是资本的"金融"概念或者"金融属性"。资本这种属性更多地对应于利率概念来度量其价值，其运营主体更多的是金融类机

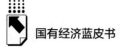

构。另一种是资本可以表述为在某特定生产组织或者机构内进行的生产过程中包含的一组生产要素，这实质上是资本的"技术"概念或者"技术属性"，资本这种属性更多地对应于利润率来度量其价值，其运营主体多是从事生产服务的实体经济类机构。由于资本的这两种现实属性或者概念在理论逻辑上还不能够有机地结合起来，经济学家还一直深陷于资本理论中关于利润率、资本密度（人均资本或者单位产出资本）、利率和技术进步之间的相互关系的研究论证中。

从国资委监管的对象看，其监管资本的含义更多的是具有"技术属性"，而非"金融属性"。这意味着国资委"管资本"需要监管对象基于"技术属性"投入资本获得产出的利润率，而不是基于"金融属性"投入资本在资本市场上的资源流动中获得"利率"收益。也就是说，国资委"管资本"不仅要考核其资本回报，还要关注其资本回报是通过什么途径获得的，要监管企业是否脱离主业、违背使命要求和偏离资本功能定位。在当前一些国有企业出现资本无序扩张、发展战略出现"脱实向虚"倾向等问题的情况下，强化国有企业使命监管和战略管控就更加必要和紧迫。

当然，这并不意味着国有资产监管体制要回到十八大之前。在"管资本为主"的管理体制下，对于国有企业，国资委除了监管国有资本保值增值，更多的是对国有企业使命、重大战略层面的监管。在新发展阶段，国有企业要增强以中华民族伟大复兴为己任、服务于中华民族伟大复兴战略全局、在全面建设社会主义现代化国家新征程中发挥支柱作用的使命感，国有资本应该更加聚焦高水平的科技自立自强、实体经济创新发展与产业链供应链治理能力提升的功能定位，那么"管资本为主"的国有资产监管体制，不仅要考核其资产回报，更要重视上述国有企业的使命实现和国有资本的功能定位。

发 展 篇
Development Reports

B.2
中国国有经济发展总体状况

高文书*

摘　要：　党的十八大以来，我国国有企业数量不断增加，职工人数稳中有降，国有企业资产规模持续提升，净资产总额不断扩大，营业总收入波动中攀升。国有企业利润总额总体上呈现增长态势，营业收入利润率稳中有升，应缴税费平稳增长，资产负债率不断下降，国有经济运行质量明显改善。从行业和产业分布来看，国有企业资产主要分布于工业、社会服务业、交通运输仓储业以及房地产业;在工业内部，主要集中在重工业;在三大产业内部，主要集中在第三产业即服务业。国有经济中工业的占比明显下降，服务业占比不断提高。从地区分布看，我国国有企业资产主要集中在发达省份和地区，中西部地区尤其是东北地区占比较小。东部地区国有资产占比呈下降趋势，中部地区和西部地区占比呈上升

＊　高文书，中国社会科学院大学经济学院常务副院长，教授，博士生导师，主要研究领域为人力资源、就业与经济发展。

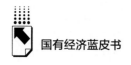

趋势，东北地区占比有所波动但幅度很小。国有企业和国有资本不断做强做优做大，国有经济竞争力显著增强。

关键词： 国有经济　国有企业　国有资本　国有经济布局

国有经济在我国国民经济中发挥着主导作用，在多种所有制结构中处于支配地位，保证各种所有制经济沿着社会主义道路前进。[①] 2003 年国务院国资委成立以来，我国国有经济部门资产规模稳步提高，国有资本总量增长态势明显。[②] 十八大以来，我国国有企业数量不断增加，规模实力显著增强，经济效益稳步提高，运行质量明显改善，为推动经济社会发展、保障和改善民生、增强综合国力作出了重要贡献。[③] 党的十八届三中全会指出，发挥国有经济主导作用。党的十九届五中全会进一步强调，发挥国有经济战略支撑作用。本报告主要利用相关统计数据，描述了十八大以来我国国有经济的规模、运行质量和布局结构的发展状况。

一　国有经济总量发展情况

党的十八大以来，我国国有企业总体数量不断增加，公司制国有企业数量显著增加，非公司制国有企业数量下降，国有企业职工人数稳中有降，国有企业资产总额持续提升，净资产总额不断扩大，营业总收入波动中攀升，国有企业和国有资本不断做强做优做大。

（一）国有企业数量不断增长

从国有企业总体数量来看，2012～2019 年，全国国有企业数量从 14.7 万

① 张宇：《中国特色社会主义政治经济学》，中国人民大学出版社，2016。
② 黄群慧等：《新时期全面深化国有经济改革研究》，中国社会科学出版社，2015。
③ 郝鹏：《国务院关于 2019 年度国资系统监管企业国有资产管理情况的专项报告》，中国人大网，2020 年 10 月。

户增加到 21.7 万户，增长了 47.6%。其中，中央国有企业从 4.8 万户增加到 6.2 万户，增长了 29.2%；地方国有企业从 9.9 万户增加到 15.5 万户，增长了 56.6%。地方国有企业数量比中央国有企业数量更多，增长得更快（见图1）。

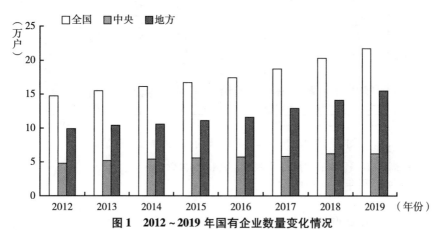

图1　2012～2019年国有企业数量变化情况

资料来源：《中国财政年鉴2020》，根据国研网数据库整理，http://data.drcnet.com.cn/。

分企业规模来看，大型国有企业数量呈波动下降趋势，中型国有企业数量基本保持稳定，小微型国有企业数量则呈波动上升趋势，显示出小微型国有企业数量呈现比较蓬勃的发展态势。从企业数量对比来看，小微型国有企业数量最多，其次是中型国有企业，大型国有企业数量最少（见图2）。

分公司制和非公司制国有企业来看，公司制国有企业户数始终远远高于非公司制国有企业户数。公司制国有企业户数占比始终超过 80%，2019 年占比达到 96.3%。从 2012 年到 2019 年，公司制企业户数在波动中有所增长，其中在 2014 年经历了一次幅度较大的下降，而后逐年稳步上升；非公司制企业户数呈现波动下降趋势，其中 2014 年下降幅度较大（见图3）。公司制国有企业数量的增加和占比的提高，是符合市场化改革方向的要求的。公司制改制全面完成，实现了历史性突破。[1]

---

[1]　郝鹏：《深入实施国企改革三年行动　推动国资国企高质量发展》，《企业观察家》2021 年第1期。

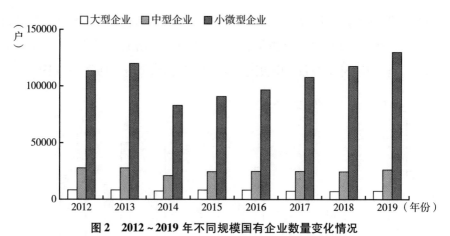

图2　2012～2019年不同规模国有企业数量变化情况

资料来源：根据国有资产监督管理委员会网站相关数据整理，http：//www. sasac. gov. cn/n16582853/n16582888/index. html。

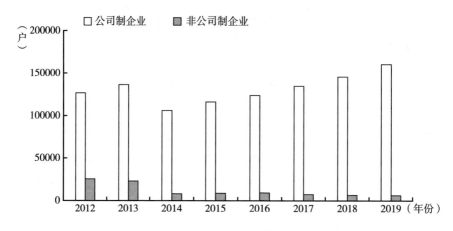

图3　2012～2019年公司制和非公司制国有企业户数变化情况

资料来源：根据国有资产监督管理委员会网站相关数据整理，http：//www. sasac. gov. cn/n16582853/n16582888/index. html。

　　分地区来看，东部地区企业户数始终远远高于中部和西部地区，其中，中部地区企业户数略低于西部地区。从2012年到2019年，三个地区的企业户数均在2014年经历了一次大幅下降，而后逐年稳步上升，东部地区和西部地区企业户数在2019年已经恢复并超过2012年的水平，中部地区仍未恢复至2012年水平（见图4）。

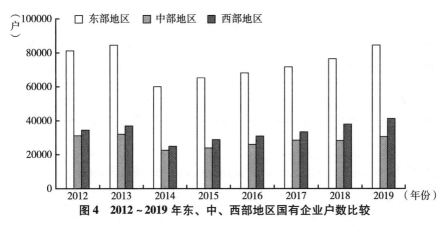

图4　2012～2019 年东、中、西部地区国有企业户数比较

资料来源：根据国有资产监督管理委员会网站相关数据整理，http：//www. sasac. gov. cn/n16582853/n16582888/index. html。

在企业数量不断增加的同时，国有企业职工人数基本稳定在 3600 万人左右，但随着时间的推移，呈现缓慢下降趋势。全国国有企业职工人数从 2012 年的 3647. 9 万人下降到 2019 年的 3531 万人，减少了 116. 9 万人，相当于每年减少约 17 万人（见图5）。

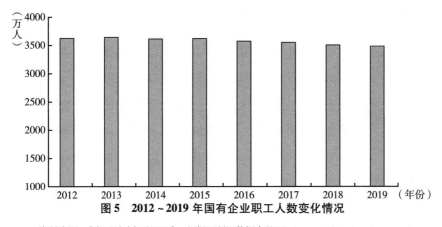

图5　2012～2019 年国有企业职工人数变化情况

资料来源：《中国财政年鉴 2020》，根据国研网数据库整理，http：//data. drcnet. com. cn/。

（二）国有资产规模持续扩大

国有资产是全体人民的共同财富，实现国有资产保值增值是国企改革的根本前提。2012 年以来,全国国有企业资产总额持续提升。2012～2019 年,全国国有企业资产总额从 89.5 万亿元增加到 233.9 万亿元,年均增长率达到 14.7%。其中,中央国有企业资产总额从 43.4 万亿元增加到 87.0 万亿元,年均增长 10.4%;[①] 地方国有企业资产总额从 46.1 万亿元增加到 147.0 万亿元,年均增长 18.0%。这显示地方国有企业资产规模增速比中央国有企业更快(见图 6)。

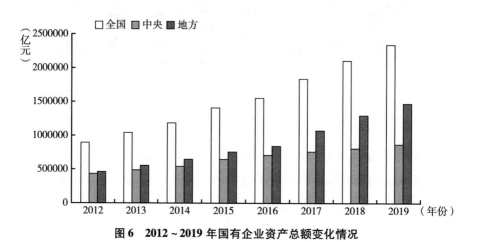

图 6　2012～2019 年国有企业资产总额变化情况

资料来源:《中国财政年鉴 2020》,笔者根据国研网数据库整理,http://data.drcnet.com.cn/。

根据《中国国家资产负债表 2020》,2019 年国内社会资产总额为 1655.6 万亿元,据此计算,当年国有企业资产总额占到国内社会资产总额的 14.1%,可见国有经济部门在我国经济中占有重要地位。从发展趋势看,国有企业资产总额占国内社会资产总额的比例在 2012～2016 年基本维持在 12.3% 左右,而后呈现快速提升趋势,显示出国有企业资产总额在国民经济中的地位不断提升(见图 7)。

在资产总额持续提高的同时,国有企业净资产总额不断增加,从 2012 年的 32.0 万亿元增长到 2019 年的 84.1 万亿元,年均增长 14.8%,增速略高于总资产增速(14.7%)(见图 8)。

①　数据来自《中国财政年鉴 2020》,笔者根据国研网数据库整理计算,http://data.drcnet.com.cn/。

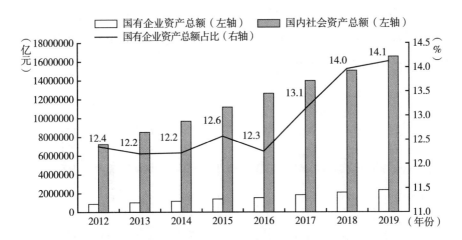

图7 2012～2019年国有企业资产总额占国内社会总资产总额的比例变化情况

资料来源：国有企业资产总额数据来自《中国财政年鉴2020》，笔者根据国研网数据库整理，http：//data. drcnet. com. cn/；国内非金融资产总额数据，详见李扬、张晓晶等著《中国国家资产负债表2020》，中国社会科学出版社，2021。

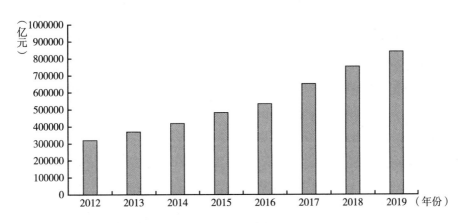

图8 2012～2019年国有企业净资产总额变化情况

资料来源：《中国财政年鉴2020》，笔者根据国研网数据库整理，http：//data. drcnet. com. cn/。

（三）营业收入波动攀升

2020年，国有企业实现营业总收入63. 3万亿元，较2012年增长20. 9

亿元，年均增长 5.1%。从 2012 年到 2020 年的数据来看，国有企业营业总收入前半期在每年 45 万亿元左右波动，2016 年之后稳定上升，总体呈现在波动中攀升的趋势（见图 9）。

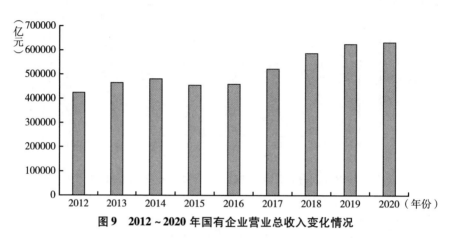

图 9　2012～2020 年国有企业营业总收入变化情况

资料来源：根据国有资产监督管理委员会网站数据整理，http：//www. sasac. gov. cn/ n16582853/n16582888/index. html。

从中央国有企业和地方国有企业的比较来看，两者营业总收入变化趋势总体保持一致，虽然中央国有企业营业总收入明显高于地方国有企业，但地方国有企业的营业总收入增速更快，两者差距不断缩小（见图 10）。

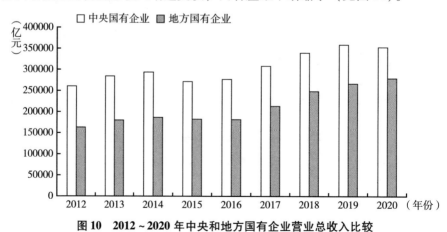

图 10　2012～2020 年中央和地方国有企业营业总收入比较

资料来源：根据国有资产监督管理委员会网站数据整理，http：//www. sasac. gov. cn/ n16582853/n16582888/index. html。

二 国有经济运行质量发展状况

2012 年以来，国有企业利润总额总体上呈现增长态势，利润率稳中有升，应缴税费平稳增长，资产负债率不断下降，国有经济运行状况明显改善。

（一）利润总额总体不断增长

2020 年，国有企业实现利润 3.4 万亿元，比 2012 年增长 1.2 万亿元，年均增长 13.9%。2012～2020 年，国有企业利润总额整体保持增长态势，但波动较大，其间出现了三次负增长的情况，增速最高的是 2017 年，利润总额增长率在 20% 以上（见图 11）。

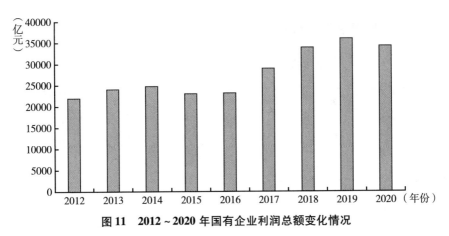

图 11　2012～2020 年国有企业利润总额变化情况

资料来源：根据国有资产监督管理委员会网站数据整理，http://www.sasac.gov.cn/n16582853/n16582888/index.html。

2012～2020 年，中央国有企业和地方国有企业利润总额总体变化一致，但两者数值差距较大，中央国有企业利润总额始终远远高于地方国有企业利润总额。中央国有企业和地方国有企业利润总额增长率变化幅度均较大，有四个年份出现了负增长的现象，也都在 2017 年出现超过 20% 以上的增长（见图 12）。

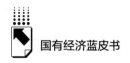

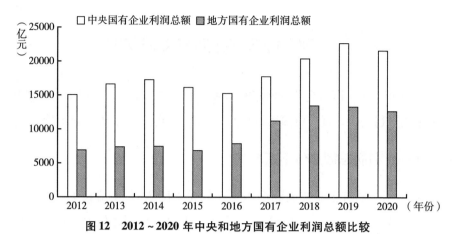

图12   2012～2020年中央和地方国有企业利润总额比较

资料来源：根据国有资产监督管理委员会网站数据整理，http：//www.sasac.gov.cn/n16582853/n16582888/index.html。

（二）利润率稳中有升

2020年，国有企业实现营业总收入63.3万亿元，利润总额3.4万亿元，营业收入利润率为5.4%。计算表明，2012～2020年，国有企业营业收入利润率虽有所波动，但一直都在5.0%以上，前四年基本稳定在5.0%左右，2016年以后出现较明显的上升趋势，总体上呈现波动中上升的趋势（见图13）。

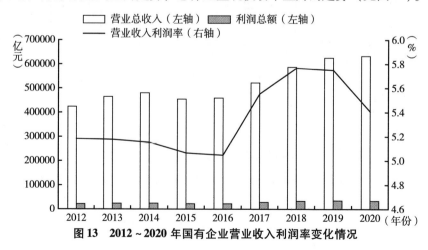

图13   2012～2020年国有企业营业收入利润率变化情况

资料来源：根据国有资产监督管理委员会网站数据整理，http：//www.sasac.gov.cn/n16582853/n16582888/index.html。

（三）应缴税费平稳增长

2020年，国有企业应缴税费4.6万亿元，比2012年增长1.3万亿元，年均增长4%。2012～2020年，国有企业应缴税费基本是稳中有增，其中2016年应缴税费下降，2017年应缴税费增长率接近10%（见图14）。国有企业税收的不断增长，有效保障了国家财政收入的增长，对社会经济发展作出重要贡献。

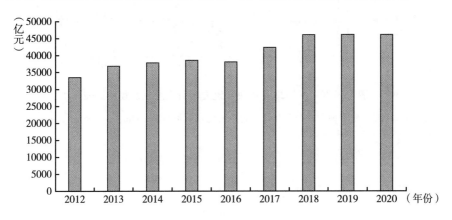

图14 2012～2020年国有企业应缴税费变化情况

资料来源：根据国有资产监督管理委员会网站数据整理，http://www.sasac.gov.cn/n16582853/n16582888/index.html。

中央国有企业应缴税费远高于地方国有企业。但中央国有企业应缴税费增长率较为稳定，最高没有超过10%。地方国有企业应缴税费增长率在2017年接近25%，其余年份基本维持在稳定的水平上（见图15）。

（四）资产负债率不断下降

2020年国有企业资产负债率为64%，比2012年下降了1.1个百分点，比最高点2015年的66.3%下降了2.3个百分点，债务风险显著下降。2013～2020年，国有企业资产负债率始终稳定在63%～67%，债务风险总体可控。中央国有企业资产负债率总体高于地方国有企业资产负债率（见图16、图17）。

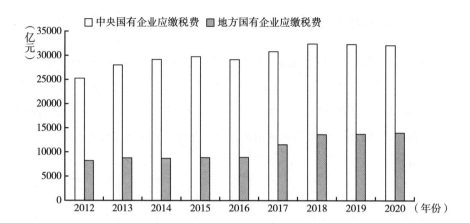

图15　2012~2020年中央和地方国有企业应缴税费比较

资料来源：根据国有资产监督管理委员会网站数据整理，http：//www. sasac. gov. cn/n16582853/n16582888/index. html。

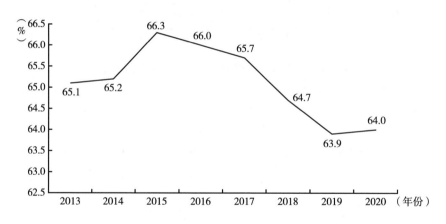

图16　2013~2020年国有企业资产负债率变化情况

资料来源：根据国有资产监督管理委员会网站数据整理，http：//www. sasac. gov. cn/n16582853/n16582888/index. html。

中央国有企业资产负债率在2015年大幅下降，2016年快速回升，保持在66%以上的水平上，地方国有企业资产负债率保持在64%左右的水平上（见图17）。

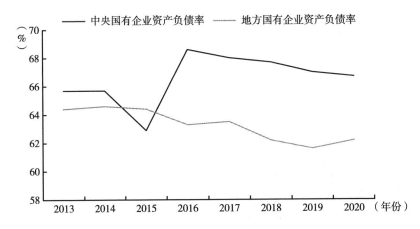

图 17 2013～2020 年中央和地方国有企业资产负债率比较

资料来源：根据国有资产监督管理委员会网站数据整理，http：//www.sasac.gov.cn/
n16582853/n16582888/index.html。

三　国有经济布局结构发展情况

从行业和产业分布来看，国有企业资产主要分布于工业、社会服务业、
交通运输仓储业以及房地产业；在工业内部，主要集中在重工业；在三次产
业内部，主要集中在服务业。从地区分布看，我国国有企业资产主要集中分
布在发达省份和地区，中西部地区尤其是东北地区占比较小。值得关注的趋
势是，国有经济中工业的占比大幅下降，服务业占比不断提高。东部地区国
有资产占比呈下降趋势，中部地区和西部地区国有资产占比呈上升趋势，东
北地区国有资产占比有所波动但幅度很小。国有资本布局已经具有向均衡分
布发展的态势，但仍有较大的调整与优化空间。

（一）国有资产行业分布及其变化情况

国有企业资产主要分布于工业、社会服务业、交通运输仓储业以及
房地产业。2019 年，这四大行业占国有企业资产总额的 67.9%。其中，
工业占 23.0%，依然是国有企业资产总额中占比最大的行业；社会服务

业占比 19.7%，体现了国有经济在国计民生行业中的支撑作用（见图18）。

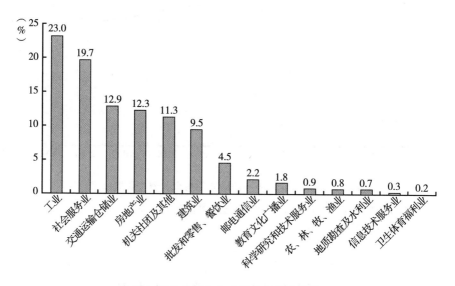

图 18　2019 年国有企业资产行业分布情况

资料来源：《中国财政年鉴 2020》，根据国研网数据库整理，http://data.drcnet.com.cn/。

从发展趋势看，2012～2019 年，国有企业资产行业分布中，工业，交通运输仓储业，邮电通信业，批发和零售、餐饮业总体呈下降趋势。工业占比下降幅度较大，由 2012 年的 38.89% 下降到 2019 年的近 23%，占比下降超 15 个百分点。随着产业分工水平的不断提高，服务型产业从制造行业中不断分离并快速发展，国有企业资本总额中的工业占比下降符合国民经济整体布局结构变化趋势，但也需要注意避免工业占比过快下降。而近年来，邮电通信业与批发和零售、餐饮业民营资本快速膨胀，对国有企业资本发展形成了制约，国有企业资产在这些行业的资产总额中占比缓慢下降，而社会服务业、建筑业、房地产业等的国有企业资产占比总体呈上升趋势。其中，社会服务业国有企业资产占比上升最为显著，增长近 7 个百分点。房地产业与建筑业国有企业资产占比上升趋势相似，2012～2015 年缓慢增长，2015～2018 年增速加快（见图19）。

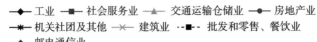

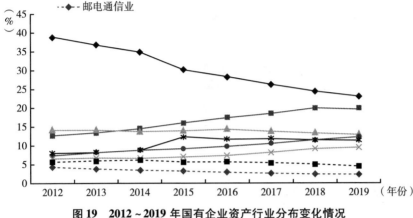

图19　2012～2019年国有企业资产行业分布变化情况

资料来源：《中国财政年鉴2020》，根据国研网数据库整理，http://data.drcnet.com.cn/。

从工业内部的分布来看，重工业行业国有企业的资产总额占比高达81.4%，涵盖电力、石油石化、机械冶金、煤炭、化学、电子等行业。重工业是为国民经济各部门提供物质技术基础的主要生产资料的工业，是实现社会再生产和扩大再生产的物质基础，是一个国家国力的重要标志。重工业国有资产在工业内部的高占比，体现了国有企业在我国经济尤其是工业经济中的重要地位（见图20）。

从工业内部的分布变动趋势看，重工业行业国有企业资产占比稳定在80%以上，但呈现缓慢下降趋势；轻工业行业国有企业资产占比缓慢上升，由2012年的10.35%上升至2019年的12.51%。总体上在工业行业国有企业资产中重工业依然占据绝对优势，但重工业在工业中占比的下降趋势值得关注（见图21）。

从三次产业①的分布来看，国有企业的资本主要集中分布于第三产业，占

---

①　行业划分标准按照《国民经济行业分类》（GB/T 4754—2017），三次产业分类依据国家统计局2018年修订的《三次产业划分规定》。第一产业是指农、林、牧、渔业（不含农、林、牧、渔专业及辅助性活动）；第二产业是指采矿业（不含开采专业及辅助性活动），制造业（不含金属制品、机械和设备修理业），电力、热力、燃气及水生产和供应业，建筑业；第三产业即服务业，是指除第一产业、第二产业以外的其他行业。

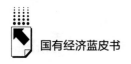

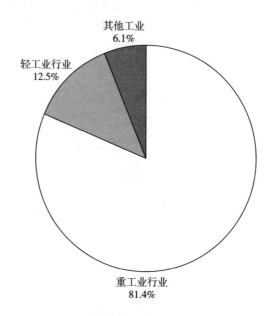

图 20　2019 年国有企业资产在工业内部的分布情况

资料来源:《中国财政年鉴 2020》, 根据国研网数据库整理, http://data.drcnet.com.cn/。

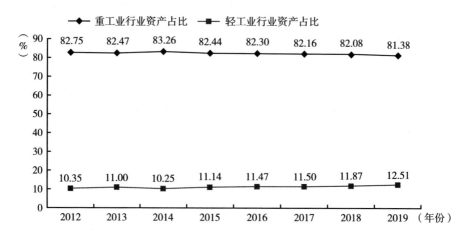

图 21　2012～2019 年重工业和轻工业行业国有企业资产占比变化情况

资料来源:《中国财政年鉴 2020》, 根据国研网数据库整理, http://data.drcnet.com.cn/。

资本总额的2/3；第一产业占比极小，不到1%，符合服务业成为国民经济发展的主导部门的产业结构调整要求，也符合国民经济的发展趋势（见图22）。

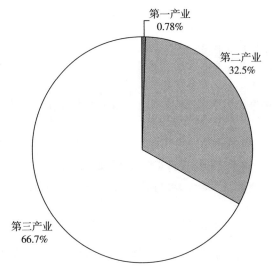

图22 2019年国有企业资产在三次产业的分布情况

资料来源：《中国财政年鉴2020》，根据国研网数据库整理，http：//data. drcnet. com. cn/。

从三次产业的分布变动趋势看，第一产业（农、林、牧、渔业）国有企业资本占比极小，为0.70%~0.80%；第二产业（工业、建筑业）占比逐步下降；第三产业占比稳步上升。

（二）国有资产地区分布及其变化情况

从国有资产的地区分布来看，我国约有一半的国有资产集聚在东部地区。我国国有企业资产主要集中分布在发达省份，中西部地区尤其是东北地区占比很小。图23显示了2019年各省份国有资产总量的排序情况。其中，广东、上海的国有资产总量最大，分别为31680.1亿元和30619.9亿元；海南、宁夏、青海和西藏的国有资产总量最小，分别为2221.8亿元、1785.0亿元、1139.3亿元和709.4亿元。可以看出，各省份国有资产总量分层比较明显，国有资本的地区分布与区域经济状况紧密相连。一般而言，经济发达省份的国有资本占比相应较高。

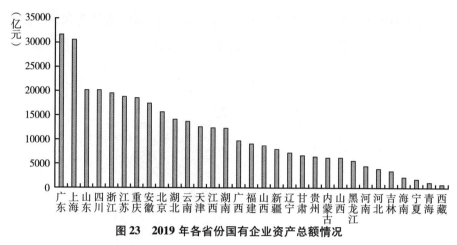

图23 2019年各省份国有企业资产总额情况

资料来源:《中国财政年鉴2020》,根据国研网数据库整理,http://data.drcnet.com.cn/。

从区域分布来看,图24显示了按四大地区①划分的2019年区域国有资产总量占全国国有资产总量比例的情况。可以看出,东部地区占比最大,为

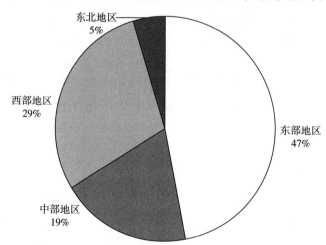

图24 2019年分地区国有企业资产总额地区分布情况

资料来源:《中国财政年鉴2020》,根据国研网数据库整理计算,
http://data.drcnet.com.cn/。

---

① 东部地区包括河北、北京、天津、山东、江苏、上海、浙江、福建、广东、海南,中部地区包括山西、河南、安徽、湖北、湖南、江西,西部地区包括山西、甘肃、宁夏、青海、新疆、重庆、四川、云南、贵州、西藏、广西、内蒙古,东北地区包括黑龙江、吉林、辽宁。

47%；其次是西部地区为29%、中部地区为19%；占比最小的是东北地区，仅为5%。东部地区与西部、中部、东北地区之间的差别显著。我国各地区之间的经济发展水平仍存在差距，国有资产总量分布不平衡，仍需推动区域间经济协调发展。

从地区分布的发展趋势看，2012～2019年，东部地区国有企业资产占比总体呈下降趋势；中部地区和西部地区占比呈上升趋势；东北地区占比较小，有所波动但幅度不大（见图25）。

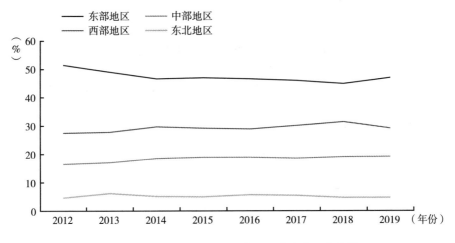

图25　2012～2019年分地区国有企业资产占比变化情况

资料来源：《中国财政年鉴2020》，根据国研网数据库整理计算，http://data.drcnet.com.cn/。

国有资本在各地区的分布主要还是以当地的经济基础为依托，经济发达地区的国有资本占比明显较高，东部地区国有资本在发展中起着重要作用。目前，中西部及东北地区国有资本分布仍然较少，但国有资本分布日趋均衡。当然，国有经济在地区间的协调发展需要继续深入推进，尤其要围绕东北等老工业基地振兴、中部地区崛起、西部大开发等国家区域发展战略，在促进我国区域协调发展中作出重要贡献。

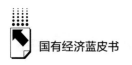

参考文献

郝鹏：《充分发挥国有经济战略支撑作用》，《学习时报》2021 年 3 月 10 日。

郝鹏：《深入实施国企改革三年行动　推动国资国企高质量发展》，《企业观察家》2021 年第 1 期。

郝鹏：《扎扎实实做好新时代国资国企工作　不断夯实党执政的重要物质基础和政治基础》，《时事报告》（党委中心组学习）2019 年第 6 期。

黄群慧、余菁：《国有企业改革的进程、效率与未来方向》，《南京大学学报》（哲学·人文科学·社会科学）2019 年第 1 期。

黄群慧：《"十四五"时期全面深化国有企业改革的着力点》，《学习时报》2020 年 10 月 7 日。

黄群慧：《新时代深化国有企业改革向何处发力》，《经济日报》2021 年 1 月 14 日。

彭华岗：《国有企业要在构建新发展格局中体现担当》，《联合时报》2021 年 1 月 19 日。

彭华岗：《从体制、机制、结构层面看国资国企改革的进展》，《经济导刊》2019 年第 7 期。

黄群慧、余菁：《新时期的新思路：国有企业分类改革与治理》，《中国工业经济》2017 年第 11 期。

B.3
中国国有资本布局与战略性调整

摘　要： 近十年来，中国国有资本布局变化特点鲜明，行业分布逐渐
从基础性产业向商贸服务行业调整，区域分布依托于地方经
济，逐渐向西部倾斜，发展重心以利润为基准，兼顾企业和
就业，工业国有资本集中于重化工行业，开始关注战略性新
兴产业。目前中国国有资本布局的主要问题包括国有资本产
业布局与加快构建新发展格局要求还存在差距；国有资本区
域布局与区域协调发展战略不够匹配；国有资本规模布局与
资本效益增长率不同步；国有资本企业布局与研发创新需求
不够接轨。面对新发展格局对中国国有资本布局提出的新要
求，建议从总体布局、区域布局、产业布局和创新布局四方
面着手对中国国有资本布局进行战略性调整。

关键词： 国有资本　产业结构　"双循环"　战略性调整

　　国有资本是国民经济发展中的重要推动力量，国有资本布局是否合理对
于宏观经济整体结构调整具有深远影响。现阶段，国内外经济形势纷繁复
杂，"再工业化"和新工业革命叠加，数字化和信息化、制造业与服务业深
度融合，疫情阴霾未散，我国经济发展面临严峻的考验，国有资本作为经济

---

　　* 胡吉亚，博士，中国社会科学院大学经济学院副教授，研究领域为战略性新兴产业融资和房
　　　地产市场。

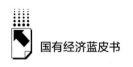

发展中的主要组成部分,应积极优化布局,进行战略性调整,以推动国民经济发展,保障社会民生稳定。

一 中国国有资本布局变化

(一)行业分布逐渐从基础性产业向商贸服务行业调整

我国国有资本主要分布于基础性产业,近五年来,有逐步向商贸服务及其他行业转移的迹象。由表1可知,2010年以来,基础性产业的企业数量占比并未有明显变化,但是,国有资本占比下降了约13个百分点;一般生产加工产业的企业数量占比下降了约5个百分点,国有资本占比略有下降;商贸服务及其他行业无论在企业数量占比还是在国有资本占比方面都有明显增长,增长幅度分别约为6个百分点和15个百分点。

表1 2010～2019年按产业作用划分的国有资本分布变化情况

单位:%

年份	基础性产业		一般生产加工产业		商贸服务及其他行业	
	企业数量	国有资本	企业数量	国有资本	企业数量	国有资本
2010	28.00	54.51	20.36	12.14	51.64	33.35
2011	28.65	53.11	20.20	13.12	51.15	33.78
2012	28.91	49.84	19.68	12.83	51.41	37.33
2013	28.56	47.46	19.14	13.02	52.30	39.32
2014	28.47	45.35	18.59	12.62	52.94	42.03
2015	30.03	49.31	17.87	10.81	52.11	39.87
2016	29.34	45.48	16.99	10.32	53.67	44.19
2017	28.74	44.47	16.31	10.25	54.95	45.29
2018	28.04	43.41	15.93	10.48	56.03	46.11
2019	27.55	41.35	15.29	10.06	57.15	48.59

资料来源:国研网,http://data.drcnet.com.cn/dataTable? id =43&structureId =946。

从趋势来看,2010年以来,国有资本在基础性产业中的作用呈缓慢减弱的态势,而在商贸服务及其他行业中的作用呈先弱后强的态势。这种变化体现了国有资本逐渐从基础性产业慢慢退出转而支持商贸服务及其他行业发展的现实情况，反映了国民经济结构转型与升级的导向，以及"双循环"发展战略下经济结构重构引发新经济增长点和新兴产业崛起的宏观调整的结果。

（二）区域分布依托于地方经济，逐渐向西部倾斜

国有资本的地区分布与区域经济状况紧密相关，2005年国有资本主要分布在北京、河北、山西、辽宁、上海、山东、河南和湖北等这些经济相对发达或人口众多的省份，而后各省份的国有资本占比均有所调整。其中，2005～2019年期间变化最大的省份包括北京市（16.22%→8.08%）、山西省（3.61%→5.74%）、内蒙古（2.06%→3.82%）、辽宁省（6.62%→4.10%）、江苏省（2.77%→4.71%）、山东省（8.28%→6.21%）、湖北省（6.50%→4.13%）、四川省（3.59%→5.15%）等（见表2）。

表2　国有资本地区分布情况

单位：%

区　域	2005年	2007年	2009年	2011年	2013年	2015年	2016年	2017年	2018年	2019年
北　京	16.22	15.50	11.49	11.84	9.35	8.32	12.5	10.24	10.51	8.08
天　津	2.43	2.54	2.00	1.75	2.19	3.41	2.99	3.03	2.92	1.83
河　北	4.76	5.04	3.81	4.42	4.85	4.96	4.08	4.56	4.49	3.82
山　西	3.61	3.56	4.02	3.87	3.46	10.60	7.66	11.38	11.30	5.74
内蒙古	2.06	3.06	2.98	4.06	3.72	1.87	2.33	1.90	2.03	3.82
辽　宁	6.62	6.17	7.38	6.73	5.50	3.98	3.28	3.66	3.33	4.10
吉　林	2.53	2.41	2.54	2.44	1.98	0.75	0.75	0.80	0.55	2.06
黑龙江	2.69	3.26	2.13	2.26	1.65	0.99	0.80	1.08	0.85	2.16
上　海	3.42	2.91	2.18	4.68	3.65	5.41	7.84	6.16	5.93	4.69
江　苏	2.77	2.48	2.96	2.64	4.49	2.16	3.21	2.74	2.69	4.71
浙　江	2.90	1.58	2.37	2.53	2.59	2.74	3.12	2.40	2.37	2.95
安　徽	2.85	2.39	2.64	3.52	3.30	4.19	4.26	4.01	4.09	3.20
福　建	1.77	1.49	1.54	1.53	1.50	1.33	1.92	1.45	2.22	2.03
江　西	1.08	1.42	1.28	1.38	0.90	1.66	1.85	1.80	1.85	1.60
山　东	8.28	6.61	10.24	11.07	8.40	9.30	7.67	10.00	9.88	6.21

续表

区 域	2005 年	2007 年	2009 年	2011 年	2013 年	2015 年	2016 年	2017 年	2018 年	2019 年
河 南	4.18	3.72	4.12	2.93	3.07	4.50	3.07	4.29	4.16	3.65
湖 北	6.50	7.69	10.38	5.44	4.96	1.57	1.14	0.97	1.01	4.13
湖 南	2.23	2.47	1.94	1.95	2.09	2.18	1.78	2.00	2.01	2.16
广 东	2.83	6.61	4.75	4.50	5.74	5.34	5.87	5.50	5.58	5.99
广 西	1.59	1.72	1.34	1.25	1.77	0.16	0.34	1.98	1.85	1.85
海 南	0.43	0.32	0.09	0.18	0.47	1.91	1.68	0.13	0.13	0.26
重 庆	1.18	0.91	1.04	0.96	1.26	4.03	2.12	1.59	1.58	1.85
四 川	3.59	2.71	3.25	3.63	2.76	2.27	2.60	2.47	2.55	5.15
贵 州	1.45	1.46	1.72	1.38	1.55	2.20	2.89	2.05	1.50	2.22
云 南	2.63	2.43	1.88	1.98	2.79	3.05	2.52	2.60	2.15	3.08
西 藏	0.26	0.05	0.15	0.20	0.19	6.18	6.49	0.09	0.10	0.24
陕 西	3.17	2.76	5.19	8.65	7.35	2.69	2.78	5.64	6.12	5.64
甘 肃	1.83	2.14	2.38	2.97	2.33	1.32	1.07	2.31	2.23	1.91
青 海	0.44	0.64	0.56	0.84	0.84	0.10	0.14	1.42	1.54	1.06
宁 夏	0.78	0.80	0.62	0.77	0.83	0.13	0.16	0.16	0.16	0.94
新 疆	2.90	3.40	2.33	3.27	3.06	0.70	1.08	1.61	2.31	2.90

资料来源：国研网，http：//data.drcnet.com.cn/dataTable? id = 43&structureId = 946；国家统计局，http：//www.stats.gov.cn/tjsj/ndsj/2020/indexch.htm。

目前，国有资本在各省份的分布仍然以当地的经济基础为依托，一般而言，经济发达省份的国有资本占比偏高，而中西部地区国有资本分布较少，但是，国有资本分布日趋均衡（见图1）。

（三）分布重心以利润为基准，兼顾企业和就业

根据财政部基本行业分类，共分为14个行业类别。本报告将14个行业简单整合，以企业资产总额计算，国有资本2011～2019年主要分布在工业、社会服务业和房地产建筑业，其中，工业的国有资产最多，2019年的资产总额为80.38万亿元，其次是社会服务业，2019年的资产总额为68.77万亿元，如果将建筑业和房地产业合并，那么房地产建筑业2019年国有资产总额达76.24万亿元，列第二位。

一直以来，农林牧渔业、地质勘查及水利业、信息技术服务业、卫生体

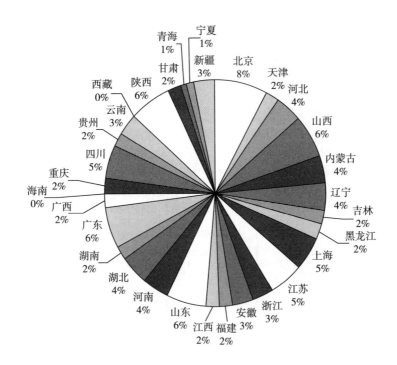

图1　2019年国有资本各省份分布情况

资料来源：国家统计局，http：//www. stats. gov. cn/tjsj/ndsj/2020/indexch. htm。

育福利业、科学研究和技术服务业的国有资本分布都较少，均低于3万亿元。教育文化广播业在2017年之前国有资本总量也很少，低于2万亿元，但是2019年出现飞跃式增长，达到6.29万亿元。

国有资本的布局大致与各行业的盈利能力、就业包容、企业数量等指标相关，从图2可以直观地看出，2019年各行业的国有资产数量曲线与行业利润曲线、行业企业数曲线、行业职工数曲线几乎呈现一致性，国有资本总量最大的工业，其他指标的数值也最大；国有资本总量最小的农林牧渔业、地质勘查及水利业和信息技术服务业，其他指标的数值也最小。

在行业内部情况也基本相同，以国有资本分布最多的工业为例，在工业包含的15个子类别中，2019年，电力工业所拥有的国有资本最多，其利润也最多，达4650亿元，企业数高达9473户，位居工业子行业中第一；其次

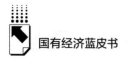
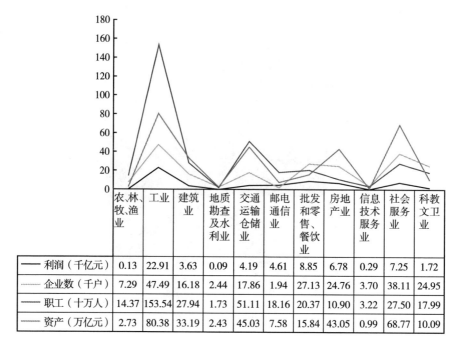

	农林、牧、渔业	工业	建筑业	地质勘查及水利业	交通运输仓储业	邮电通信业	批发和零售、餐饮业	房地产业	信息技术服务业	社会服务业	科教文卫业
利润（千亿元）	0.13	22.91	3.63	0.09	4.19	4.61	8.85	6.78	0.29	7.25	1.72
企业数（千户）	7.29	47.49	16.18	2.44	17.86	1.94	27.13	24.76	3.70	38.11	24.95
职工（十万人）	14.37	153.54	27.94	1.73	51.11	18.16	20.37	10.90	3.22	27.50	17.99
资产（万亿元）	2.73	80.38	33.19	2.43	45.03	7.58	15.84	43.05	0.99	68.77	10.09

图2　2019年分行业国有企业部分经济指标

资料来源：中国财税与经济社会发展统计数据库，https：//data. cnki. net/trade/yearbook/ single/n2014020005？z=z003，2021年6月10日。

是石油和石化工业、机械工业，这两个行业的利润和企业数在工业子行业中均位列第二。①

（四）工业国有资本集中于重化工行业，开始关注战略性新兴产业

按照财政部的工业子行业划分，工业包括煤炭工业、石油和石化工业、冶金工业、建材工业、化学工业、森林工业、食品工业、烟草工业、纺织工业、医药工业、机械工业、电子工业、电力工业、市政公用工业和其他工业等15个子行业，2010年以来，工业国有资本主要集中在煤炭工业、石油和石化工业、冶金工业、机械工业和电力工业五个行业。2010年，这五个行

---

① 中国财税与经济社会发展统计数据库，https：//data. cnki. net/trade/yearbook/single/n2014020005？ z=z003，2021年6月10日。

业的国有资本占比分别为 9.21%、19.29%、14.75%、10.16%、25.57%；
2016 年，这五个行业的国有资本占比分别为 10.12%、14.59%、12.30%、
11.80%、25.66%；2019 年，这五个行业的国有资本占比分别为 9.15%、
14.89%、10.77%、11.53%、26.22%。

冶金工业国有资本占比一直位居第三，在 2018 年被机械工业赶超，退
居第四位。煤炭工业国有资本占比变化不大，为 9%~10%。近十年来，食
品工业和烟草工业国有资本占比稳中有降，建材工业、化学工业、医药工业
和电子工业国有资本占比呈逐年增长趋势，但是，增幅不大，为 1% 左右。
市政公用工业国有资本占比增长幅度较大，从 2.32% 上升到 6.22%。由此
可见，工业国有资本主要集中于重化工行业，但是逐渐开始关注战略性新兴
产业，包括化学工业、医药工业和电子工业。

表3　2019 年工业国有经济情况

项目	利润(亿元)	企业数(户)	职工(万人)	资产(亿元)
工业	22913.9	47489	1535.4	803847.2
煤炭工业	2517.8	2179	225.8	73540.3
石油和石化工业	4185.7	938	170.9	119680.3
冶金工业	1515.6	2504	151.6	86545.5
建材工业	1861.0	3332	52.3	22372.5
化学工业	186.5	3157	98.4	41282.4
森林工业	−60.5	143	1.7	442.8
食品工业	121.3	1899	25.3	5963.0
烟草工业	1119.0	153	17.9	12191.6
纺织工业	20.2	445	12.6	1791.9
医药工业	482.2	945	26.0	8223.1
机械工业	3456.4	7437	248.5	92716.4
其中:汽车工业	2400.7	1318	95.4	41412.1
电子工业	496.7	1936	74.0	29180.9
电力工业	4650.0	9473	203.0	210801.5
市政公用工业	694.5	7820	89.8	50027.2
其他工业	1667.5	5128	137.7	49087.9

资料来源：中国财税与经济社会发展统计数据库，https：//data.cnki.net/trade/yearbook/single/n2014020005？z=z003，2021 年 6 月 10 日。

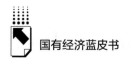
二 当前中国国有资本布局存在的问题

（一）国有资本产业布局与"双循环"发展战略存在差距

我国经济已由高速增长阶段转向高质量发展阶段，正处在转变发展方式、优化经济结构、转换增长动力的攻关期，建设现代化经济体系是跨越关口的迫切要求和我国发展的战略目标。建设现代化经济体系，必须把发展经济的着力点放在实体经济上，加快建设制造强国，加快发展先进制造业，推动互联网、大数据、人工智能和实体经济深度融合，在中高端消费、创新引领、绿色低碳、共享经济、现代供应链、人力资本服务等领域培育新增长点、形成新动能。支持传统产业优化升级，加快发展现代服务业，瞄准国际标准提高水平。促进我国产业迈向全球价值链中高端，培育若干世界级先进制造业集群。①

目前我国国有资本布局与"制造强国"战略不够吻合，《中国制造2025》的战略目标是，"到2035年，我国制造业整体达到世界制造强国阵营中等水平。创新能力大幅提升，整体竞争力明显增强，优势行业形成全球创新引领能力，全面实现工业化。新中国成立一百年时，综合实力进入世界制造强国前列。制造业主要领域具有创新引领能力和明显竞争优势，建成全球领先的技术体系和产业体系"。② 从国有资本现有布局来看，并未在高新技术产业和战略性新兴产业有更多的倾斜，工业国有资本仍主要集中在煤炭工业、石油和石化工业、冶金工业、机械工业和电力工业五个传统重化工行业，其中，煤炭工业、石油和石化工业、电力工业三个行业的国有资本占比

---

① 《习近平：决胜全面建成小康社会　夺取新时代中国特色社会主义伟大胜利——在中国共产党第十九次全国代表大会上的报告》，http：//www.gov.cn/zhuanti/2017-10/27/content_5234876.htm，2017年10月27日。

② 《中国制造2025》（国发〔2015〕28号），http：//www.gov.cn/zhengce/content/2015-05/19/content_9784.htm，2015年5月8日。

超过一半。国有资本在战略性、创新性、开拓性方面的"引领"作用并不
明显。

（二）国有资本区域布局与区域协调发展战略不够匹配

由于地理、气候和人口分布的原因，我国经济呈现东部发达、中部次
之、西部不发达的状况，2005 年国有资本分布正顺应了这种规律，东部地
区国有企业数量占比 54.33%，国有资本占比 72.79%；中部地区国有企业
数量占比 25.53%，国有资本占比 14.11%；西部地区国有企业数量占比
21.94%，国有资本占比 13.10%。

表4 2010～2019 年国有资本区域分布变化情况

单位：%

年份	东部地区		中部地区		西部地区	
	企业数量	国有资本	企业数量	国有资本	企业数量	国有资本
2010	56.86	63.64	20.42	15.24	22.72	21.12
2011	56.79	59.72	20.45	16.81	22.76	23.48
2012	56.67	57.60	20.47	16.96	22.87	25.44
2013	56.62	56.76	20.18	17.75	23.20	25.49
2014	56.50	56.25	20.29	18.02	23.41	25.73
2015	55.31	63.63	20.22	16.00	24.47	20.37
2016	54.45	63.46	20.83	16.35	24.72	20.20
2017	53.68	62.12	21.33	16.48	25.02	21.40
2018	53.62	61.43	19.81	16.46	26.57	22.11
2019	54.07	61.64	19.55	16.70	26.38	21.66

资料来源：国研网，http://data.drcnet.com.cn/。

从近十年的数据来看，国有企业数量占比在东部地区和中部地区稳中有
降，波动幅度不大，西部地区的国有企业数量占比从 2010 年的 22.72% 上
升至 2019 年的 26.37%，西部地区的国有资本占比上升幅度不大，不到 1 个
百分点。

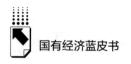

（三）国有资本规模布局与资本效益增长率不同步

我国国有资本总量增速较快，特别是地方国有企业的国有资本总量不断增长，但是其效益却低于中央企业。[①] 2019 年，我国中央企业有 6.2 万户，国有资本 869585.8 亿元；地方国有企业有 15.5 万户，国有资本 1469081.5 亿元，地方国有企业数量是中央企业的 2 倍多，国有资本总量是中央企业的 1.69 倍，但是收入和缴税情况都远逊于中央国有企业。

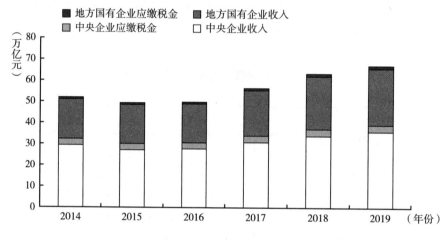

图 3　中央企业及地方国有企业收入及应缴税费

资料来源：财政部、智研咨询整理，https：//www.chyxx.com/industry/202007/881784.html。

从 2014～2019 年的收入来看，中央企业收入一直高于地方国有企业，每年的差额在 9 万亿元左右，两者应缴税金的情况亦是如此，2014 年中央企业应缴税金为 2.92 万亿元，而地方国有企业应缴税金为 0.87 万亿元，此后中央企业和地方国有企业的应缴税金都有所增长，但是，差额一直在 2 万亿元左右，如果按照倍数计算的话，2014～2019 年中央企业的应缴税金分别是地方国有企业应缴税金的 3.35 倍、3.33 倍、3.28 倍、2.67 倍、2.36

[①] 黄群慧：《"十三五"时期新一轮国有经济战略性调整研究》，《北京交通大学学报》（社会科学版）2016 年第 2 期。

倍和2.34倍。

2019年全国国有企业资产总额为233.87万亿元，利润总额为3.87万亿元，总资产报酬率为2.6%，净资产利润率为4.6%。中央管理企业利润总额1.86万亿元，总资产报酬率为4.0%，净资产利润率为6.5%，中央部门管理企业利润总额4515.4亿元，总资产报酬率为2.9%，净资产利润率为5.3%。地方国有企业经营效益差别迥异，2019年，净资产利润率高于4%的有5个省份，高于3%的共有10个省份。[①] 而净资产利润率为负值的有3个省份，净资产利润率小于1%的有黑龙江（0.3%）和宁夏（0.1%）。

（四）国有资本企业布局与研发创新需求不够接轨

创新是引领发展的第一动力，是建设现代化经济体系的战略支撑。从国家统计局数据来看，我国各类国有企业的研发创新投入和产出情况良好，2019年，国有企业 R&D 人员全时当量23575人年，有效发明专利数14497件，新产品销售收入1471亿元，国有独资公司 R&D 人员全时当量106605人年，有效发明专利数58329件，新产品销售收入10280亿元，较之往年都有了一定程度的增长。但是，与股份有限公司和私营企业相比，在研发创新方面，国有企业还有一定的提升空间（见表5），特别是在 R&D 经费和新产品开发经费支出两个方面，国有资本并未显示出对于企业创新的强大支持效应和着力推进的态势。

表5　2019年国有企业部分创新指标

企业类型	R&D 人员全时当量（人年）	R&D 经费（万元）	有效发明专利数（件）	新产品开发经费支出（万元）	新产品销售收入（万元）
国有企业	23575	831846	14497	935778	14709021
集体企业	1738	57356	320	68050	475073
股份合作企业	2598	63154	739	76187	830617

---

① 中国财税与经济社会发展统计数据库，https：//data.cnki.net/trade/yearbook/single/n2014020005？z=z003，2021年6月10日。

国有经济蓝皮书

续表

企业类型	R&D 人员全时 当量(人年)	R&D 经费 (万元)	有效发明 专利数(件)	新产品开发经 费支出(万元)	新产品销售 收入(万元)
国有联营企业	19	1056	22	688	4177
国有独资公司	106605	6233484	58329	7616360	102803036
股份有限公司	451358	21391117	226204	24090703	307938791
私营企业	1202413	45167497	392406	53896801	639791719
外商投资企业	322470	16137651	95856	21338811	310709974

资料来源：国家统计局，http：//www.stats.gov.cn/tjsj/ndsj/2020/indexch.htm。

三 新发展格局对于中国国有资本布局的新要求

新冠肺炎疫情突如其来，世界经济遭遇重挫，全球需求市场萎缩，国际局势呈现前所未有的复杂格局。"双循环"发展战略对于我国国有资本布局提出了新的要求，国有资本作为我国经济发展中的重要组成部分，应当服从国家发展战略安排，促进经济高质量发展，重构新型产业链体系，保障经济金融安全，促进国家技术创新。

（一）促进经济高质量发展

经过 40 多年的改革开放，中国拥有了最完整、规模最大的工业供应体系，是全世界唯一拥有联合国产业分类中全部工业门类的国家，尽管经历了经济危机的洗礼和新冠肺炎疫情的冲击，我国经济仍然稳健发展，2020 年我国国内生产总值（GDP）1015986 亿元，按可比价格计算，同比增长 2.3%。全年全国规模以上工业增加值同比增长 2.8%，高技术制造业和装备制造业较快增长。[①]

我国经济增长的成果值得肯定，但在许多行业的重点领域和关键技术环

---

① 《2.3%！2020 年中国经济逆势增长》，http：//www.gov.cn/xinwen/2021 – 01/18/content_5580785.htm，2021 年 1 月 18 日。

节还存在短板。例如，我国新一代信息技术产业长期跟随发展，多数 CPU 芯片、操作系统、互联网体系结构仍受制于人。集成电路制造产品化支撑能力是明显短板，高速数模转换器、数字信号处理器、高速滤波器、中高端 FPGA、人工智能芯片、核心算法、物联网芯片、大型专业模型及工业软件等主要依赖国外进口，电子设计自动化技术实力薄弱，不仅严重威胁国家安全，也使我国在新的国际贸易形势下产业发展面临严峻的挑战。生物制造业基础薄弱，生物基产品制造的核心工业菌种和工业酶的知识产权受制于人，丙二醇、对二甲苯、尼龙等重大化学品也遭遇全方位的专利封锁，尚未打破杜邦等国外大型化工集团的垄断。[①] 高端装备制造产业是各国角逐的重点领域，涵盖海、陆、空各领域的竞争，欧美在航空方面一直领先，在成像侦察卫星、飞行器、军事卫星系统等领域的制高点地位短期内难以被撼动；在海洋方面，欧美、韩新分别垄断了关键技术研发和高端制造环节，中国只能游走在中低端产品生产环节。新材料产业发展日新月异，美、日、韩在不同的材料领域保持优势地位。要实现经济高质量发展，必须要在战略性行业和关键性环节重点建设，特别是在战略性产业的核心领域进行国有资本优化布局，引领经济高质量发展。

（二）重构新型产业链体系

当前世界正面临百年未有之大变局，全球经济放缓、逆全球化端倪显现、贸易保护主义抬头，叠加罕见疫情，全球化分工带来的产业链脆弱性也在疫情之下暴露无遗，[②] 欧美部分汽车零部件企业于 2020 年 3 月陆续停产，其中不乏博世、大陆、麦格纳、马勒等国际巨头。全球各国积极调整产业布

[①] 中国工程科技发展战略研究院：《2021 中国战略性新兴产业发展报告》，科学出版社，2020。

[②] 宗良、李斌、李义举：《中银研究："双循环"新发展格局的内涵、路径及政策建议》，https：//baijiahao. baidu. com/s？id = 1677442410104438926&wfr = spider&for = pc，2020 年 9 月 10 日。

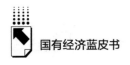

国有经济蓝皮书

局和产业政策，开始回收、扶持本国制造产业和民生产业。①

中国在保持开放心态的同时，必须高度重视产业链可能受到的威胁和挑战，以国内循环为主保障中国产业链的稳健性和安全性。改革开放以来，中国经济持续蓬勃的发展引起了以美国为首的西方各国的警觉与打压，美国以其在全球产业链上的优势，拉拢、游说西方国家对中国战略性产业和高新技术产业的发展进行全方位阻挠和关键领域精准打击，全球产业链、价值链和供应链将迎来大范围深度变革，中国产业链的稳定和发展受到严重影响。目前我国战略性新兴产业发展势头喜人，但不容忽视的是，包括新材料产业、生物医药产业、高端装备制造业在内的部分战略性产业的企业大多集中在产业链中低端环节，技术链断裂、价值链轻薄，尚未形成抗冲击、稳固坚实的产业链、技术链、价值链、供应链循环体系。

在"双循环"发展战略的指导下，中国经济发展要求国有资本优化布局，重构新型产业链体系，稳定现有产业链、技术链、供应链，依托重点领域产业链深度拓展价值链和技术链，坚持自主与开放，夯实"内循环"产业链，同时吸引全球供应链、价值链积极布局中国。美国消费者新闻与商业频道网站在2020年5月25日的报道中认为，许多企业在新冠肺炎疫情过后会调整供应链，这意味着它们将在中国扩张产业链，而非搬离中国。② 展望未来，中国强劲的发展潜力和广阔的市场不仅会在"内循环"的指引下拉动国内经济发展，还能够辐射周边国家和地区、"一带一路"沿线国家发展，重新唤醒全球生产、消费、投资的热情，促进"外循环"，形成"双循环"优势互补的新发展格局。

（三）保障经济金融安全

经济金融贯穿国民经济始终，是国家发展命脉所在。2020年我国国内生

---

① 中国工程科技发展战略研究院：《2021中国战略性新兴产业发展报告》，科学出版社，2020。
② 中国工程科技发展战略研究院：《2021中国战略性新兴产业发展报告》，科学出版社，2020。

产总值1015986亿元，比上年增长2.3%。其中，第一产业增加值77754亿元，同比增长3.0%；第二产业增加值384255亿元，同比增长2.6%；第三产业增加值553977亿元，同比增长2.1%。新产业新业态新模式逆势成长。全年规模以上工业中，高技术制造业增加值比上年增长7.1%，占规模以上工业增加值的比重为15.1%；装备制造业增加值同比增长6.6%，占规模以上工业增加值的比重为33.7%。全年规模以上服务业中，战略性新兴服务业企业营业收入比上年增长8.3%。全年高技术产业投资比上年增长10.6%。2020年末全部金融机构本外币各项存款余额218.4万亿元，比年初增加20.2万亿元。全部金融机构本外币各项贷款余额178.4万亿元，增加19.8万亿元，人民币普惠金融贷款余额21.5万亿元，增加4.2万亿元。[①]

"双循环"发展战略是对未来经济发展的规划与部署，也是对以往经济发展结构的重构，在"双循环"发展战略下，经济金融领域的发展也将随之迎来转折点，"后危机＋后疫情"时代，如何扩大内需，支持实体经济稳步增长；如何重组过剩产能行业，促进战略性新兴产业发展；如何延展巩固产业链，挖掘经济增长点；如何推进人民币国际化，改革升级金融制度和产品，这些问题关乎我国经济金融安全，也是国有资本优化布局过程中需要关注的重点。

（四）促进国家技术创新

在世界动荡变革期，习近平总书记着重讲了创新的问题。他指出，实现高质量发展，必须实现依靠创新驱动的内涵型增长。增强发展动力的核心在于创新，抓住了创新，就抓住了牵动经济社会发展全局的"牛鼻子"。[②]

当前全球技术创新的主要领域集中在五方面：一是新一代信息技术，包括人工智能、云计算、大数据、VR、量子信息、第五代移动通信、物联网、

---

① 《中华人民共和国2020年国民经济和社会发展统计公报》，https：//baijiahao.baidu.com/s?id=1692991725491505773&wfr=spider&for=pc，2021年3月1日。
② 《看习近平这几次重要讲话，弄懂"大循环""双循环"》，https：//baijiahao.baidu.com/s?id=1676953684931635520&wfr=spider&for=pc，2020年9月5日。

区块链等新兴技术。二是生物技术。合成生物学、基因编辑、脑科学、再生医学等技术正在从更为根本的角度解释生命的本质,并针对人类面临的各种问题提供以生物技术为基础的更高效、更低廉、更环保的解决方案。三是绿色技术。分布式发电、先进储能、能源互联网、高效燃料电池等技术正在推动一场能源革命,核能、太阳能、风能、氢能等新型能源应用比例不断提升,低碳、清洁、高效的新型能源体系正在加速形成。四是先进制造技术。机器人、增材制造、数字孪生、工业互联网等技术正在全面推动制造业向智能化、服务化、绿色化转型。五是新空间开拓技术。外空、深海开发成为人类生存发展的新疆域已经成为一股热潮。[1]

中国社会科学院经济研究所所长黄群慧认为,要实现"双循环"新发展格局,关键要从供给端发力,深化供给侧结构性改革,通过技术创新和制度创新,解决我国经济循环中的技术"卡脖子"问题和体制机制障碍。"双循环"要求继续深化供给侧结构性改革,以研发创新引领,增强自主研发能力和核心技术竞争力,确保产业链安全。在国有资本优化布局中,着重以技术创新,加快传统产业改造升级步伐,主动淘汰高污染、高能耗的过剩产能,积极培育高端装备、生物医药、新能源、信息技术、节能环保等战略性新兴产业。[2]

四　中国国有资本布局战略性调整

"十四五"时期国有资本的布局结构和战略性调整应该统筹宏微观目标,重"战略"轻"业绩",重"创新"轻"产能",重"安全"轻"多元",重"结构"轻"规模"。通过国有资本战略性调整,新常态下的国有资本布局战

---

[1] 中国工程科技发展战略研究院:《2021 中国战略性新兴产业发展报告》,科学出版社,2020。

[2] 宗良、李斌、李义举:《中银研究:"双循环"新发展格局的内涵、路径及政策建议》,https://baijiahao.baidu.com/s? id = 1677442410104438926&wfr = spider&for = pc,2020 年 9 月 10 日。

略性功能更加清晰,创新引领作用凸显,在"一带一路"、"中国制造2025"、"21世纪海上丝绸之路"和"双循环"等国家发展新战略中发挥前瞻性和导向性作用,国有资本逐渐向战略性产业、民生保障、国家安全、创新研发等关系国计民生和经济命脉的关键领域倾斜,进一步增强国有资本在这些领域的控制力和影响力,深化国资国企改革,做强做优做大国有资本和国有企业。加快国有经济布局优化和结构调整,发挥国有经济战略支撑作用。[①]

(一)国有资本总体布局调整

国有资本布局调整并不简单地等同于国有资本在国民经济中的规模减少和作用弱化,相反,国有资本必须在国民经济中占据合理的比例并持续保持一定的规模,才能加强对关系国计民生的重要产业和核心环节的控制力、对产业升级与转型的影响力、对科技研发和高质量发展的指引力、对经济社会和谐发展的保障力、对国家核心竞争力不断提升的基础支撑力。

总体来说,国有资本必须在涉及航空航天、国防军工、核能电力、资源能源、通信网络等领域保持控制力,[②] 在人工智能、集成电路、新型显示器、下一代信息网络、信息技术服务、网络安全、生物医药、节能环保、智能制造等领域保持影响力,在国家发展、国民安全、民生保障中勇挑重担,保持国有资本在国民经济发展中的支柱作用和引领作用。

国有资本总体布局调整的主要方向应包括以下几点:首先,明晰国有资本在国民经济发展中的功能定位,明确国有资本服务于国家发展战略的原则,从而将国有资本优化布局与"双循环"发展、创新型国家建设、"一带一路"、"海上丝绸之路"、"制造强国"、区域协调发展等国家战略紧密相连。其次,统筹国有资本在国民经济各行业之间的布局,使国有资本绝大部

---

① 《十九届五中全会指明深化国资国企改革方向,激发国有企业发展新活力》,http://www.sasac.gov.cn/n4470048/n13461446/n16336544/n16336551/n16336588/c16365422/content.html,2020年12月31日。

② 盛毅:《我国国有经济使命变迁历程回顾与"十四五"取向》,《经济体制改革》2021年第3期。

分集中于提供公共服务、发展重要的前瞻性战略性产业、保护生态环境、支持科技进步、保障国家安全等真正关系国家安全、国民经济命脉的关键领域以及公益性行业的优势企业,① 奠定我国产业稳健发展的基础,激发民族工业的创新潜力。合理平衡国有资本在不同类型国有企业、不同区域国有企业和不同性质国有企业之间的布局,控制国有资本的投向和绩效,使国有企业的规模和数量分布更加合理,形成兼有规模经济和竞争效率的市场结构。最后,保障重要产业链、价值链、供应链安全,优化国有资本在产业链关键节点、价值链巩固和供应链重塑中的布局,降低国有资本在回报率低、竞争力弱、没有发展潜力的领域的占比,使国有资本在产业链、价值链、供应链整体框架中占据引领性和支撑性地位。

(二)基于区域发展战略,优化国有资本区域布局

党的十八大以来,以习近平同志为核心的党中央高度重视区域协调发展,提出了京津冀协同发展、长江经济带发展、粤港澳大湾区建设、长三角一体化发展等新的区域发展战略,推动区域协调发展呈现良好态势。

党的十九届五中全会通过的《中共中央关于制定国民经济和社会发展第十四个五年规划和二〇三五年远景目标的建议》提出,"十四五"时期,西部地区要形成优势区域重点发展、生态功能区重点保护的新格局。东北地区要加快现代化经济体系建设,加快发展新技术、新业态、新模式,培育新增长点,发展壮大优质农业、装备制造业。中部地区作为未来新型城镇化、新型工业化的主战场,要打造为国家现代化经济增长的新动能区域。东部地区要继续发挥改革开放先行、综合创新能力强、现代制造领先、服务业高端等优势,率先带动全国经济现代化,积极参与国际经济竞争。有序推进东部沿海产业向中西部地区转移,促进东中西、南北方经济协调高质量发展。

国有资本优化布局应该对我国区域经济协调发展形成强大助力,一直以来,西部大开发、中部崛起、东北等老工业基地振兴都是国有资本优化布局

---

① 黄群慧:《新时期全面深化国有经济改革研究》,中国社会科学出版社,2015。

的重中之重，区域协调发展战略的总基调从未改变。"十四五"时期，国有资本优化布局仍需将区域协调发展作为战略方向，在东部区域重点布局技术创新、高端制造、"一带一路"贸易等领域，在中部地区将国有资本向先进制造业、新兴工业园等领域倾斜，在西部地区国有资本应因地制宜，选择优势区域和生态领域予以重点发展。构建中央和地方国有资本公平竞争环境，加快弱势企业、非营利企业、长期负债企业、僵尸企业的退出，实现国有资本向中西部、老少边穷地区适当倾斜。[①]

此外，对于我国重点规划发展区域，如雄安新区、京津冀协同发展区域、粤港澳大湾区、长江经济带等，推动国有资本向这些区域的重点发展领域和关键技术创新环节集中，发挥国有资本在区域协调发展中的引领作用、控制力和影响力。国有资本在雄安新区和京津冀协同发展区域的布局应遵循疏解北京非首都功能和高标准建设北京城市副中心的要求，提高雄安新区对首都的扶持力度和保障功能，同时加强以北京为中心的周边区域协调发展的协同性和优势互补性。国有资本在粤港澳大湾区的布局要坚持陆海统筹，以"一带一路"、"海上丝绸之路"和"双循环"发展战略为导向，以开放、互利、合作为原则，以促进创新和贸易发展为路径，积极发展"蓝色伙伴关系"，着重布局先进制造业、高端产业、高新技术产业和优势产业，打造面向"一带一路"沿线国家的蓝色经济走廊。长江经济带主要着眼于经济高质量发展，国有资本优化布局应基于当前产业与设施存量，强调区域间产业间合作、共建、共享，集约化管理，加大科技攻关力度，着力打造高质量发展样板区、科技创新和制造业研发高地、高水平开放平台。

（三）基于经济发展战略，调整国有资本产业布局

国有资本的功能定位是服务于国家战略和公共民生，在"双循环"发展战略背景下，产业布局与发展升级都应遵循国内大循环、国内国际双循环的发展路径，世界格局的变化要求我们更多地依靠国内大循环支持经济的稳

---

① 李红娟、刘现伟：《优化国有资本布局的思路与对策》，《宏观经济管理》2020年第2期。

步发展,国内循环的关键在于技术创新和扩大内需,以技术进步和研发创新带动供给侧发力,以供给刺激需求,以创新拉动需求,在国有资本产业布局时更多地考虑产业创新和产业升级,将更多的资源集中于重大自主创新生态系统的构建,攻坚核心技术,更新研发架构,重构产业结构,淘汰落后产能,培养新兴产业。其他一般性行业领域通过市场进行资本结构的调整,形成优胜劣汰竞争态势和国有资本行业集聚效应。具体调整方案如表6所示。

表6　国有资本产业布局优化方向

产业	国家发展战略	产业重要性	国有资本调整
农、林、牧、渔业	→	→	↓
工业	→	→	↓
以重化工业为主导的传统工业(煤炭、石油开采和石化、冶金、建材、电力、化学、机械、森林、食品、纺织、烟草等)	↓	→	↓
战略性新兴产业(节能环保、新一代信息技术、生物、高端装备制造、新能源、新能源汽车、新材料、数字创意等)	↑	↑	↑
"中国制造2025"的十大领域(新一代信息、高档数控机床、机器人、海洋工程、先进轨道交通、节能与新能源汽车、电力装备、农机装备、新材料、生物医药等)	↑	↑	↑
军工工业	↑	→	↑
市政公用工业	→	↑	→
建筑业	↓	↓	↓
地质勘查及水利业	↑	↑	↑
交通运输业、仓储业、邮电通信业、批发和零售、餐饮业	→	→	↓
房地产业	↓	→	↓
社会服务、卫生体育福利	→	↑	↑
教育文化广播、科学研究和技术	↑	↑	↑

资料来源:部分借鉴黄群慧《"十三五"时期新一轮国有经济战略性调整研究》,《北京交通大学学报》(社会科学版) 2016 年第 2 期。

"双循环"并不意味着放弃国外市场,虽然以美国为首的西方部分国家正倡导"逆全球化",但是,全球化的原动力并没有改变,世界各国在"后危机 + 后疫情"时代对于国内产业链进行大幅度调整,为我国产业链布局和国有资本产业优化带来挑战和机遇,国有资本产业布局应借第四次技术革命的东风,顺应产业链国际重塑的契机,因势利导,构造产业链、价值链、技术链、供应链立体交叉网,积极推进新产业、新业态发展,在国际再分工大潮中使民族工业站稳一席之地。

(四)基于国家核心竞争力,优化国有资本创新布局

为应对国内外宏观经济情况和世界格局的变化,我国需加强国家核心竞争力建设,2019 年国家发展改革委下发了《国家发展改革委关于加快推进战略性新兴产业集群建设有关工作的通知》,在 12 个重点领域公布了第一批国家级战略性新兴产业集群建设名单,共涉及 22 个省(自治区、直辖市)的 66 个集群,说明国家开始布局相关工作(见表7)。

表 7　首批国家级战略性产业集群重点领域分布

单位:个

领域	个数	领域	个数
人工智能	4	生物医药	17
集成电路	5	节能环保	3
新型显示器	3	先进结构材料	5
下一代信息网络	3	新型功能材料	9
信息技术服务	7	智能制造	7
网络安全	1	轨道交通装备	2

资料来源:中国工程科技发展战略研究院:《2021 中国战略性新兴产业发展报告》,科学出版社,2020。

国有资本布局需遵循国民经济高质量发展的要求,关注产品研发和技术创新,培育具有前瞻性的重大共性技术平台和寻求突破重大核心技术、前端技术及战略性新兴产业的先导技术,尽快抢占第四次科技革命的制高点,以重大核心技术的攻坚与突破重构全球产业链、价值链和供应链。国有资本应

优先关注具有国家发展战略意义，以及民生保障、国家安全等领域的技术攻坚，而后重点布局战略性新兴产业、高科技创新性产业、特色产业、地方主导产业等，同时，聚焦"双循环"发展战略下产业链、价值链和供应链的重构，以链条中的优势企业和龙头企业为中心，将国有资本向具有科技创新引领性的企业倾斜，提高这些企业的创新能力和影响力，打造产业链关键企业核心技术辐射圈，带动上下游企业和关联企业的发展与创新，形成集群效应和互补效应，进而形成科技带动经济、创新引领发展的格局。

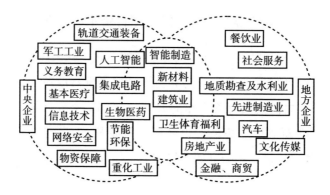

图4 中央企业和地方企业国有资本布局重点

资料来源：笔者绘制。

中央企业和地方企业的国有资本布局的重点是不同的（见图4），中央企业国有资本布局重点在于关系国家安全和国民经济命脉的战略性产业和关键技术创新领域，而地方企业国有资本布局则聚焦特色经济、民生保障和地方主导产业创新等领域，二者的布局重点既有区别又有重叠。

参考文献

《习近平：决胜全面建成小康社会夺取新时代中国特色社会主义伟大胜利——在中国共产党第十九次全国代表大会上的报告》，新华社，2017年10月27日。

《中国制造2025》（国发〔2015〕28号），http：//www.gov.cn/zhengce/content/2015 -

05/19/content_ 9784. htm，2015 年 5 月 8 日。

黄群慧：《"十三五"时期新一轮国有经济战略性调整研究》，《北京交通大学学报》（社会科学版）2016 年第 2 期。

《2.3%！2020 年中国经济逆势增长》，http：//www. gov. cn/xinwen/2021 – 01/18/content_ 5580785. htm，2021 年 1 月 18 日。

中国工程科技发展战略研究院：《2021 中国战略性新兴产业发展报告》，科学出版社，2020。

宗良、李斌、李义举：《中银研究："双循环"新发展格局的内涵、路径及政策建议》，https：//baijiahao. baidu. com/s？id = 1677442410104438926&wfr = spider&for = pc，2020 年 9 月 10 日。

《看习近平这几次重要讲话，弄懂"大循环""双循环"》，https：//baijiahao. baidu. com/s？id = 1676953684931635520&wfr = spider&for = pc，2020 年 9 月 5 日。

《十九届五中全会指明深化国资国企改革方向，激发国有企业发展新活力》，http：//www. sasac. gov. cn/n4470048/n13461446/n16336544/n16336551/n16336588/c16365422/content. html，2020 年 12 月 31 日。

盛毅：《我国国有经济使命变迁历程回顾与"十四五"取向》，《经济体制改革》2021 年第 3 期。

黄群慧：《新时期全面深化国有经济改革研究》，中国社会科学出版社，2015。

李红娟、刘现伟：《优化国有资本布局的思路与对策》，《宏观经济管理》2020 年第 2 期。

B.4
中国国有经济发展：中央
与地方的统筹与协调

傅春杨*

摘　要：　中央国有企业和地方国有企业在全国经济统筹规划、区域经济发展运行中的有机结合，起到了完善政府职责体系、优化政府组织结构的作用。充分发挥中央国有企业和地方国有企业两个积极性体制机制，可以更好地挖掘区域发展潜能，为各地区均衡协调发展起到经济压舱石的作用；同时，国有经济为地方和中央的财政提供了充足的预算，二者的有机协调对建立权责清晰、财力协调、区域均衡的中央和地方财政关系有着重要的作用，央、地国有企业的统筹规划，是形成稳定的各级政府事权、支出责任和财力相适应的制度的重要组成部分。本报告分别刻画了中央国有企业和地方国有企业的发展概况、国有经济在不同地区的发展变化以及国有经济对于中央和地方的财政影响，从整体趋势来看，从2010年之后，国有经济在整体经济、各行业发展中起到的作用越来越显著，随着中国进入中等收入序列，经济发展更多地向第三产业倾斜；随着时间的推移，国有企业尤其是中央国有企业的研发投入一直是国内科研的中坚力量。而在地方发展层面上，近十年来，地方国有企业对于当地的就业和经济发展一直都起到了支撑作用，而中央国有企业则更多的是起到了促

---

* 傅春杨，博士，中国社会科学院大学经济学院讲师，研究领域为国际贸易和区域经济。

进关键行业和领域发展的作用。从财政支出的角度来看，中央国有企业和地方国有企业是纳税大户，随着地方国有企业规模的扩张，其纳税额度相对于中央国有企业呈增长趋势，同时其获得的预决算也不断上升，这既有利于地方经济发展，也有利于区域间协调统筹。

关键词：　国有经济　中央　地方

一　中央国有企业与地方企业国有经济发展概况

由于管辖部门的不同，国有经济可以分为中央国有企业和地方国有企业，其中，中央国有企业是由中央政府监督管理的国有企业，而地方企业则是由地方政府监督管理的国有企业。一般而言，中央国有企业有如下特点：一是资产财务关系在财政部单列；二是人事关系在人社部单列；三是经营上在国家计划中单列，国务院可以直接向其行文，从职能上看，中央国有企业在关系国家安全和国民经济命脉的主要行业和关键领域占据支配地位，是国民经济的重要支柱。而地方国有企业，其职能既有公益性部分，也有营利性部分：其营利性体现为追求国有资产的保值增值；其公益性体现为国有企业的设立通常是为了实现国家调节经济的目标，起着调节国民经济各个方面发展的作用。

截至 2021 年，国务院国资委履行出资人职责的中央国有企业共 97 家，中央文化企业共计 3 家，中央金融企业共计 27 家，财政部履行出资人职责的中央国有企业共 5 家。根据国研中心的数据，1999 年以来国有企业数量经历了先减少后增加的过程：国有企业 1999 年达到 61301 家，2005 ~ 2014 年数量整体呈现下降趋势，从 24961 家逐步下降到 18808 家，其中，到 2007 年逐步稳定在 20000 家左右；而后从 2014 年的最低点起数量逐步攀升，到 2017 年整体稳定在 19000 ~ 20000 家。

基于国有企业数量的变化，其发展可以大致分为三个阶段：首先是在

2007 年之前，随着中国加入 WTO，国有企业改革和市场化经济使得更多的资源流向民企；而 2007 ~ 2013 年，国有企业承担起了挤出经济中的泡沫的重担，企业数量随之下降，与该观点互为佐证的是，在这一时期国有经济的投资不降反升；而在 2013 年之后，国际经济环境整体恶化，市场经济受到不良影响，国有企业重新成为顶梁柱，其市场规模不断扩大且数量增加。

2011 ~ 2017 年，第一产业的资产总额为 3000 亿 ~ 4000 亿元，第二产业和第三产业则为 20 万亿 ~ 50 万亿元，国有资本增长主要来自第三产业，而第三产业资产的增长主要来自社会服务业、房地产业、交通运输业及金融业。2009 ~ 2011 年，中国的人均收入超过了 10000 国际元，从人均收入的视角来说到达了结构转型节点，居民的生活品质需求逐渐成为整体环境中重要的需求。随着我国产业结构升级和国有企业改革的不断推进，第三产业逐渐成为国有企业增长的重要助推。第三产业尤其是社会服务、教育、医药的发展，无疑体现着人民对相应行业的需求日益增长。并且，在全国范围内实现这些产业的基础服务标准化、均等化，是经济高质量发展、各地区均衡发展的必然要求。

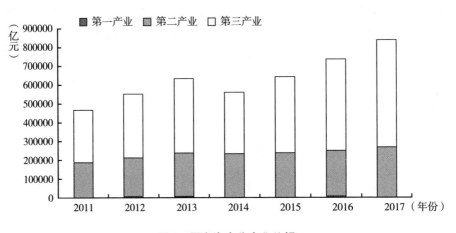

图 1 国有资产分产业总额

2005 年至今，中央国有企业和地方国有企业的资本总额和户均资本存在一定的差异。其中地方国有企业和中央国有企业持有的资本总额都呈现上升趋势，而在户均资本上，2008 年之后，中央国有企业在资本总额上曾短暂超过地方国有企业，但是随着地方国有企业数量在 2015 年之后快速增加，地方国有企业资本总额超过中央国有企业且两者差距逐渐拉大。

2005 年，中央国有企业持有的资产总额为 123016.4 万元，地方国有企业持有的资产总额为 132670.8 万元，两者相差不大；而到 2019 年，中央国有企业持有的资本总额为 869585.8 万元，而地方国有企业则为 1469082 万元，地方国有企业持有的资产总额是中央国有企业的 1.69 倍，通过户均资本总额的变动趋势持有可以更好地看到上述变化。

从 2005 年开始，地方国有企业的户均资本不断攀升，其可以分为两个阶段，第一个阶段为 2005～2015 年，地方投资的驱动因素主要在于地方政府的基建投资，同时地方国有企业也积极参与其他各类地方投资；第二个阶段为 2015 年之后，国有经济在经济中的支撑作用加强，地方国有企业投资也随之增加。

而与此同时，中央国有企业在 2007 年之后，受到金融危机的影响投资发生了变化，这是因为在金融危机之后中央国有企业的投资更多地倾向于关系国家安全和国民经济命脉的主要行业和关键领域，且在相应行业占据支配地位，随着中央国有企业资产重组，一部分中央国有企业被划归地方国有经济，这也使得相关数据中的投资额发生了变化。从图 2 也可以看出，中央国有企业主要是精而大，地方国有企业主要是数量多、资本总量大。中央国有企业主要起到关键行业和部门的带头作用，地方国有企业则在全国范围内起到影响经济的效果。

图 3 显示了我国各省份每万人国有企业户数情况。从历史上看，国有资本比较集中地分布在山东、辽宁、河北、江苏、广东、河南、湖北、北京、黑龙江等 9 个省份。随着国有资本 2005～2010 年逐渐投向煤炭、石油、炼焦、冶炼、设备制造、通信和计算机等行业，国有资本占主导地位的地区变为辽宁、山东、湖北、陕西、北京、河北、上海、广东等 8 个省份；而在 2011 年之后，随着汽车制造业，铁路、船舶、航空航天和其他运输设备制造业的兴起，国有资本向这些行业有了一定的倾向，同时在区域上国有资本分布向陕西也有一定的倾向。

国有工业调整发展过程中，全国 31 个省份的发展出现较大的差异，地

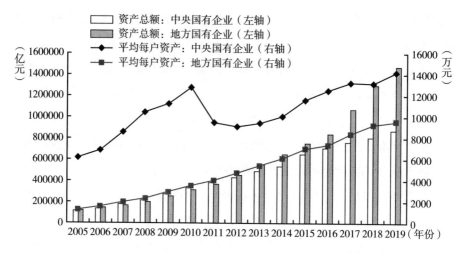

图2　中央国有企业和地方国有企业资本总额与平均资本

资料来源：财政部。

区间的分布不断演变，形成了一些新的发展趋势。国有工业发展较快且效益较好的省份多分布在发达地区，而部分西部省份国有工业发展较快但经营效益并不理想，东北地区则只有吉林国有工业在经营效益方面表现较好。值得注意的是，东部地区各省份国有工业占规模以上工业比重较稳定且表现向好，西部地区该比重一直较高且发展相对较快，这说明国有工业占比高并不是经济发展缓慢以及经济活力不足的必然原因。

国有企业控制国民经济命脉，在经济发展中发挥着主导作用，既具有以实现利润最大化为目标的经济属性，也具有履行公共职能、以实现全民福利最大化为目标的社会属性，亦具有确保公有制经济主体地位的政治属性。下文将从盈利职能和公共职能两个视角来描述地方国有企业和中央国有企业所起到的作用。

下文采用平均销售利润率来刻画国有经济的盈利能力状况。2011～2020年，全国国有企业和地方国有企业的平均销售利润率整体变动趋势相似，在2016年之前呈现稳中有升的趋势，而2016年之后整体的平均销售利润率出现下滑；而在这个过程中，中央国有企业的平均销售利润率超过了地方国有企业，说明中央国有企业的盈利职能履行得更好。

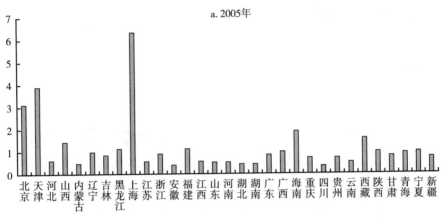

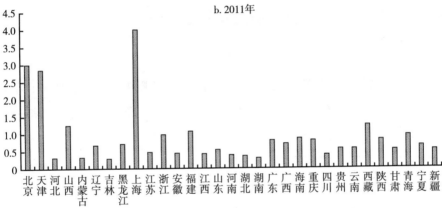

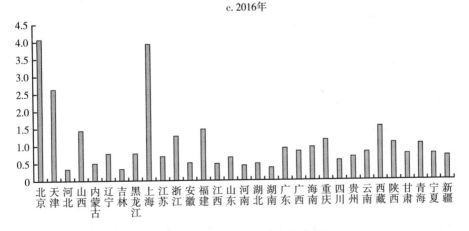

图3　各省份每万人国有企业户数

资料来源：国资委、国家统计局。

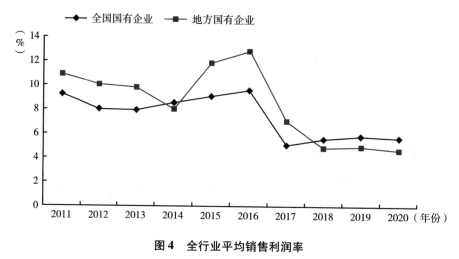

图 4　全行业平均销售利润率

资料来源：国资委。

分行业考虑销售利润差距，可以看到，全国范围内国有企业利润下降主要来自工业利润下降。这应当与 2016 年以来世界范围内的经济低迷和去全球化过程有关。随着长期的经济低迷和各国兴起的去全球化运动，各国之间的争端增加，贸易属性强的行业受到的影响最大，伴随这一过程工业利润整体性地陷入低迷，国有经济也不可避免地受到影响。在这个过程中，地方国有企业基于协调地方经济的职能属性，更多地集中在工业这种贸易属性强的行业，并且其在轻工业中的比重高于中央国有企业，这就使得全球经济的周期性影响和短期波动对其造成的影响更大。

地方国有企业的农业销售利润率回归至全国平均水平，充分说明地方国有企业在农业方面的职能调整，更加偏向于农业服务的地方国有企业有益于发挥保护农业的作用。这也符合地方国有企业和中央国有企业各自的职能定位。

但是，从总体趋势来看，2018 年以来，中央国有企业的平均销售利润率就超过了地方国有企业的平均销售利润率，而从二产和一产来看，地方国有企业的平均销售利润率始终不低于中央国有企业，这就说明在第三产业上中央国有企业比地方国有企业销售状况更好，这也是 2018 年之后地方国有企业收入平均销售利润率不如全国国有企业的一个原因。

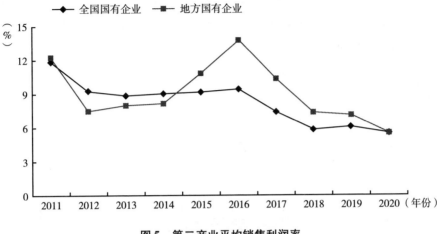

图5 第二产业平均销售利润率

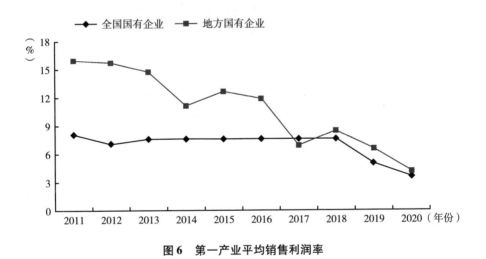

图6 第一产业平均销售利润率

　　而从公共职能的视角来看，国有经济则承担了就业、投资和研发等公共品供给，其中投资情况在前文的国有资产总额中得以体现，因此下文侧重分析就业和研发等公共品供给。

　　从国有企业从业员工数据可以看到，国有企业创造的就业岗位数量可观。第三产业在近年创造了大量就业机会，也为新的社会需求提供了重要的供给。在第三产业中从业员工主要增量来自教育及社会工作部门。这充分体

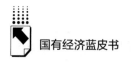
现了国有企业在提供重要的教育及社会服务方面的基础性地位。教育及社会服务主要是由地方国有企业提供，在保证当地居民享有标准化服务的同时，缓解了地方的就业压力。

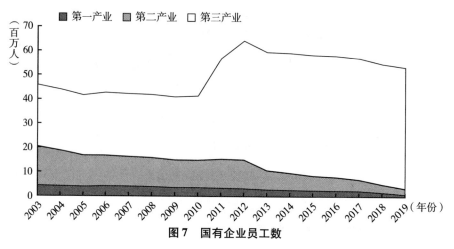

图7　国有企业员工数

资料来源：人力资源和社会保障部。

国资委提供的平均技术投入比例仅有全国国有企业和地方国有企业两个分类，以2019年为例，全国国有企业的科研投入强度为2.23%，制造业的科研投入强度为1.43%，规模以上工业企业的科研投入强度为1.32%。在规模以上工业中，高技术制造业的科研投入强度为2.41%，装备制造业的科研投入强度为2.07%。可见，国有企业的科研投入水平超过大多数行业平均水平，基本与高新技术行业的科研投入水平保持一致，甚至略高；而地方国有企业整体的科研投入水平高于一般的规上企业，在国家的科研整体投入中占据一定地位。

下文分析中央国有企业和地方国有企业的平均技术投入比例，地方国有企业虽然与中央国有企业的技术投入比例存在一定的差距，但是在2012年以后，地方国有企业的技术投入比例逐年上升。中央国有企业和地方国有企业的平均技术投入比例差距可能是来自中央国有企业本身的定位，也有可能来自两者在行业分布方面的差距。当然，考虑到体量，中央国有企业总投入是高于地方国有企业的。地方国有企业更重视农业科研投入，中央国有企业更加重视制造业技术投入。

图8　平均技术投入比例

资料来源：国资委。

从图9可以看到，全国国有企业和地方国有企业在不同产业的平均技术投入比例存在差距。中央国有企业更注重在第二产业的科研投入，而地方国有企业则更注重农业。这说明了中央国有企业和地方国有企业所承担的职能存在一定差异。中央国有企业在制造技术攻坚方面承担了更多的任务，而地方国有企业则更多的是承担起农业生产等基本任务。中央国有企业攻坚克难，完成重要任务，而地方国有企业不断提升技术水平，提高服务当地人民群众的能力。

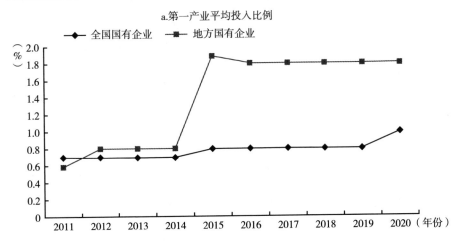

a.第一产业平均投入比例

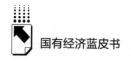

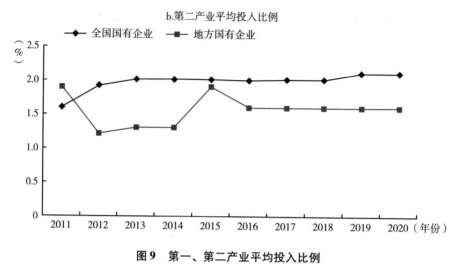

图9　第一、第二产业平均投入比例

资料来源：国资委。

二　中央与地方国有企业的地区、产业影响

基于前文的分析可知，中央国有企业与地方国有企业在总体产业定位上存在差异，中央国有企业在制造业特别是高端装备制造业中发挥引领和带头作用，而地方国有企业则需在地方政府的调控下承担一定的经济功能和社会功能，在企业所有制改革、处置企业非必要附属产业方面发展较慢。应协调中央与地方国有企业关系，在促进地方国有企业加大改革力度、提高配置效率的同时，进一步提升对应中央国有企业和地方国有企业的财政资源配置效率：中央需要向欠发达地区加大均衡性转移支付力度，地方财政应统筹安排上级支付和自由财力，明确支出责任，健全基础标准，推动基础服务的标准化与均等化，促进地方国有企业改革和发展。

综合来看，国有企业主要分布行业，既包括电力、热力、燃气、水、煤炭、电信等涉及国计民生和国家经济命脉的垄断性行业，也包括汽车、电气机械、有色金属等一些基础性和支柱性产业，通过发挥国有资本规模较大的特点，将资本和人力投入制造业的关键领域和关键部门，深化经济的结构性改革，促进社会发展。

从资本占比来看，第二产业中国有资本占比较高的主要是采矿业、制造业，以及电力、热力、燃气及水生产和供应业，体现了国有企业的支柱性功能。从资本占比变动来看，上述三类行业占比稳步上升，特别是制造业占比提升幅度较大，体现国有企业在制造业中的引领作用。随着经济结构性改革的深入，制造业的转型升级成为工作重点，国有企业作为制造业产业链中的核心，对行业的转型升级起到引领和支撑作用。而采矿业和电力、热力、燃气及水生产和供应业等传统行业占比上升，体现了国有企业加强资源整合、维护国家战略安全的重要作用。总体来看，国有企业向规模扩张速度较快、资本密集程度较高的基础性行业以及垄断性行业集中分布，国有工业在国民经济中的地位不断提升。

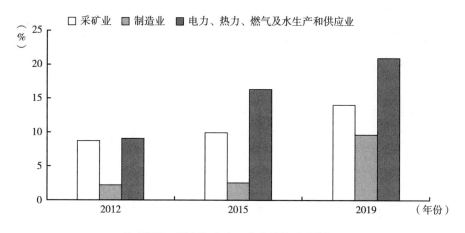

图10　国有资本占工业企业资本比例

资料来源：《中国工业统计年鉴》。

从全国范围内的工业经营状况来看，2020年国有企业的整体盈利水平有所下降，这主要受新冠肺炎疫情影响。分行业来看，医药行业国有企业的盈利状况较好，建材、化工等与基建相关行业国有企业经营保持稳定，纺织、食品、轻工业等市场化程度较高的行业国有企业充分竞争，整体销售利润状况不太突出。2020年受新冠肺炎疫情影响，建材工业、水电等与基建

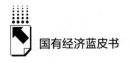

相关行业盈利水平整体高于其他行业水平。总体来看，国有企业在大宗商品和与人民生活息息相关的基建行业和制造业的运营状况良好，发挥了经济"压舱石"的作用。一方面，国有企业在涉及国计民生行业的正常运转，能够为地方政府带来稳定的资金来源，缓解地方财政压力；另一方面，某些行业进入门槛高、行业标准严，需要国有企业提供足够的产能供给，维持社会稳定。

从地方国有企业和全国国有企业的平均销售利润率来看，地方国有企业在发挥既有的经济和社会功能的同时，经营水平不断下降。在经济效益相对较好的区域，国有资本集中分布于电力、热力、燃气及水生产和供应业等关系国民经济命脉的垄断性行业；在经济效益一般的区域，国有资本主要集中分布于汽车、电气机械等资本、技术密集程度相对较高的制造业；在经济效益相对较差的区域，国有资本则主要分布于煤炭开采与洗选等资源密集程度相对较高的采矿业。我国国有工业经济效益存在的区域差异明显，不仅与国有工业分布紧密相连，而且与资源禀赋、发展程度和经济基础、国家政策导向和支持力度等密不可分。

一方面，地方国有企业的销售利润水平呈现下降趋势，这说明随着地方市场经济发展，各行业的竞争日益激烈，地方国有企业的垄断势力有所减弱，且其改革脚步慢于中央国有企业。同时与地方国有企业平均销售利润率降幅较大相比，中央国有企业的销售利润率下降幅度并不大。另一方面，那些行业进入门槛高、与民生联系更为密切行业的地方国有企业平均利润率保持在相对稳定水平上，如建材工业、医药工业以及水的生产与供应业。这充分说明地方国有企业在涉及国计民生的关键领域依旧发挥着引领作用。而在电子工业和医药工业地方国有企业平均利润水平显著低于全国平均水平，反映了中央国有企业和地方国有企业在制造业领域的职能差异和资本效率差距。我国大型企业集团集中于国有工业，并呈现显著的资本密集和技术密集特点，说明国有工业不仅没有因其企业数量减少以及主要指标在规模以上工业中的占比降低而出现经济地位下降，反而是在国有企业改革不断深化过程中，进一步向资本化、专业化方向转型。

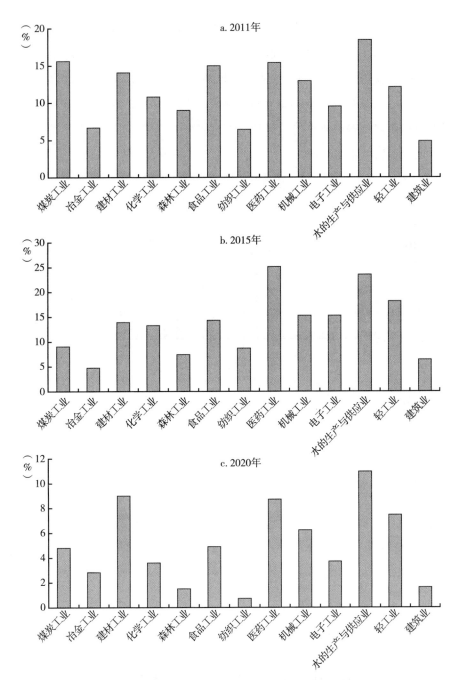

图 11　地方国有企业第二产业平均销售利润率

资料来源：国资委。

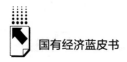

在第三产业的行业分布上，2013～2019年，国有企业在第三产业中的总资产规模不断扩大，法人户数不断增长，伴随着第三产业的蓬勃发展，国有企业同步发展。从第三产业国有企业平均销售利润率来看，2011～2020年，第三产业国有企业平均销售利润率呈下降趋势。2020年受新冠肺炎疫情影响，住宿和餐饮业平均销售利润率直接降为负值，其他行业平均销售利润率也处于较低水平。

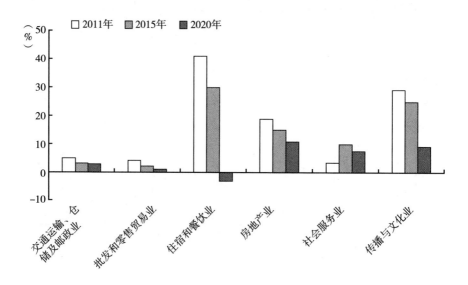

图12 全国国有企业第三产业平均销售利润率

资料来源：国资委。

总体来看，国有企业在社会服务业方面仍然保持着较好的经营状况，当然，销售利润率与其在第三产业中的主要职责之间的关联度较弱。第三产业中国有企业的主要职责就在于提供基础公共文化服务，更多的是承担为社会主义先进文化制度服务的功能，从之前传播与文化业的利润水平来看，国有企业应进一步强化现有职责，不断满足人民群众日益增长的物质文化需求。

从地方国有企业的平均销售利润率来看，地方国有企业与全国国有企业平均销售利润率增长趋势类似，部分行业的利润水平甚至超过全国平均水平，如社会服务业、房地产业。这说明地方国有企业在第三产业中为本地提

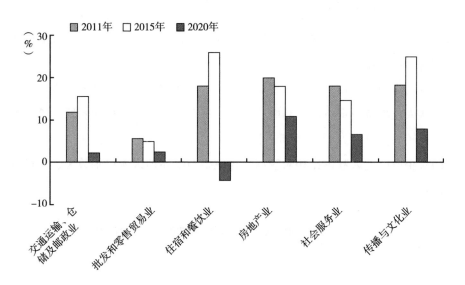

图 13　地方国有企业第三产业平均销售利润率

资料来源：国资委。

供服务的同时，其资本配置效率较高。

随着国有企业的改革深化，其对人才数量和质量的需求不断提高。从工业就业人数来看，受就业人数相关数据缺失影响，此处以 2020 年国有企业单位数行业占比作为近似指标，可以发现第二产业中企业数占比较高的是制造业，为 93.66%，其次为电力、热力、燃气及水生产和供应业及采矿业，分别是 3.64% 和 2.70%。在第三产业中，国有企业就业人数占比较高的是交通运输、仓储及邮政业，租赁和商贸服务业，金融业，其中，交通运输、仓储及邮政业就业人数占比有所收缩，从 2015 年的 45% 收缩至 2019 年的 31%，租赁和商贸服务业与金融业的就业人数占比有所上升，2019 年分别为 24% 和 21%。批发和零售贸易业、房地产业的就业人数占比有所回落，但因其占比较小，对整体发展影响程度较小。

分区域来看，各区域间交通运输类行业就业人数占比差别并不大，其主要与地区经济发展水平和区域所处位置有关，中部地区且欠发达地区的就业人数占比相对较高，排名前五（含并列）的有河南、河北、江苏、山东、湖北、陕西和广东。交通运输类行业是涉及国计民生的重要行业，特别是新冠肺炎疫情暴发以来，居家需求催生了线上购物需求的增长，该领域的就业人数进一步增加。

从住宿和餐饮业来看，除青海、西藏、海南和宁夏外，其他省份国有企业就业人数均有一定占比，其中，北京、山东和广东的住宿和餐饮业就业人数占比较高，分别为11%、10%和7%。整体来看，中部地区住宿和餐饮业的国有企业就业人数占比相对较高，这主要与上述地区人口基数大、人员流动性强相关。

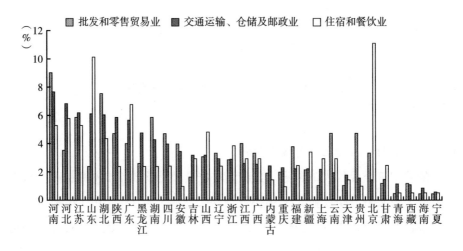

图14　第三产业国有企业就业人数占比

从批发和零售贸易业来看，除青海、海南和宁夏外，其他地区国有企业均有布局批发和零售贸易业，其中就业人数占比较高的是河南、湖北、江苏、湖南和云南等，分别为9%、7%、6%、6%和5%，各地区间差距并不大，但经济发达程度并不与批发和零售贸易业的就业人数占比成正相关关系，上海、天津和重庆等地虽属于一、二线城市，但其批发和零售贸易业就业人数占比分别仅为1%、1%和2%，这说明行业的发展与地区的经济发展定位相关。

从金融业国有企业就业人数占比来看，各区域间差异较大。其中广东的金融业就业人数占比最高，为11%，其次是江苏、广西、山东和河南，分

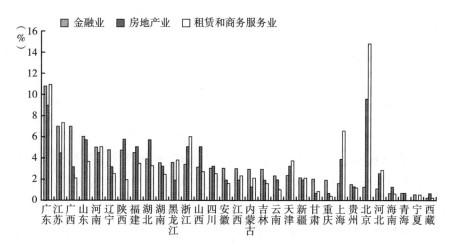

图15　第三产业国有企业就业人数占比

别为7%、7%、6%和5%。总体来看，地方区域经济增速与金融业的就业人数占比并不存在正相关关系，如上海、北京等一线城市，其金融业内部竞争较为激烈，吸收了大量的劳动力，在此过程中国有企业不需要发挥引领作用，而在河南和山东等经济增速低、人口基数大的地区，需要国有企业发挥其社会功能，通过金融业服务实体经济发展，促进就业、稳定社会。另外，陕西金融业和房地产业的国有企业就业人数占比相对较高，说明陕西作为西部地区最主要的国家资本密集投向区，在引领区域发展、改善既往产业结构方面起着较为重要的作用。

三　国有经济对中央和地方财政的影响

深化国有企业改革，意味着国有企业服务于中华民族伟大复兴的战略全局，是经济体系中重要的战略主体。国有企业税收是我国财政的重要来源。随着国有企业由高速增长转向高质量发展，国有企业的税收总量和税收结构也出现符合经济结构变动的新趋势。我国国有企业上缴税金总额是不断上升的。由于第一产业税率较低，第一产业税金总额从2003年的53亿元增加到

2019 年的 109 亿元，相对于第二、三产业的万亿级数量较小，在图 16 中未予以体现。

2003 年，全国国有企业第二、三产业上缴税金总额为 7823 亿元，其中，第二产业占比为 73%。到 2019 年，全国国有企业第二、三产业上缴税金总额为 48611 亿元。可以看出，全国国有企业税金总额大幅上升的同时，第三产业上缴税金也有了较大幅度的增加。2003～2011 年，全国国有企业第三产业税收收入上升速度较快，2004 年增速为 29%，2011 年增速为 19%。2011～2019 年，多数年份全国国有企业第三产业税收收入保持了二位数的增长。同期第二产业增速放缓较为明显。2004 年，全国国有企业第二产业税收增速为 28%，2012 年为 11%，而后年份均保持在个位数。随着国有企业体制改革深化以及外部贸易环境变化，2015 年第二产业税收减少 3%，同期第三产业税收增加 12%，总税金增加 2%。

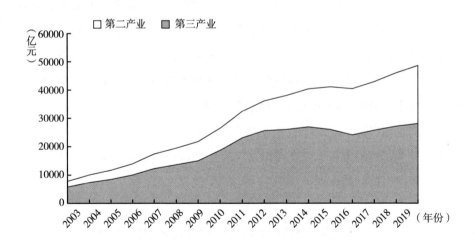

图 16　全国国有企业分行业上缴税金总额

资料来源：财政部。

在第二产业中，主要的税收来源是石油石化、电力工业、烟草工业，2019 年，这三个行业的国有企业上缴税金总额分别为 7393 亿元、3105 亿元和 7184 亿元。电子行业税收增速表现良好，在 2015 年第二产业税收减少的大背景下，电子行业国有企业上缴税金增加了 23%。2003～2019 年，唯一保持上缴税金增长的行业是市政公用工业。在第二产业中，高新技术产业以及与民生基建密切相关产业的稳步高速增长，体现了深化国有企业改革带来的国有企业职能更加突出的变化。第三产业增长最迅速的是卫生服务业，2003～2019 年增长达 51 倍，在保证税收增长的同时，产业结构进一步优化升级，推动经济高质量发展。

财政部门在国有企业利润划分中起到了重要作用。通过中央财政的整体统辖与规划，国有企业收入能够成为财政的重要来源。完善国有企业利润税金的收缴、使用、监督、评价机制，能提升我国国有经济的调控能力，推动国有企业改革不断深化。财政部门能够从国有企业获得更多支持，更大的资金规模能够提升国有资本保障民生的能力。

中央国有企业和地方国有企业上缴税金总额不断增加，地方国有企业上缴税金占比较高。地方国有企业上缴税金从 2003 年的 6338 亿元上升到 2019 年的 36907 亿元，占比则略有下降，2003 年为 80%，2019 年为 75%。在深化国有企业改革、部分中央国有企业重组之后，中央国有企业上缴税金稳定增长。2003 年，中央国有企业上缴税金总额为 1526 亿元，2019 年为 11813 亿元。可以看到，2003～2019 年，中央国有企业和地方国有企业上缴税金总额稳步上升，比例也保持相对稳定，中央国有企业占比略有上升。大幅上升的税金为我国财政奠定了坚实的基础，反映了国有企业在国民经济中的支柱地位。

从各省份国有企业税收占当地企业税收比例来看，不同省份的国有企业税收占比有一定的差异。这一方面可能是因为当地国有企业发展水平较高，有较强优势；另一方面是当地市场经济发展不够充分，为此，国有企业起到了一定的"压舱石"作用。北京国有企业税收占企业税收比例为 5.5%，外资企业占企业税收比例为 15%。上海国有企业税收占企业税收比例为 12%，外资企业占企业税收比例为 29.5%。广东国有企业税收占企业税收比例为 1.4%，外资企业占企业税收比例为 11%。新疆国有企业税收占企业税收比例为 4.9%，外资企业占企业税收比例为 1.2%，在新疆，占比较高的企业

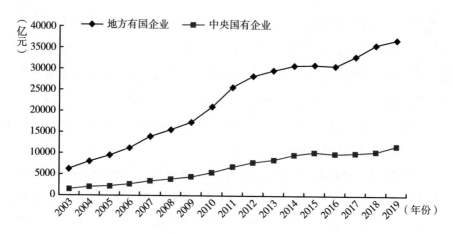

图 17　中央国有企业与地方国有企业上缴税金总额

资料来源：财政部。

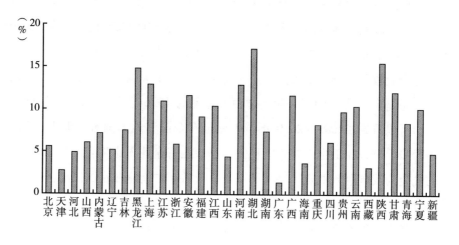

图 18　2018 年国有企业税收占当地企业税收比例

资料来源：《中国税务年鉴》。

是有限责任公司和股份有限公司，为 66%。国有企业税收比例较低的省份，有的类似广东是市场经济发展足够充分的省份。北京则是由于有大量外资在当地设立总部，国有企业的税收占比较小。

国有企业占比较大的地区如大连，国有企业税收占比 19%，外资企业税收占比23.9%，反映了大连外贸较为重要的行业特征。湖北国有企业税收占比17%，外资企业税收占比9.1%，反映了湖北区位重要性的同时，也因交通便利的优势而使市场经济有一定程度的发展。

从财政统计的利润收入来看，2012年，我国中央国有企业利润收入决算总额为950亿元，地方国有企业为203亿元。2018年中央国有企业利润收入决算总额为1209亿元，地方国有企业为928亿元。中央国有企业利润收入决算总额在2012年接近地方国有企业的5倍，有较大差距。到2018年，这个差距有所缩小。中央国有企业的利润问题，与前文分析的中央国有企业经营状况与数量稳定较为一致。国有企业改革，意味着央企主要是在重要行业保持支柱地位。

随着国有企业的结构性调整，地方国有企业数量增多、经营状况改善，地方国有企业的利润总额在过去十年有了较大幅度的增长。地方国有企业利润成为地方财政的一个重要来源。地方国有企业利润增长，有助于减轻地方政府财政压力。中央国有企业的利润收入维持在较为平稳的水平，反映了中央国有企业的高质量发展方向。地方国有企业与中央国有企业的利润，是国有企业布局向纵深推动的自然结果，也有助于国有企业充分发挥作用、高质量发展。

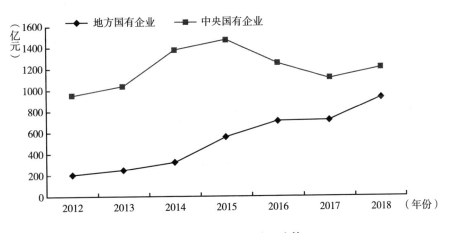

图19　国有资本利润收入决算

中央国有企业的转移支付包括中央对地方国有企业转移支付以及国有经营资本预算调出。地方国有企业的转移支付则只是国有经营资本预算调出。从

图 20 可以看到，2012～2018 年，中央国有企业和地方国有企业的转移支付增长较为明显，尤其是地方国有企业的发展带来了地方国有企业转移支付的快速增加。2012 年，中央国有企业转移支付为 50 亿元，占比为 89%，地方国有企业转移支付为 6 亿元。2018 年，中央国有企业转移支付为 408 亿元，占比为 42%，其中，86 亿元为中央对地方国有资本经营转移支付，322 亿元为国有资本经营预算调出资金，地方国有企业国有资本经营预算调出资金为 563 亿元。

由于地方国有企业增加，中央国有企业的转移支付有一定程度的减少。例如，2015 年中央对地方国有资本经营转移支付预算为 288 亿元，决算为 127 亿元。中央和地方国有企业转移支付增加，促使国有资本更能发挥作用。更多的转移支付意味着更宽裕的财政政策空间。同时，中央国有企业和地方国有企业转移支付结构的变化，也是我国国有企业改革的结果。这说明我国中央国有企业和地方国有企业的关系更加协调。

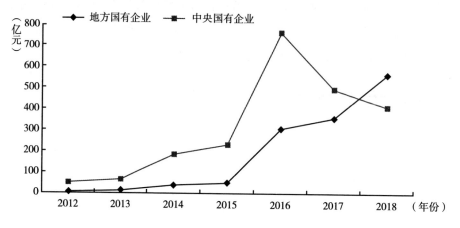

图 20　中央国有企业与地方国有企业转移支付决算

资料来源：《中国财政年鉴》。

参考文献

谢地：《中国国有经济角色的历史定位——学习习近平同志系列讲话关于国有经济

的论述》，《理论界》2015 年第 9 期。

李钢、王罗汉：《国有经济的发展对我国省际经济差距收敛的影响》，《经济管理》2015 年第 1 期。

程强、尹志锋、叶静怡：《国有企业与区域创新效率——基于外部性的分析视角》，《产业经济研究》2015 年第 4 期。

李勇、郭丽丽：《国有企业的就业拖累效应及其门槛特征》，《财经研究》2015 年第 2 期。

李钢、何然：《国有经济的行业分布与控制力提升：由工业数据测度》，《改革》2014 年第 1 期。

B.5
国有经济发展：国际比较视角

刘艳红*

摘　要：　21世纪以来，尽管世界各国的国有经济总体上持续呈现占比下降的趋势，但其在全球的重要性和影响力不断提升。在中国之外，国有经济占比较高的国家主要集中在欧洲前社会主义国家、欧洲大陆的经济大国以及新兴经济体。世界各国的国有经济在行业布局方面呈现显著的一致性，主要集中在资源、能源、水电气、交通、电信、金融等基础性和战略性行业。受经营目标多元化以及企业发展所面临的外部环境和内在约束的复杂性等因素影响，国有企业总体上仍存在经营绩效不高的问题。经济发达国家和发展中国家在国有经济功能定位上存在明显差别。除提供公共产品、保障国家经济安全以及稳定经济社会发展等传统功能外，很多发展中国家的国有企业还在经济转轨、赶超乃至国际竞争等国家发展战略方面发挥开拓性或引领性作用。基于上述差异，金融危机不仅在一定程度上加速了新兴经济体的实力提升，也加快了其国有企业参与国际经贸合作与国际竞争的步伐。新兴经济体国家国有经济全球影响力的上升引起了经济发达国家的高度关切，并引发了国有经济发展环境的深刻变化。一方面，在欧美国家引领下，世界各国普遍在关键基础设施、核心技术、信息安全等领域加强了安全审查、提高外资准入门槛。另一

* 刘艳红，博士，中国社会科学院大学经济学院副教授，研究领域为政治经济学、公共政策与可持续发展。

方面，国有企业的海外发展将受到更为严格的竞争中性等国际规则的制约，势必对其在执行和推动国家（海外）发展战略中的作用产生重要影响。国家迫切需要根据变化了的外部发展环境，在对外发展战略和国有经济布局结构以及深化国有企业改革等方面做出相应部署和调整。

关键词：　国有企业　功能定位　国际比较　海外发展环境

20 世纪 80 年代以来，随着经济自由化和私有化进程在全球大范围内推进，国有经济在各国国民经济中的比重均出现了下降趋势。尽管如此，国有经济在世界各国的基础性和战略性行业中仍然扮演着重要角色，并且在经济全球化进程中发挥日益突出的作用。从经济发达国家看，国有经济不仅在以电力、交通、通信为代表的网络部门（network sectors）以及金融行业保持相当高的比重，而且在挪威、瑞典、法国、意大利等欧洲大陆国家中仍占有重要地位。比较而言，国有经济在发展中国家和新兴经济体中扮演着更为重要的角色，且由于体制和发展阶段的不同等而被赋予了一些特殊的功能和战略使命。由于经济体制、发展阶段及功能使命等方面的差异，随着新兴经济体国家经济实力的快速上升及其与世界经济融合程度的不断深化，其国有经济对全球经贸体制的潜在影响问题引起了经济发达国家的高度关注，并引发了国有经济发展环境的深刻变化。

基于上述背景，本报告试图从国际比较的视角概述 21 世纪以来中国之外的世界主要国家在国有经济发展趋势、规模结构、质量效益以及国际化等方面呈现的共性与差异、成就与挑战，以及在经济全球化和世界经济结构发生深刻变化背景下各国对国有企业功能定位、国有企业监管等方面存在的共识与分歧。我们认为，上述比较研究不仅有助于从全球视野看待国有经济发展的成就和不足、机遇与挑战，而且有助于在更加充分认识国有经济发展的外部环境的基础上，进一步调整和优化我国国有经济改革发展与开放合作的方向。

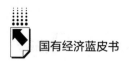
一 国有经济的发展趋势

进入 21 世纪以来，国有经济在延续 20 世纪 80 年代以来比重持续下降趋势的同时，呈现全球影响力不断上升的重要特征。

第一，国有经济在国民经济中所占比重下降，寻求以混合所有、相对控股等多元化方式实施经济影响。OECD 的研究显示，在金融危机前的十年中，无论是发达国家还是新兴经济体，国有企业的比重都呈现下降趋势，并且倾向于通过减持但保持控制权的方式施以经济影响。金融危机之后，尽管各国政府普遍加大了经济干预力度，但并未从根本上扭转国有经济比重下降的趋势。Musacchio 和 Lazzarini 认为，在 20 世纪 80 和 90 年代的经济自由化和私有化浪潮中，政府开始改变原有的绝对控股模式，转而寻求以相对控股的方式影响企业决策或获取经济回报，进而形成了一种新型的混合资本主义。① OECD 的另一项研究则发现，2008 年以后全球国有资产出让不仅呈现规模不断上升的趋势，而且出现了出让中心由发达国家向发展中国家转移的特征。2008~2016 年，全球国有资产出让规模从 1100 亿美元上升至 2660 亿美元。2015 年，仅中国的国有资产出让规模就达 1730 亿美元，占当年全球国有资产出让规模的一半以上。

第二，国有经济在全球经济中的重要性和影响力不断提升。如上所述，尽管世界各国国有经济的比重下降，但随着国有经济占比相对较高的新兴经济体的经济持续高速增长，国有经济的全球影响力呈现提升势头。统计数据表明，2005~2014 年，《财富》世界 500 强中的国有企业数量从 49 家增加到 114 家，占比从 9.8% 提高到 22.8%，其在就业人口、收入、资产和利润四个指标的占比也分别从 18.4%、8.0%、8.9%、8.2% 提高到 30.4%（2013 年）、24.1%、23%、19.9%（见表 1）。

---

① Musacchio, A., &Lazzarini, S. G., "Leviathan in Business: Varieties of State Capitalism and Their Implications for Economic Performance," Available at SSRN 2070942, 2012.

国有经济影响力的提升，至少与以下三个方面的因素有关。

一是以中国为代表的新兴经济体企业实力显著提升。由表2可以看出，2005～2014年，世界500强企业中的发达国家企业从467家下降至368家，发展中国家企业则从33家增加至132家。而发展中国家企业数量增长主要来自国有企业数量增长，其数量从2005年的26家增加至2014年的98家。作为最大的实行社会主义制度的发展中国家，中国的贡献尤为突出。2005～2014年，世界500强企业中的中国国有企业的数量由14家增加至76家，在全部国有企业中的占比由29%提升到67%。

表1　《财富》世界500强企业中的国有企业占比

单位：家，%

年份	国有企业数量	数量占比	就业人口占比	收入占比	资产占比	利润占比
2005	49	9.8	18.4	8.0	8.9	8.2
2006	54	10.8	19.9	8.8	9.2	9.9
2007	55	11.0	19.7	9.2	8.8	10.4
2008	57	11.4	19.9	10.3	9.1	12.0
2009	69	13.8	23.6	14.5	15.7	11.9
2010	75	15.0	24.8	15.3	18.8	9.35
2011	86	17.2	27.7	17.8	22.2	16.95
2012	95	19.0	29.8	19.6	19.3	22.25
2013	107	21.4	30.4	22.0	19.7	23.15
2014	114	22.8	—	24.1	23.0	19.9

二是2008年金融危机后，"华盛顿共识"所倡导的自由放任经济模式的危害性凸显，包括英国、美国等自由主义传统深厚的国家在内的很多国家都加大了经济干预力度。例如，金融危机期间，美国政府为保持国家金融稳定接管了最大的两家信贷担保公司房利美和房地美，并成为其控股股东。2011年，两家公司的营业收入占到世界500强中所有国有企业营收总额的5%。由表2也可看出，2009年之后，世界500强企业中国有企业的数量及其各项指标的占比都有较为明显的提升。而OECD的一项针对跨国并购的统计数据表明，2008～2010年，无论是发达国家还是新兴经济体的国有企业都加大了跨国并购力度，而且后者的并购成交金额要显著高于前者（见图1）。

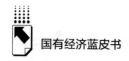

三是在上述两个因素助推下，国有企业开始成为国际竞争与合作的重要参与主体和推动经济全球化的重要力量。

表2　不同发展阶段在《财富》世界500强企业中的国家企业占比

单位：家，%

项目	2005年	2006年	2007年	2008年	2009年	2010年	2011年	2012年	2013年	2014年
发达国家企业	467	455	451	444	431	425	406	392	376	368
发展中国家企业	33	45	49	56	69	75	94	108	123	132
500强中的国有企业	49	54	55	57	69	75	86	95	107	114
发达国家国有企业	23	19	19	17	21	21	17	16	16	16
发展中国家国有企业	26	35	36	40	48	54	69	79	91	98

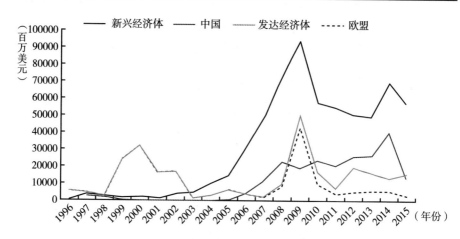

图1　国有企业收购者在跨国并购中的成交金额

二　国有经济的规模与结构

OECD对2015年全球40个国家①的中央（或联邦）政府控股国有企业

---

① 包括35个OECD成员国与阿根廷、巴西、中国、印度和沙特阿拉伯。

的规模与结构进行了比较研究。在中国以外的 39 个国家中，国有企业数量较多的国家主要为印度、巴西等新兴经济体和以匈牙利、捷克和波兰为代表的欧洲前社会主义国家。国有资产规模较大的国家主要有印度、韩国和意大利等。国有企业就业人口规模较大的国家有印度、法国和巴西等人口大国（见表3）。

表3　2015 年主要国家国有企业的规模

项目	国有企业数量 （家）	国有企业净资产总额 （十亿美元）	国有企业就业人口 （万人）
美国	16	−21.6	53.60
英国	16	114.6	15.36
德国	71	72.0	37.04
法国	51	76.9	82.70
意大利	20	207.5	49.98
挪威	55	107.9	23.06
瑞典	49	37.1	12.41
日本	8	82.4	25.63
韩国	56	217.8	14.78
匈牙利	370	9.1	14.82
捷克	133	28.8	13.38
波兰	126	15.7	12.80
巴西	134	145.0	59.75
印度	270	338.5	328.48
其他 39 国合计	2467	2407.8	923.85

上述国有企业的统计口径仅限于中央或联邦政府控股企业，大量由地方政府控股，或者政府参股的企业并未纳入统计和比较中。例如，IMF 一项针对中东欧 11 国和瑞典国有企业（中央或地方政府持股50%以上）的研究发现，根据 Orbis 2012～2014 年的数据，上述 12 国中共有 6282 家国有企业，明显超过 OECD 统计口径下的国企数量。其中，国有企业数量最多的四个国家分别是波兰（2097 家）、瑞典（1699 家）、保加利亚（800 家）和罗马尼亚（800 家），四者合计占比高达86%。

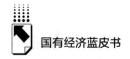

如果将 IMF 和 OECD 研究中均有数据的捷克、爱沙尼亚、匈牙利、拉脱维亚、立陶宛、波兰、斯洛伐克、斯洛文尼亚和瑞典 9 个国家进行比较可以发现,IMF 所援引的 Orbis 数据库中,上述 9 国中央和地方控股国有企业数量为 4501 家(2012～2014 年平均值),而中央或联邦政府控股国有企业数量为 765 家(2015 年),由此计算,中央或联邦政府控股企业占比约为 17%。

但由于企业规模存在巨大差异,单纯从企业数量上并无法准确判断中央和地方国有企业在国民经济中的影响力。例如,统计数据发现,2013 年,瑞典地方国有企业数量虽然在占比上接近 3/4,但其就业人口和营业收入占比则仅分别为 34% 和 40%。德国有 89% 的国有企业归市政府所有,但其营业收入占比仅为 62%。

鉴于数据可得性与统计口径差异,要对国有经济在国民经济中的相对规模进行跨国比较还存在一定困难。例如,OECD 研究发现,从产出、增加值和就业人口等综合指标看,OECD 国家国有企业在国民经济中的平均占比在 5% 左右,而新兴经济体的占比在 10%～40%。Musacchio 和 Lazzarini 的研究支持了上述判断,发现 11 个新兴经济体国家 2010 年国有企业的产值占国民生产总值(以下简称"GDP")的比重在 2%～34%,其中印度尼西亚占比最低,为 2%[1],越南的占比最高,为 33.7%,中国占比次于越南和巴西,为 29.7%(见图 2)。[2] OECD 曾试图用国有企业的净资产占 GDP 比重来衡量各国国有经济在其国民经济中的比重。据此发现,2008～2009 年,OECD 国家国有经济平均占比在 15% 左右。其中,斯堪的纳维亚半岛国家和前社会主义国家国有经济占比更高,一般在 20%～30%。而 IMF 针对中东欧 11 国和瑞典国有企业的研究发现,从产出角度(output)计算,上述 12 国国有经济在国民经济中的占比在 1%～12%,其中占比较高的是斯洛文尼亚、波兰、瑞典和保加利亚。

---

① 印度尼西亚占比低的原因是该数值为国有企业净利润占 GDP 的比重。

② Musacchio, A., & Lazzarini, S. G., "Leviathan in Business: Varieties of State Capitalism and Their Implications for Economic Performance," Available at SSRN 2070942, 2012.

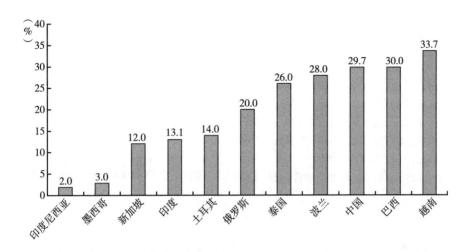

图2　新兴经济体国有企业产值占 GDP 比重

资料来源：Musacchio, A., & Lazzarini, S. G., "Leviathan in Business: Varieties of State Capitalism and Their Implications for Economic Performance," Available at SSRN 2070942, 2012。

鉴于用净资产占 GDP 比重来衡量国有经济比重的方法的非科学性（净资产为存量指标，GDP 为增量指标），OECD 在其关于国有企业的系列研究中更倾向于用国有企业就业人口占全部就业人口或非农就业人口的比重来衡量国有经济的相对规模。尽管上述系列研究的时间跨度长达 8 年（2008～2015 年），且对国有企业的统计口径及比照指标不尽相同（2008～2009 年、2012 年用全部就业人口，2015 年用非农就业人口），但 OECD 国家中国有企业就业人口占比较大的 10～15 个国家却表现出较高的稳定性。除挪威的国有企业就业人口始终稳定在近 10% 之外，多数排名靠前国家的国有经济就业人口占比在 2%～4%（见图3）。OECD 指出，OECD 国家国有企业就业人口在全国就业人口中占比的平均水平为 2.5%。IMF 研究则发现，从就业角度计算，中东欧 11 国和瑞典国有经济占比为 0.5%～8%，其中占比较高的是瑞典、保加利亚和斯洛文尼亚。

从国有企业的行业布局看，如前所述，伴随经济自由化进程的推进及国有经济比重的下降，各国国有企业普遍向国民经济的基础性和战略性行业集中。OECD 的对比研究表明，其他 39 国的国有企业高度集中在网络行业和

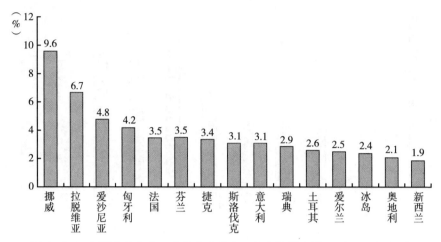

图3 2015年国企就业人口在非农就业人口中占比最高的15个OECD国家

金融行业等。从国有企业净资产总额看，包括电力和天然气、交通、电信、其他公用事业在内的网络行业合计占比51%，其中电力和天然气占比21%，交通占比18%；金融占比26%，是规模最大的单一部门；初级部门占比11%（见图4）。从就业人口角度看，则上述网络行业占比高达70%，而金

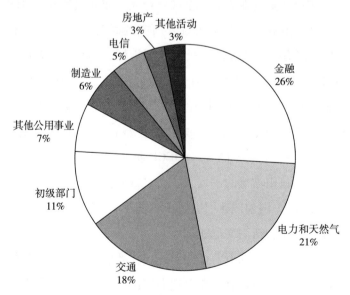

图4 2015年其他39国国有企业的行业分布（基于净资产规模）

融占比为8%（见图5）。从资产规模最大的两大行业金融与电力和天然气行业的国别构成看，英国、印度、荷兰、巴西和希腊五国在金融领域的资产规模最大，合计占比超过60%；而印度、意大利、韩国、挪威和法国五国在电力和天然气行业的资产规模最大，合计占比66%，接近2/3。

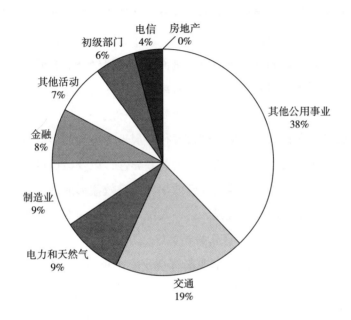

图5　2015年其他39国国有企业的行业分布（基于就业人口）

综上所述，除中国之外，以印度、巴西为代表的人口大国在国有经济的绝对规模上有明显优势，而以挪威、芬兰和瑞典为代表的斯堪的纳维亚半岛国家在国有经济的相对优势上更为突出。以捷克、匈牙利和波兰为代表的前社会主义国家则无论在绝对还是相对规模上都具有较为明显的优势。从国有经济的结构来看，尽管地方政府控制的企业在数量上居多，但中央或联邦政府控制的企业通常在资产和经营规模上更大。从国有经济的行业布局来看，世界各国呈现出较强的一致性，国有经济主要集中在资源、能源、水电气、电信、交通以及金融等基础性和战略性行业，对经济社会的运转和发展发挥着极其重要的作用。

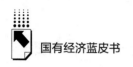

三 国有经济的发展质量与效益

尽管与私营企业相比，国有企业的经营目标更加复杂多元，营利性通常并不是国有企业的最高目标，但鉴于国有企业所主导的行业通常在国民经济中发挥着基础性和战略性作用，其经营绩效不仅关系国家财政、金融系统的稳定性，也对其所影响的上下游行业进而整个国民经济的有效运转产生重要的外溢效应。因此，国有企业的经营效率和经济效益尽管不是衡量国有经济发展质量的唯一指标，但无疑是十分重要的指标之一。

鉴于国有企业在政策环境、规模及行业属性等方面的多样性，国有企业统计口径及企业经营效率衡量指标方面的差异性，以及数据可得性和可比性等方面的原因，要对国有企业的经营效率和经济效益形成一个明确判断存在较大困难。针对不同国家、规模、行业及统计口径的国有企业的经济效益研究通常会在研究结论上呈现明显的差异性。从欧洲前社会主义国家的情况看，Böwer 针对中东欧 11 国和瑞典国有企业的比较研究发现，从盈亏水平、负债率、资产收益率、人均劳动成本以及产出质量（基础设施竞争力指数）等代表企业经营效率或经济效益的指标看，国有企业的表现均显著弱于私营企业。[①] 而 Szarzec 和 Nowara 针对中东欧 13 国（包括上述中东欧 11 国及塞尔维亚和乌克兰）的 500 强企业（CEE TOP 500）的比较研究则发现，在上述企业中，石油和天然气领域的国有企业和私营企业的盈利水平可谓各有千秋，国有企业在利润率水平上高于私营企业，而后者则在净资产收益率上的表现要优于国有企业。[②] Abramov 等针对俄罗斯 114 家最大企业的比较研究则发现，2006～2014 年，尽管私营企业的生产率要明显高于国有企业，但

① Böwer, U., "State-owned Enterprises in Emerging Europe: The Good, The Bad, and The Ugly," IMF Working Paper No. WP/17/221, https://www.elibrary.imf.org/view/journals/001/2017/221/article-A001-en.xml.

② Katarzyna Szarzec & Wanda Nowara, "The Economic Performance of State-owned Enterprises in Central and Eastern Europe," Post-Communist Economies, 29, 2017 (3), DOI: 10.1080/14631377.2017.1316546.

两者的差距呈现缩小的趋势。① 另外，与非上市国有企业相比，上市国有企业的经济效益明显更高。

上述研究表明，尽管在市场化导向的国企改革的推动下，国有企业的经营绩效有所提升，且受规模和行业属性等多重因素影响，不同国有企业间的经营效益存在较大差异性；但由于经营目标的多元化以及企业所面临的外部环境和内在约束（如预算软约束问题、委托代理问题、工会压力问题等）的复杂性等原因，国有企业总体上仍存在经营绩效不高，或者为追求其他目标而牺牲营利性的问题。而已有的经验研究表明，包括产权结构、激励机制等在内的企业改革，以及国际化程度的提升则有助于提高国有企业的经营绩效。基于现代化的公司治理对于提升国有企业经济效率和竞争力的重要性，包括世界银行、OECD 等国际组织均提出了如何改进和完善国有企业治理的行动指南。

四　国有企业的国际化发展

随着国有经济特别是新兴经济体国有经济实力的提升，以及全球化进程的深入，国有企业在国际投资和贸易中扮演越来越重要的角色。这种重要性，一方面表现为国有企业（包括主权财富基金②）已经成为国际投资的重要主体，在能源、交通和金融等基础和战略性领域的国际投资中发挥着举足轻重的作用；另一方面则表现为国有企业成为全球商品和服务贸易领域的重要参与者。

根据联合国贸发会议（UNCTAD）统计，2017 年全球约有 1500 家国有

---

① Abramov, A., Radygin, A., & Chernova, M., "State-owned Enterprises in the Russian Market: Ownership Structure and Their Role in the Economy," *Russian Journal of Economics*, 2017 (1).

② 截至 2017 年，全球主权财富基金（SWFs）规模超过 7 万亿美元，其中超过 2/3 为 2000 年以后建立，约 80% 的 SWFs 集中在中东地区和亚洲。作为政府对外投资的重要工具，SWFs 已经成为世界经济和金融体系的重要参与者。以新加坡淡马锡控股为例，2021 年其超过 3/4 的资产配置在新加坡之外，接近 1/4 的资产投向金融领域。https://www.temasek.com.sg/en/what－we－do/our－portfolio#geography。

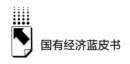

跨国企业（State-owned MNEs）①，占全部跨国企业的1.5%左右；而这些跨国企业的境外分支机构却有86000家，占全球所有跨国公司境外分支机构的10%。国有跨国企业的绝对数量不多，但2015年其在100家全球最大的非金融类跨国企业中有15家，占比达15%。而在发展中和转轨经济体100家最大非金融类跨国企业中的占比更是高达40%。

从上述1500家国有跨国企业的地理分布看（见表4），有超过一半的企业总部位于发展中国家，其中企业数量较多的国家有中国（257家）、马来西亚（79家）、印度（61家）、南非（55家）、俄罗斯（51家）等。欧盟是国有跨国企业总部最多的发达经济体，以420家的总量占到全部国有跨国企业的28%，其中数量较大的国家有瑞典（49家）、法国（45家）、意大利（44家）和德国（43家）。从这些国有跨国企业境外分支机构的地理分布看，有超过一半以上的均位于发达经济体，其中欧盟33200家，美国8706家，澳大利亚3726家，新加坡2360家，加拿大1151家，上述经济体的占比接近60%。境外分支机构最多的发展中国家是中国，共7151家，占比为8.2%；其余数量较多的国家有印度（1663家）、巴西（1239家）、俄罗斯（1128家）和印尼（911家）。进一步分析发现，作为对外投资最为活跃的两个洲即亚洲和欧洲，其国有跨国企业在对外投资的地理分布上还呈现较为明显的差异。欧洲国有跨国企业将超过一半的境外分支机构设在欧洲，体现出明显的区域化特征；而亚洲投资者设立在亚洲的分支机构仅占四分之一左右，在欧美澳等地的机构数量占比达40%，体现了更加突出的全球化特征。上述分析表明，尽管发展中国家国有企业在境外投资中发挥着越来越积极的作用，但总体而言，欧美发达国家在吸引境外投资方面还有着较为明显的优势。

从国有跨国企业的行业分布看，有近70%的集中在服务业，仅有23%的分布在制造业，8%的分布在基础部门。其中金融（18%）、电力燃气交

---

① 这里的国有跨国企业是指由政府设立或收购的、从事境外直接投资业务的独立商业实体，政府需拥有10%以上的资产，或最大股权，或其持有股权足以主导企业战略决策。

通等网络部门（20%）及资源开采（6%）是国有企业跨国投资的重点行业，合计（其余7%的为跨行业经营者）占比超过一半，反映出国有企业国内外的投资在关键资源、能源和网络基础设施等领域的偏好一致性。

表4　2017年国有跨国企业的地理分布

单位：家，%

国有跨国企业总部的地理分布	数量	占比	国有跨国企业分支机构的地理分布	数量	占比
欧盟	420	28.0	欧盟	33200	38.6
中国	257	17.1	美国	8706	10.1
马来西亚	79	5.3	英国	7635	8.9
印度	61	4.1	中国（香港）	7151（3521）	8.3（4.1）
南非	55	3.7	德国	4581	5.3
俄罗斯	51	3.4	荷兰	3743	4.4
合计	1500	100.0	合计	86000	100

　　OECD的一项研究还发现，除在国际投资中越来越活跃外，以金砖六国①为代表的国有经济占比较高的国家在国际贸易领域也发挥着重要作用，其国有企业在国际贸易的某些领域也呈现较高的参与度。研究者对福布斯2012年公布的全球2000强企业中的204家国有企业②进行研究后发现，金砖六国不仅在国有企业数量上占有绝对优势③，也是经济国有化程度相对更高的国家。据其计算，以中国为代表的经济国有化程度（CSS)④最高的7

---

① 指巴西、俄罗斯、印度、印尼、中国和南非。
② 2000强企业均为上市公司，其市值总额占全球上市公司总市值的80%以上。204家国有企业2010年的销售额达3.6万亿美元，占全部2000强企业当年销售总额的10%，占当年全球商品出口和服务贸易总额的19%。
③ 在204家国有企业中，金砖国家有123家，占60%。其中，中国企业的数量最多，为70家，占34%，远远高于名列其后的印度、俄罗斯、阿联酋（分别为30家、9家、9家）等。
④ CSS指代国家国有企业份额（Country SOE Share），由研究者根据各国排名前十位企业中国有企业销售额、资产和市值加权平均值计算得出。

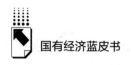

个国家（分别是阿联酋、俄罗斯、印尼、马来西亚、沙特阿拉伯、印度和巴西）在全球出口贸易总额中的占比超过20%，其中仅中国的贸易额占比就在10%以上。研究还发现，一些国际贸易较为活跃的行业也展示出较高的国有企业参与度，如占全球商品贸易总额12%的汽车贸易领域，国有企业的参与度达20%。在民用工程、陆路和管道运输、电信、金融等服务贸易领域，国有企业的参与度都超过了20%，其中民用工程与运输领域的国有企业参与度超过了40%。

五　国有经济的功能定位

尽管从经济学或资源配置效率的角度看，国有经济的存在很大程度是出于弥补市场失灵的需要。但从世界各国的实践来看，除提供市场无法充分或有效供给的公共物品之外，国有经济通常还承担着经济、社会和战略等不同层面的功能和使命。同时，由于经济制度、发展阶段及思想观念等方面的差异，不同国家对国有经济的功能定位有着显著差异。例如，作为实行社会主义经济制度的国家，越南自越共九大后开始发展"拥有多种所有制和经济成分"的社会主义定向市场经济，"其中，国有经济占有主导作用"。中华人民共和国宪法也明确规定，"国有经济，即社会主义全民所有制经济，是国民经济中的主导力量"。此外，随着经济全球化进程的推进，国有企业作为开放合作与国际竞争的重要参与者，在国际经济舞台上扮演越来越不容忽视的角色。普华永道在其关于国有企业的研究报告中提出，"在我们看来，国有企业很可能仍然是任何政府的社会和公共价值创造工具箱中的一个重要工具……而全球在金融、人才和资源领域竞争的加剧则意味着，各国可能越来越多地将国有企业作为在全球经济中获得更有利地位的工具"。

综合各国实践来看，国有经济的功能主要体现在以下几个方面。

一是公共物品的提供者。向全民提供国防、基础教育、医疗卫生等市场无法充分或有效提供的公共品或公益品。

二是规模经济的实施者。在电力、天然气、水、公共交通等自然垄断或公用事业领域发挥主导作用，提高上述领域的规模效益，并保障基本民生的普及性和普惠性。

三是公共财政的蓄水池。例如，印度自20世纪90年代实行私有化后，仍存在较大比重的国有企业，这些企业在保障财政收支平衡方面发挥着重要作用。在2015~2016年的财政预算中，印度政府决定通过剥离国有企业的方式筹集约67亿美元的资金，以弥补其财政缺口。

四是经济安全的保障者。保障关系国计民生的基础性行业的经济安全。例如，新西兰政府在20世纪90年代对新西兰航空实行私有化后，于21世纪初重新实行了国有化。有观点认为，该举措的重要目的之一是保护新西兰的国际航线与旅游业安全。事实证明，新西兰航空重新国有化后，2001~2013年，国际到达航班年增长率达到51%，2013年新西兰的旅游收入达240亿美元。

五是经济社会的稳定器。例如，金融危机期间，美国政府向通用汽车公司注资495亿美元来帮助其免于被破产清算。这一救助计划既保护了美国的汽车工业，也避免了263万人失业。2012年，美国政府开始执行退出计划，至2013年底完成减持通用汽车的全部股份。

六是产业基础的奠基者。例如，自20世纪60年代获得独立以来，为应对产业基础薄弱、资金人才短缺等问题，新加坡政府积极发挥国有企业作用，包括通过与外资企业建立战略联盟的方式，大力促进造船、炼油、金融等重要产业的发展，为本国经济增长和工业化发展奠定了基础。

七是发展战略的执行者。例如，中国社会科学院工业经济研究所课题组认为，作为一个由传统计划经济向市场经济转轨的发展中大国，中国的国有经济承担着"市场经济国家"、"发展中国家"和"转轨经济国家"三大使命，并重点发挥"弥补市场失灵"、"实现经济赶超"和"培育市场主体"三大功能。[①] 为实现经济赶超这一发展中国家特有的目标，不仅要保持相当

---

① 中国社会科学院工业经济研究所课题组、黄群慧、黄速建：《论新时期全面深化国有经济改革重大任务》，《中国工业经济》2014年第9期。

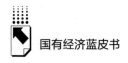
数量的国有企业，而且需要其在事关国计民生的基础性、支柱性和战略性产业发挥经济安全和科技引领等积极作用，培育和强化竞争优势。事实上，发挥国有经济在国家发展战略中的关键性作用，不仅是中国，也是包括亚洲四小龙和印度等亚洲新兴经济体在内实现经济发展和赶超的重要经验。

关于国有经济功能定位的分析表明，尽管国有企业在世界各国普遍承担着多重使命和功能，但总的来看，经济发达国家和发展中国家在国有经济功能定位上存在明显的差别。发达国家倾向于将国有企业的功能局限于公共产品的提供者、国家经济安全的保障者，以及经济社会的稳定器。英国、美国等在金融危机期间对一些超大型企业所采取的救助措施，大多属于稳定经济社会的临时性举措。一旦企业经营步入正轨，即选择退出。从表2中的数据也可看出，世界500强企业中发达国家国有企业的占比在经历金融危机后的小幅提升后，很快进入下降通道。而对于发展中国家来说，除上述功能外，国有经济的一个重要使命是在各种国家发展战略，如经济转轨、赶超等方面发挥开拓性或引领性作用。

六　国有经济发展的外部环境

国有经济在以中国、新加坡、印度等新兴经济体为代表的发展战略中所发挥的积极作用及其获得的成功，以及新兴经济体在国际投资与贸易中日益凸显的重要性，引起了经济发达国家的高度关切，这些关切主要集中在三个方面。

第一是对新兴经济体新发展模式的可持续性提出质疑。OECD在一份关于新兴经济体国有企业在经济发展中扮演的角色的研究报告中提出，这种强调"有为政府"与"有效市场"同样重要的新发展模式至少面临以下挑战：一是公共部门的低效甚至腐败问题（需要通过改善国有企业治理解决）；二是产业政策存在被既得利益集团所绑架的问题；三是国有企业对外投资的可持续性问题。报告认为，新兴经济体国有企业海外投资的增长，很大程度上是大规模外汇储备和国家对外投资促进战略共同作用的结果，并不代表其真正具备国际竞争优势，因此其海外发展的可持续性是存疑的。此外，受到政府保护或支持的企业主体，在国际市场上还面临遭到保护主义反击的风险。

第二是国家发展战略或政策的外溢效应问题，即国家为实现某些战略意图或政策目标而（通过国有企业）采取的措施对其他国家经济社会安全或国际竞争造成的负面影响。例如，国家实施行业补贴导致的产能过剩可能会被国际市场视为一种对竞争格局的破坏，或者国家为创造竞争优势、促进科技进步或创新等战略目标而采取的搜集境外信息、获取敏感技术信息，以及在特定领域谋求战略地位等举措可能会被认为威胁到其他国家的经济和社会安全。

第三是国有企业在国内外发展对公平竞争造成的威胁问题。对公平竞争的威胁分两种情况，一种是由国有企业参与海外投资和国际贸易引起的国际市场公平竞争问题；另一种是外资企业在国有经济发达国家投资经营可能遭受的不公平竞争问题。

针对上述关切，特别是国有企业发展可能造成的不公平竞争问题，OECD的系列报告提出了大量对策建议。综合起来看，主要集中在以下三个方面。

一是通过加强本国在竞争法、竞争中立、投资审查等方面的立法和综合执法能力，积极应对境外投资对国家安全的潜在威胁及国有投资者的不正当优势（undue advantages）问题。

二是鼓励非 OECD 国家以 OECD 国有企业公司治理准则为标杆，强调国有企业特别是开展海外投资的国有企业的高标准治理、信息披露调查问责制和透明度，并建立针对执行情况的报告和监督机制。

三是建立和加强应对不正当竞争的国际协调机制。一方面呼吁在多边或双边投资和贸易协定中加强对国有企业或政府补贴等可能造成的不正当优势或者不公平竞争行为的应对和审查。另一方面主张加强各国在竞争政策、国有企业责任与透明度、竞争调查等监管和执行机制方面的协调与合作，确保各国政策立场的一致性和监管执行的畅通性。

从现实情况来看，OECD 对于国有企业海外影响力上升所引发的国家安全和公平竞争问题的关切，以及提出的应对方案已在很大程度上得到了回应和

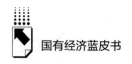

落实。2018 年 8 月，美国总统特朗普签署了《外国投资风险审查现代化法案》（FIRRMA），扩大了美国总统及美国外国投资委员会（CFIUS）出于国家安全考虑对外国投资进行审查的权限和范围。2019 年 4 月，《欧盟外国直接投资审查框架》正式生效，标志着欧盟作为一个整体在构建外资安全审查机制方面迈出关键一步。2020 年 12 月，中欧完成历时 7 年之久的《中欧全面投资协定》谈判。这份具有里程碑意义的投资协定除大幅提高市场开放水平之外，在国有企业和补贴透明度等方面也达成了一致，承诺要求国有企业或者政府能够对其决策施加影响的企业实体在本国经营活动中遵守商业考虑、非歧视和透明度义务，这在中国谈判或签署的投资协定或自贸协定中属于首次。

七 研究结论与启示

综上所述，21 世纪以来，尽管世界各国的国有经济总体上持续呈现占比下降的趋势，但受金融危机和以中国为代表的新兴经济体国家经济实力快速上升等因素影响，国有经济在全球的重要性和影响力不断提升。

从国际比较来看，作为世界上最大的发展中国家，中国在国有经济的绝对规模上拥有显著优势。除中国之外，国有经济占比较高的国家主要集中在欧洲前社会主义国家、欧洲大陆的经济大国及新兴经济体。国有经济在行业布局上呈现显著的一致性，主要集中在能源与矿产资源、水电气、交通、电信、金融等基础性和战略性行业。在市场化导向的国企改革的推动下，国有企业的经营绩效有所提升；但受经营目标多元化以及企业发展所面临的外部环境和内在约束的复杂性等因素影响，国有企业总体上仍存在经营绩效不高或者为追求其他目标而牺牲营利性的问题。

尽管国有企业在世界各国普遍承担着多重使命和功能，但经济发达国家和发展中国家在国有经济功能定位上存在明显的差异。发达国家倾向于将国有企业的功能局限于公共产品的提供者、国家经济安全的保障者，以及经济社会的稳定器。而国有经济在很多发展中国家还在经济转轨、赶超等国家发展战略中发挥开拓性或引领性作用。基于上述差异，金融危机不仅在一定程度上加速了新兴经济体的实力提升，也加快了其国有企业参与国际经贸合作和国际竞争的步伐。新兴经济体国有经济全球影响力的提升引起了经济发达国家的高度关切，欧美国家一方面通过出台或修订外资审查法案等举措来应对国有企业海外投资可能对国家安全和国际竞争公平性所带来的潜在影响，另一方面则积极构建旨在强化国有企业监管、治理透明和公平竞争的国际规范与协调机制。

这些举措表明，国有经济发展的外部环境已经发生重大变化，一方面，在欧美国家引领下，世界各国都将在关键基础设施、核心技术、信息安全等领域加强安全审查、提高外资准入门槛。另一方面，国有企业的海外发展将受到更为严格的竞争中性等国际规则的制约，势必对国有企业在执行和推动国家（海外）发展战略中的作用产生重要影响。国家迫切需要根据变化了的外部发展环境，在对外发展战略、国有经济布局结构和国有企业改革等方面做出相应调整和部署。中国于 2020 年底先后与亚太各国和欧盟达成《区域全面经济伙伴关系协定》（RCEP）和《中欧全面投资协定》（CAI）、2021 年 9 月正式提出加入《全面与进步跨太平洋伙伴关系协定》（CPTPP）的申请，这些国际经贸合作领域的重大成就与举措反映了中国进一步提高开放合作水平，以及借开放合作进一步促进国有企业改革，提升其经营透明度和国际竞争力的决心和信心。

参考文献

阮富仲：《社会主义和越南走向社会主义道路的理论与实践若干问题》，https：//sngv. thuathienhue. gov. vn/UploadFiles/TinTuc/2021/6/28/ban_ dich_ 1. pdf，2021 年 6 月28 日。

苏庆义：《中欧投资协定的深远影响》，《中国外汇》2021 年第 1 期。

中国社会科学院工业经济研究所课题组、黄群慧、黄速建：《论新时期全面深化国有经济改革重大任务》，《中国工业经济》2014 年第 9 期。

Abramov, A., Radygin, A., & Chernova, M., "State-owned Enterprises in the Russian

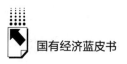

Market: Ownership Structure and Their Role in the Economy," *Russian Journal of Economics*, 3 (1).

Böwer, U. , "State-owned Enterprises in Emerging Europe: The Good, The Bad, and The Ugly," IMF Working Paper No. WP/17/221, https: //www. elibrary. imf. org/view/journals/ 001/2017/221/article – A001 – en. xml.

Daiser, P. , Ysa, T. , & Schmitt, D. , "Corporate Governance of State-owned Enterprises: A Systematic Analysis of Empirical Literature," *International Journal of Public Sector Management*, 2017.

El-Baz, O. , "The Role of Sovereign Wealth Funds in Promoting the External Stability of the Home Economy," *Scholedge International Journal of Management & Development*, Vol. 5, No. 9, 2018.

Katarzyna Szarzec, Wanda Nowara & Bartosz Totleben, "State-owned Enterprises as Foreign Direct Investors: Insights from EU Countries," Post-Communist Economies, 2021 (33), DOI: 10. 1080/14631377. 2020. 1793603.

Katarzyna Szarzec & Wanda Nowara, "The Economic Performance of State-owned Enterprises in Central and Eastern Europe," Post-Communist Economies, 29, 2017 (3), 375 – 391, DOI: 10. 1080/14631377. 2017. 1316546.

Kowalski, P. et al. , "State-owned Enterprises: Trade Effects and Policy Implications," OECD Trade Policy Papers, No. 147, OECD Publishing, Paris, 2013, http: //dx. doi. org/ 10. 1787/5k4869ckqk7l – en.

Musacchio, A. , & Lazzarini, S. G. , "Leviathan in Business: Varieties of State Capitalism and Their Implications for Economic Performance, " Available at SSRN 2070942, 2012 .

OECD, "Privatisation and the Broadening of Ownership of State-owned Enterprises," 2018.

OECD, "The Size and Sectoral Distribution of State-owned Enterprises," OECD Publishing, Paris, http: //dx. doi. org/10. 1787/9789264280663 – en, 2017.

OECD, "State-owned Enterprises as Global Competitors: A Challenge or an Opportunity?" OECD Publishing, Paris, http: //dx. doi. org/10. 1787/9789264262096 – en, 2016.

OECD, "OECD Guidelines on Corporate Governance of State-owned Enterprises," 2015 Edition: (Chinese version), OECD Publishing, Paris, http: //dx. doi. org/10. 1787/978926 4263642 – zh, 2016.

OECD, " State-owned Enterprise Governance: A Stocktaking of Government Rationales for Enterprise Ownership," OECD Publishing, Paris, http: //dx. doi. org/10. 1787/978926 4239944 – en, 2015.

OECD, "State-owned Enterprises in the Development Process," OECD Publishing, Paris, http: //dx. doi. org/10. 1787/9789264229617 – en, 2015.

OECD, "Corporate Governance of State-owned Enterprises: Change and Reform in OECD

Countries since 2005," OECD Publishing, http：//dx. doi. org/10. 1787/9789264119529 – en, 2011.

OECD, "SOEs Operating Abroad: An Application of the OECD Guidelines on Corporate Governance of State-owned Enterprises to the Cross-border Operations of SOEs," https：// www. oecd. org/daf/ca/corporategovernanceofstate – ownedenterprises/44215438. pdf, 2009.

PwC, "State-owned Enterprises Catalysts for Public Value Creation?" 2015.

Sultan Balbuena, S. , "Concerns Related to the Internationalisation of State-owned Enterprises: Perspectives from Regulators, Government Owners and the Broader Business Community," OECD Corporate Governance Working Papers, No. 19, OECD Publishing, Paris, https：//doi. org/10. 1787/5jm0xvx0b223 – en, 2016.

Taghizadeh-Hesary, F. , N. Yoshino, C. J. Kim, and A. Mortha, "A Comprehensive Evaluation Framework on the Economic Performance of State-owned Enterprises," ADBI Working Paper 949, Tokyo: Asian Development Bank Institute, Available: https：// www. adb. org/publications/comprehensive – evaluation – framework – economicperformance – state – owned – enterprises, 2019.

Unctad, U. , "World Investment Report 2017: Investment and the Digital Economy," In United Nations Conference on Trade and Development, United Nations, Geneva, 2017.

World Bank, A. , "Corporate Governance of State-owned Enterprises: A Toolkit," The World Bank, 2014.

改 革 篇
Reform Reports

B.6
国有企业功能定位与分类改革

王秀云*

摘　要： 党的十八大以来，国企改革进入一个新的发展阶段。回顾国企改革历程，总体来看取得了显著成效，运行质量和效益明显提升，但依然存在不少问题，如经营目标的多重性、产权责任主体的模糊性、对行政资源的过度依赖性、经理人行政任命制、内部体制机制不完善、垄断行业亟待深化改革等。而解决这些问题的前提与关键，很大程度上就在于明确国有企业的功能定位，根据不同企业的功能和特点有效实施分类改革、分类发展、分类定责和分类监管。只有坚持分类改革、统筹兼顾、重点推进，才能更好地促进国有经济布局结构优化，规范国有企业法人治理结构，增强企业市场竞争能力，构建公平完善的市场机制，增强社会公共产品的有效供

---

* 王秀云，博士，中国社会科学院大学经济学院副教授，研究领域为基础设施建设与融资、收入分配与经济发展。

给；才能使国有企业在市场经济改革的大潮中充分发挥控制力、影响力和带动力。本报告首先对国有企业的功能定位进行历史回顾，其次对国有企业功能定位与分类的内涵和外延进行阐释，包括国有企业功能定位与分类的目的及意义、分类的原则与维度、分类的方法等，并在此基础上对我国国有企业分类改革的制度建设及地方分类改革的实践进行总结和梳理，重点讨论我国国有企业分类改革实践中存在的问题，最后对我国国有企业分类中不同类型国企提出改革思路及对策建议。

关键词：　国有企业　功能定位　分类改革

一　国有企业的建立与功能定位

不同时期国有企业有不同的功能与内涵，关注国有企业改革必须关注国有企业功能变迁的历史，在我国，国有企业改革前侧重社会功能，改革后侧重经济功能的发挥。由于我国国有企业兼具经济功能和社会功能双重属性，为实现功能转换，必须厘清国有企业功能定位，进而依据两种功能的相对关系对国有企业进行分类改革。

（一）国有企业的建立

新中国成立后，"一穷二白"，百废待兴，为了尽快摆脱贫穷落后的面貌，缩短与发达国家之间的差距，我国实行了加速发展战略。当时我国经济遭受战争的严重破坏，资本短缺，技术落后，工业基础十分薄弱，同时又遭到西方国家的封锁禁运，在这种情况下，如果像西方国家那样走市场经济发展的道路，利用市场体制实现自身发展几乎是不可能的。因此，我国选择借鉴苏联的社会主义发展模式，采取计划经济体制，即把所有的人、财、物集

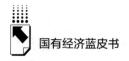

中起来由国家利用行政手段进行统一分配。众所周知，用计划手段配置资源必然要以国有制为基础，所以，与计划经济体制相适应的所有制形式必然是国有制，这个事实迫使我们必须用国家政权的力量，把全国有限的资源和资金调集到国家最需要的部门和行业，特别是我们选择优先发展的重工业部门。因此，当时的国有制或者说国有企业便应运而生。

新中国成立后产生的第一批国有企业主要来源于以下几个方面：一是战争年代解放区已有的公营企业。二是没收的原国民政府的官僚资本企业，包括铁路、矿山、工厂、银行、邮政及其他企业。三是对资本主义工商业进行改造形成的国有企业。四是没收的外国资本以及接收国外移交归还给我国的资产而形成的国有企业。五是由国家投资建设或改建扩建而形成的国有企业，这也是最主要的来源。至此，我国国有经济体系基本形成。

（二）国有企业的功能

从国有企业产生的历史看，国有企业并不是社会主义国家的专利，而是首先产生于西方市场经济国家。在市场经济国家，国有企业是为了解决市场不能解决的诸多公共性问题而产生的，也就是说，公共性是国有企业的本质属性。从世界范围的实践看，越是成熟的市场经济国家，国有企业越是坚守公益领域，其市场化程度越低；而在竞争性或营利性领域，国有企业则较少，基本上是民营企业的天下，市场化程度非常高。不过，我国与西方国家不同，首先我国是社会主义国家，实行的是社会主义公有制；其次，改革开放后我国逐步从计划经济向市场经济转轨，但我国目前仍处于社会主义市场经济初级阶段，在这种情况下，我国的国有企业与发达市场经济体制中的国有企业之间的性质和作用自然也不相同。我国的国有企业不仅是政府调控国民经济的工具，也是政府参与国民经济的重要手段，是推动国民经济发展和经济体制改革的主导力量。这意味着，在我国，国有企业需要承担更多的使命和责任。国有企业除了具有一般企业的营利性功能外，还具有一定的特殊性，也就是社会经济制度赋予它的社会性，两重属性决定了它具有双重功能，即营利功能和社会功能，有时国有企业甚至还要承担更高层次的政治功能。因此，我国国有企业的主要功能如下。

1. 经济功能

国有企业的经济功能是指国有企业是营利性组织，是市场经济的经营主体，与一般的政府活动不同，它需要参与市场竞争、要追求利润，具有一般企业的特征。具体来说，国有企业的经济功能主要体现在：第一，创造经济价值，实现国有资产的保值增值。企业首先要有足够的盈余才能在市场中生存发展，特别是处于竞争性领域的国有企业一般都注重经济效率的提高，以国有资产的保值增值为首要目标。第二，实现国家财政收入。国有企业是中央和地方财政收入的主要来源，为国家履行职能奠定经济基础。第三，发挥国民经济的主导功能。巩固和发展国有经济，坚持发挥国有经济的主导作用，努力实现国有资本主导下的多种经济共同发展仍然是我国国有企业在今后相当长时期内必须强调的主题之一。

2. 社会功能

作为经济实体的企业，追求价值并实现利润最大化是由其经济属性决定的，但是利润仅仅是价值的一部分，而国有企业兼顾社会公共目标，实现共同富裕才是国有企业的全部责任。我国国有企业不能像资本主义国家国有企业那样仅仅把追求利润最大化作为唯一的生存理念，还要承担一定的社会责任及功能，主要包括：第一，提供公共产品和公共服务的功能。由于公共产品和服务行业营利性差，几乎处于亏损状态，非公有资本不愿意进入，但其又是维持市场正常运作、保障人民生活水平的必要组成部分，只能由国有部门承担。第二，是国家进行宏观调控的政策性工具，具有弥补市场失灵功能。当经济过热时，国有企业会降低产品价格、抑制通货膨胀，当经济衰退时，政府会通过国有企业增加投资，促进就业和刺激经济。第三，维护社会公平的功能。我国目前还处于社会主义初级阶段，国家需要建立国有企业对部分资源进行控制，防止由私人经济控制造成不公平竞争。

3. 政治功能

政治功能一般来说是指某一社会现象或者事物对于政治世界的价值或意义，即其对政治共同体的变迁和维护所发挥的功能。我国的国有企业属于社

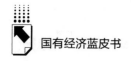

会主义公有制企业，是我国社会主义制度存在及实现可持续发展的重要经济基础，同时也是党和政府干预基础经济、实现宏观经济调控的关键辅助手段，关乎国民经济命脉，其重要性不言而喻。其政治功能大致可以归纳为以下几点：第一，维护国家国防安全，协助国家外交事务；第二，巩固国家制度及社会稳定的调节器；第三，自然灾害控制及生态环境建设；第四，国家经济、社会、文化等政策的调控。

（三）不同时期国有企业的功能定位

国有企业的功能定位是国家特定历史时期的产物，国有经济在国民经济中的功能和作用，在不同经济发展阶段表现形式也不相同。下面我们分别从计划经济时期和市场经济时期来考察国有企业的功能定位。

1. 计划经济时期国有企业的功能定位

在传统的计划经济阶段，国有企业主要是履行国家经济建设、维护社会稳定、提供社会公共服务等职能。国有企业在强有力的中央集权计划管理之下，完全服务于政府的计划安排，国有企业不是独立的经济实体，不具备真正的法人地位，也不以营利为目标，国有企业基本上是政府的"附属品"或"生产车间"，主要通过执行政府下达的指令性计划完成国家经济建设指标，保障人民群众的基本生活物资需求。

计划经济时期，国有企业除需完成以上经济职能外，还承担着广泛的社会功能，主要包括：（1）解决城镇居民就业问题。实现充分就业本来就是政府的宏观经济目标。计划经济时期，除政府机关和事业单位外，几乎所有的城镇劳动力都被安排在国有企业。政府通过统一的计划安排，一方面保证了经济的增长，另一方面也维持了社会稳定。（2）承担社会福利。计划经济时期，国有企业承担着职工的教育、医疗、住房、养老等社会义务，存在企业办教育、企业办医疗、企业为职工建住房，此外，还涉及开办幼儿园、上下班交通等其他社会福利。（3）国有企业还承担着执行国家政策的任务。这些任务往往是通过执行计划和政府的命令来完成的，即使亏损，也必须执行。此外，国有企业的社会功能还体现在维护国家经济安全、保证社会公平等方面。

总体来看，在计划经济时期，国有企业主要定位于承载社会功能、实现经济赶超，以及提供大量廉价工业品等社会方面的功能要求。尽管在特定时期，这种功能取向带来了一定的社会发展效果，但从长远看，国有企业功能取向上的偏差与我国生产力的发展不相容，没有能促成生产力的进一步发展和解放。

2. 市场经济时期国有企业的功能定位

在计划经济时期，由于国有企业的功能侧重于其所承载的社会功能，从而忽视了企业自身的发展。党的十一届三中全会以后，我国逐渐转变经济发展方式，指令性计划经济逐渐让位给市场经济，与之相适应，国有企业在计划经济时期的功能也发生了改变。市场经济时期，国有企业主要定位于发挥保值增值的经济功能，注重经济效益的提高，回归追求营利的资本属性，让企业真正成为市场经济的主体。但国有企业如果仅仅停留在实现资本保值增值的经济功能上是远远不够的，有必要重新认识社会主义市场经济体制下国有企业功能定位的新目标。

（1）维护市场的公平竞争，防止损害消费者的利益。一方面，在竞争性领域中保留少量骨干的国有企业或国家控股企业，如大型商业企业和零售商业企业，以维护市场的公平竞争。另一方面，在一些自然垄断行业，如城市中的供热、供气、电力、电话、邮政等领域也宜于保留国有或国家控股企业，以免私人企业利用其自然垄断地位从价格与服务上损害消费者利益。

（2）控制关键行业和领域，掌握国民经济命脉。某些关系国家和社会安全的产业或涉及经济命脉的产业，如造币、印钞、武器生产、保密通信等也宜由国家经营。

（3）带动和促进高新技术发展。为了使国民经济持久、协调发展，必须建立各种基础产业和基础设施，发展高新技术产业。这类产业和设施往往需要大量投入，在短期内难以实现营利，或者会有亏损，或者具有高风险。在这种情况下民营企业往往不愿介入，必须由国有企业来承担。

（4）实现公众利益和公共目标。为满足人民的基本需要，调节收入分

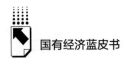

配，促使社会公平，国有企业必须承担一些以公益为目的的非营利性项目。例如城市公共交通建设、廉租住房建设等，这也是社会主义市场经济所要求的。

二　国有企业功能定位与分类原则及方法

国有企业改革究其实质，就是要解决公有制、国有经济与市场经济能否结合以及如何结合的问题。国有企业不同于一般企业，有其独特的属性和功能。国有企业如果不加分类地与市场经济融合，会陷入两难的尴尬境地，即不赚钱则无法完成国有资产保值增值、壮大国有经济的目标，赚了钱又被指责损害了市场公平和效率。因此，只有对国企进行科学界定并予以分类才能使其与市场经济有机结合，真正发挥国企在社会主义市场经济中的作用。

（一）国有企业功能定位与分类的目的和意义

1. 国有企业功能定位与分类的目的

概括来讲，国有企业功能定位与分类是指由国有企业管理部门依据国有企业所属行业的性质、主营业务、资产、承担社会责任的不同，通过科学手段对国有企业进行功能界定与分类，然后根据每一类国有企业的特点设置不同的经营运作标准、资产管理和业绩考核，逐步体现出国有企业管理的差异化，以切实提升国有企业资产运营效益、企业管控能力，充分发挥各类国有企业的优势和特点，全面提升国有企业核心竞争力与综合实力的经营管理行为。

国有企业功能定位与分类的目的在于：一是理清政府和市场的关系，寻求国有企业公益性和营利性之间的平衡；二是理清国有企业的功能和定位，使不同类型的国有企业有不同的改革方向与路径选择，达到因企制宜的改革目标；三是完善国有企业法人治理结构、优化国有资本布局、加强国有资产监管，推进混合所有制和分类改革。只有准确地对国有企业进行分类，才能有针对性地推进国有企业改革。

2. 国有企业功能定位与分类的意义

准确界定不同国有企业功能并进行科学分类，是深化国有企业改革的基础和前提，完善现代企业制度，发展混合所有制经济，改组或组建国有资本投资运营公司等重大改革举措的实施，都需要以清晰界定国有企业功能与类别为前提，那种对国有企业不加区分、一概而论的思路和做法，将会使改革措施缺乏针对性，实施效果也会大打折扣。因此，对国有企业进行准确的功能界定与分类将成为下一步国企改革的关键，对推动和完善国有企业法人治理结构、优化国有资本布局、加强国有资产监管具有重要意义。

首先，国有企业功能定位与分类有利于促进国有企业科学发展。由于历史和现实原因，国有企业承担着多重责任和使命，许多企业"营利性使命"和"公益性使命"并存，一些应由政府履行或可以通过购买服务履行的职责仍由企业承担，一些应由企业自主决策的重大事项仍由政府审批，这种政府与企业之间的责权不分，阻碍了企业市场化体制机制的发展和完善。对国有企业进行功能界定与分类，区分不同企业在国民经济中的功能定位，有利于明确不同企业的战略定位和发展目标，形成差异化发展路径，增强企业活力与发展动力。

其次，有利于优化国有经济布局结构。当前，国有经济布局结构仍存在不合理之处，有待进一步优化。原因很多，其中国有企业功能定位不够清晰、国有经济布局和结构调整方向不够明确是主要原因。对国有企业进行功能界定与分类，有利于进一步明确国有资本投向，优化国有资本配置，从整体上提高国有经济的质量和效率。

最后，有利于加强国有资产监管。自中央及地方各级履行出资人职责的机构成立以来，其进行了一系列差异化监管的尝试，但由于没有明确的国有企业功能界定和分类，在监管措施、监管内容、监管要求、监管方式等方面仍存在"一刀切"的现象。对国有企业进行功能界定与分类，有利于推进分类监管、分类定责、分类考核，增强国有资产监管的科学性、针对性和有效性。

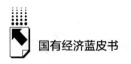

（二）国有企业分类的原则和维度

1. 国有企业分类的原则

在以往的实践中，由于国有企业的功能分类缺乏，实践中许多国有企业存在行业分布过宽过散、资源配置效率不高、结构不合理、发展同质化等一系列问题。因此，对国有企业进行科学分类已成必然，那么国企分类应遵循什么原则呢？一是分类要讲求科学合理性。当前要深化国企改革，科学分类是前提，这也是进行分类改革的出发点和归宿，科学合理的分类有助于提高企业效率，进一步促进国有企业分类发展和分类管理。二是分类要有前瞻性。分类要充分考虑到未来国有企业改革和发展的目标，要有大局观和全局观，要充分考虑到产业结构调整和资本布局。三是分类要有可操作性。分类既要借鉴国内外的有益经验和研究成果，也要充分考虑到现实国情及政策和管理的可操作性。既要体现科学管理的要求，又要考虑到目前国有企业业务多元化的现状。分类的标准可以细化，但也不宜过多，否则操作起来比较复杂。

2. 国有企业分类的维度

我国在长期的国有企业改革实践中并没有从本质上区分不同类型的国有企业，而只是依据外在特征对国有企业进行分类，比如，从市场竞争结构上将国有企业分为竞争性国有企业和垄断性国有企业；从规模上将国有企业分为大型企业和中小型企业；从管理权限上将国有企业分为中央所属企业和地方所属企业。这些分类虽有一定的合理性，但也有一定局限。那么我国的国有企业应该如何分类或应该采用哪种维度的分类呢？对国有企业进行分类可以有多种方法和维度，目前有三种维度是比较常见的，一是依据业务属性分类，二是依据资本目标分类，三是依据市场结构分类。三种维度是基于不同的目标定位和战略考量，各有侧重。这里市场结构维度不构成企业所有权国有或私有的依据，不应该成为国有资本寻求的目标，因此，我国的国有企业分类不宜采用这一维度，而适合采用业务属性和资本目标这两个维度。按照业务属性可分为商业性、特殊性或公益性，按照资本目标可分为投资回报类、特定功能类和公共利益类。

（三）国有企业分类的方法

划分不同类型的国有企业并且明确其各自的功能属性，是当前我国全面深化国企分类改革的逻辑起点，是实行分类发展、分类监管、分类定责和分类考核的前提，也是实现混合所有制改革的基础，这一点在学术界得到学者们的普遍认可。从目前研究成果看，主要存在以下三种分类方法。

1. "两分法"

两分法是较为普遍的划分方法，就是把国有企业分为两类，然后在此基础之上实行分类改革、分类治理。国内最早以"两分法"对国有企业进行分类的是周叔莲（1992）。他根据国有企业经营目标的不同，把国有企业分为国营企业和自营企业。这两种类型的国有企业由于在改革目标、改革要求、改革内容及改革措施上存在较大差异，应进行分类改革和分类指导。而蓝定香（2006）则依据产权性质的不同，把国有企业分为公共领域的国有企业和非公共领域的国有企业。她认为二者分别承担着不同的社会责任，应根据分类深化国企改革的原则来调整国有产权在二者之间的分布，对于公共领域的国有企业应加大国有产权的比重，而对于非公共领域的国有企业政府应尽快使国有产权从中撤离，最大限度地降低国有产权的比重。邵宁（2011）、赵昌文（2013）、顾功耘（2014）等根据国有企业所承担功能的不同，提出了国有企业可以分为商业性企业和公益性企业。

2. "三分法"

随着国有企业改革的不断深化以及外部环境的复杂化，"两分法"已无法准确划分、界定国有企业的类型，因此，在"两分法"的基础上，又出现了"三分法"并且被很多研究者所接受。这种分类法是将国有企业分为三类。有些学者依据国有企业经营目标和功能的不同，将国有企业划分为公益性国有企业、垄断性国有企业和竞争性国有企业。也有根据国有企业的使命、承担目标责任性质的不同，将国有企业划分为公共政策性企业、一般商业性企业和介于两者之间的特定功能性企业三种类型。还有依据国有经济战略定位及承担的功能不同把国有企业分为营利企业、公益企业、特殊企业三种类型。另外也有学者从影响力、控制力和活力三个维度出发，构建国企分类改革的"三力模型"，并根据"三力模型"和国有企业在整个国民经济中占有的比重和数量将国有企业划分为国家安全类、公共保障类和市场引导类这三类。

总体来看"三分法"相对"两分法"较为细致，也与当下的实际较为贴近，是在"两分法"的基础上对国有企业进一步予以区分。

3. "两两分类法"

"两两分类法"是在把国有企业划分为竞争性和非竞争性或者公益性和非公益性的基础之上，将非竞争性或者公益性再划分为两类，或者可以说是在将国有企业分为两类的基础之上将其中一类再划分为两类。比如，将公益性国有企业进一步细分为纯公益类和准公益类两类；将非竞争性国有企业细分为自然垄断企业和社会公益企业（见表1）。

表1　国企划分的依据及类型

分类方法	划分依据	划分类型		
两分法	经营目标	国营企业		自营企业
	产权性质	公共领域的国有企业		非公共领域的国有企业
	功能	商业性国企		公益性国企
三分法	经营目标和功能	公益性国有企业	垄断性国有企业	竞争性国有企业
	使命、承担目标责任性质	公共政策性企业	一般商业性企业	特定功能性企业
	战略定位及承担功能	营利企业	公益企业	特殊企业
	"三力模型"	国家安全类	公共保障类	市场引导类
两两分类法	两分法基础上的再细分	竞争性	非竞争性	
			自然垄断企业	社会公益企业
		公益性	非公益性	
		纯公益类	准公益类	

资料来源：根据公开资料整理。

三　我国国有企业分类改革实践
进程及存在的问题

我国国有企业数量众多，所处行业各不相同，同时，不同类型的国有企业地位和目标不尽相同，所承载的功能和使命也不同，因此，应根据国有企业的性质、功能对它们予以区分。为此，国务院、国资委及各相关部门下发了分类改革的指导意见及相关实施细则，各地方政府积极响应，纷纷落实本地区的分类改革，为国有企业分类改革进一步推进积累了有益经验。但由于国有企业目标众多、定位不清等历史遗留问题，加之国有企业数量多、体量大，分类改革在实践中仍存在诸多亟待解决的问题。

（一）我国国有企业分类改革的实践进程

1. 国有企业分类改革的制度建设

有关国有企业的功能定位与分类问题，自20世纪80年代国有企业改革启动以来就被一些专家学者提出，并且一直处于讨论中。从具体过程看，国内较早对国有企业提出分类的是周叔莲（1992）。他在对国有企业与国营企业进行区分的基础上，把国有企业划分为国营企业和自营企业，并提出对不同类型的企业应进行分类改革的思路。1995年杨瑞龙在《经济研究》上发文论证国有企业分类改革的必要性。之后，随着对分类改革这一研究方向的不断增多，不同学者对国企分类提出不同的标准和类别，分类改革处于理论的不断探索和完善中。

从国家政策层面，中共十五届四中全会报告明确指出，国有经济布局主要集中在国家安全、自然垄断、公共用品、支柱产业和高新技术产业等四大领域，这应当是国家层面首次对国有企业进行的初步分类。2006年国资委又将上述四大领域中的"自然垄断"调整为"重大基础设施和重要矿产资源"，由此，也带来了国有经济布局结构的战略性调整。经过前期大量理论探索和实践调研，我国在主体制度框架方面取得了明显进展，形成了较丰富

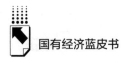

的规章制度与政策文件成果，为后续推进国有企业分类改革奠定了基础。

2013 年 11 月党的十八届三中全会通过了《中共中央关于全面深化改革若干重大问题的决定》，提出要"准确界定不同国有企业功能"，即国有资本投资运营要服务于国家战略目标，更多投向关系国家安全、国民经济命脉的重要行业和关键领域，重点提供公共服务、发展重要前瞻性战略性产业、保护生态环境、支持科技进步、保障国家安全。这意味着在政策层面正式提出国有企业分类改革的导向。2015 年 9 月，中共中央、国务院下发了《关于深化国有企业改革的指导意见》（以下简称《指导意见》）。《指导意见》明确提出了国有企业分类改革战略，即根据国有资本的战略定位和发展目标，结合不同国有企业在经济社会发展中的作用、现状和发展需要，将国有企业分为商业类和公益类。通过界定功能、划分类别，实行分类改革、分类发展、分类监管、分类定责、分类考核。《指导意见》在总结以往时期国有企业改革经验的基础上，第一次明确提出了国有企业分类的概念，把国有企业分为商业类和公益类两类。其中，商业类又可再分为完全竞争类（商业一类）与特殊功能类（商业二类），从而更好地解答了长期以来一直存在的国有企业的定位、功能与属性问题，即国有企业功能定位的实现是在国有企业分类基础上完成的，不同类型的国有企业承担不同使命。《指导意见》的实施标志着国有企业分类改革迈出了实质性的步伐。但《指导意见》并未对何为"公益类"、何为"商业类"国有企业进行界定和说明。2015 年 12 月，国资委、财政部、发改委联合发布《关于国有企业功能界定与分类的指导意见》（以下简称"三部门《意见》"），并对公益类和商业类国有企业的特征进行了进一步描述。同时，三部门《意见》又将商业类国有企业进一步区分为"主业处于充分竞争行业和领域""主业处于关系国家安全、国民经济命脉的重要行业和关键领域、主要承担重大专项任务"的子类别（见图 1）。另外，对于各企业如何具体分类，三部门《意见》并未有统一规定，而是将分类权力赋予各级政府和履行出资人职责机构，而且可以根据情况变化予以动态调整。与之相配套，2016 年 9 月国资委、财政部又出台了《关于完善中央企业功能分类考核的实施方案》（以下简称《实施方案》)。《实施方案》明确了不同类型国有企业的经营责任，按照企业的功能和业务特点确定了差异化的考核导向和内容。

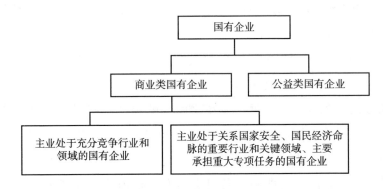

图1　国有企业类型划分示意

政府及各部门出台的有关国有企业分类改革的相关文件如表2所示。

表2　国有企业分类改革相关文件

颁布年份	文件名称	核心内容
2003 年 1 月	《中央企业负责人经营业绩考核暂行办法》	按照企业不同特点，实行科学的分类考核
2013 年 11 月	《中共中央关于全面深化改革若干重大问题的决定》	提出要"准确界定不同国有企业功能"
2015 年 9 月	《关于深化国有企业改革的指导意见》	把国有企业分为商业类和公益类两类
2015 年 12 月	《关于国有企业功能界定与分类的指导意见》	对公益类和商业类国有企业的特征进行了进一步描述
2016 年 9 月	《关于完善中央企业功能分类考核的实施方案》	明确了不同类型国有企业的经营责任，按照企业的功能和业务特点确定了差异化的考核导向和内容

资料来源：根据公开资料整理。

2. 地方分类改革的实践

在国务院《指导意见》出台后，各地方政府也开展了国有企业的功能界定和分类工作，各地国资委根据本地经济发展实际情况和地方特点，陆续制订和出台了国有企业分类改革的指导意见。从具体情况来看，地方的分类改革是在中央《指导意见》的框架下进行的，虽在划分方法及名称上与中央有一定的差异，但在分类的思想和原则上是一致的，基本是按照两分法和三分法进行划分的。

（1）不同于《指导意见》的分类方法。在中央层面推进国企分类改革的同时，地方政府也普遍开展了对国有企业的功能界定与分类工作，有的地方甚至在《指导意见》发布之前，就积极研究制定并出台了国有企业分类改革的政策。比如，上海早在2013年12月就出台了《关于进一步深化上海国资改革促进企业发展的意见》，提出按照国企的功能定位不同，从国企战略功能和经营目标出发，把国企分成竞争类、功能类和公共服务类三大类。北京在2014年也发布了《关于全面深化市属国资国企改革的意见》，将市属国有企业分为竞争类、功能类和城市公共服务类国有企业。之后天津、陕西、吉林、辽宁、湖南、内蒙古、青海、宁夏、贵州等省份都采用了"三分法"，但各自所划分国有企业类型的名称有所不同（见表3）。

表3　三分法

省份	划分类型		
上海、天津、陕西、贵州	竞争类	功能类	公共服务类
吉林、辽宁、湖南	竞争类	功能类	公益类
北京	竞争类	功能类	城市公共服务类
内蒙古	商业竞争类	特定功能类	公益类
青海	商业类	特殊服务类	公益类
宁夏	营利类	功能类	公益类

资料来源：根据公开资料整理。

（2）与国家《指导意见》基本相同的分类方法。有些省份在进行分类的过程直接采用《指导意见》中提出的分类方法，即把国有企业划分为商业类和公益类国有企业两大类，采用这种分类的省份包括山西、安徽、河北、甘肃、新疆、海南、江西和西藏这8个省份。还有7个省份在商业类和公益类的基础上,把商业类进一步细分为商业一类和商业二类。这些省份包括重庆、河南、山东、福建、云南、黑龙江和广西。其中广西的划分更加细化,不只把商业类细分为商业一、二、三类,而且把公益类也细分为公益一、二类。另外,广东、湖北、浙江虽然也是"两分法",但名称上有些不同。比如,2016 年 9 月,广东省发布《关于深化国有企业改革的实施意见》,提出把国有企业划分为竞争类和准公共类。湖北划分为商业类、特殊功能类;浙江是竞争类和功能类(见表4)。

表 4 两分法

省份	划分类型				
山西、安徽、河北、甘肃、新疆、海南、江西和西藏	公益类		商业类		
重庆、河南、山东、福建、云南、黑龙江、广西	公益类		商业类		
			商业一类		商业二类
广西	公益类		商业类		
	公益一类	公益二类	商业一类	商业二类	商业三类
广东	竞争类		准公共淡类		
湖北	商业类		特殊功能类		
浙江	竞争类		功能类		

资料来源:根据公开资料整理。

(3)特殊的分类方法。江苏和四川根据本省实际情况只进行了商业类的划分,如江苏省在《江苏省省属企业分类考核实施方案》中,把省属国有企业整体划分为商业类,商业类国有企业又分为主业处于充分竞争行业和领域的商业类国有企业以及主业处于重要行业和关键领域、主要承担重大专项任务的商业类国有企业。2016 年 6 月,四川省发布了《关于省属企业功能界定与分类监管的指导意见(试行)》,把四川省属企业界定为商业类,并将商业类具体划分为功能性企业和竞争性企业。功能性企业又细分为功能Ⅰ型、功能Ⅱ型,竞争性企业细分为竞争Ⅰ型、竞争Ⅱ型,如表5所示。

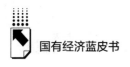

表5　特殊分类法

省份	划分类型			
江苏	商业类			
	主业处于充分竞争行业和领域的商业类国有企业		主业处于重要行业和关键领域、主要承担重大专项任务的商业类国有企业	
四川	商业类			
	功能性企业		竞争性企业	
	功能Ⅰ型	功能Ⅱ型	竞争Ⅰ型	竞争Ⅱ型

资料来源：根据公开资料整理。

（二）分类改革中存在的问题

在《指导意见》出台后，中央企业与地方国企的分类改革有序推进并取得了一定进展，但分类改革在推进和实施过程中也暴露出一些问题，改革效果并不明显，仍有待进一步完善。

1. 国企分类缺乏明确的细分标准，分类存在交叉重叠现象

本轮国有企业改革是以国企功能分类为前提的，虽然政府相继出台了《关于深化国有企业改革的指导意见》和配套的《关于国有企业功能界定与分类的指导意见》两份文件，并且依据企业的性质和功能把国有企业划分为公益类国有企业和商业类国有企业，随后又将商业类国有企业进一步区分为主业处于充分竞争行业和领域的国有企业、主业处于关系国家安全、国民经济命脉的重要行业和关键领域的国有企业与主要承担重大专项任务的国有企业三个类别。但这种区分依然比较笼统和宽泛，其实并没有真正把两类性质的企业区分开。比如，商业类中主业处于"重要行业和关键领域"及承担"重大专项任务"的企业中也包含体现政府职能性和公共性的公益类企业。而公益类企业中的某些资源性企业也可以理解为"重要行业和关键领域"或主要承担"重大专项任务"的企业。这样，"公益类"和"商业类"实际上有部分企业的功能是交叉重叠的，这就给政策实施者在具体实施中极大的自由解释余地，当需要它作为公益类企业时就可以解释为公益类企业，

当需要它作为商业类企业时就可解释为商业类企业。总之，由于缺乏明确的细分指导，具体分类上存在交叉重叠及分类主体的分散不统一。

2. 国有企业功能多元复杂，定位仍不明确

国企分类是深化国企改革的首要问题，也是党的十八届三中全会明确提出的问题。然而，目前我国的国有企业功能多元且情况复杂，表现为企业功能的多重性。现阶段，国企的功能可以概括为公益（公共品）、微利（准公共品）、追求利润最大化（竞争性商品）这三类，而不同功能是不兼容甚至矛盾的。而且企业的经营也是多元化的，特别是大型集团公司往往经营多种业务板块。另外，从各地出台的国企分类改革方案看，也能发现对企业定位不明确，被归为同一类的国企，其功能往往存在"营利性使命"和"公益性使命"的冲突。

3. 兼并重组后的国企体量仍十分庞大

近些年国有企业经过改革发生了较大变化，在数量上大幅精简，但不足的是体量仍然庞大。以中央企业为例，党的十八大以来我国将兼并重组作为工作的重点之一，先后完成 20 组 38 家中央企业重组，监管的中央企业从 119 家调整到目前的 96 家，全面梳理国务院国资委监管的 96 家中央企业可以发现，这些企业分布在核工业、航天、军工、石油、电力、矿产资源、钢铁、通信、汽车、航空、粮食、建筑、地产、铁路、汽车交通、医药、旅游等行业，再加上金融和文化类国有企业，可以说国有企业在三次产业中均有涉足。各地方政府所属的省级国有企业、地市级国有企业也是遍布三次产业，很多地方国企都属于商业一类国企。总的来说，国有企业的体量仍然庞大、布局错综复杂，这极大地增加了分类改革推进的阻力。

4. 相关法律法规建设严重滞后

党的十八大以来，党中央关于国资国企改革作出一系列重大决策部署，在构建以管资本为主的国有资产监管体制、规范出资人制度、形成中国特色现代企业制度等方面发生重大变革，但是，目前我国国有资产管理面临法律法规建设相对滞后的局面。比如，2008 年出台的《企业国有资产法》已经严重滞后于改革实践，亟待修改完善。在《企业国有资产法》中没有明确规定国家安全和国民经济命脉的重要行业或领域国企所承担的目标、使命、

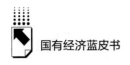

功能定位及其涵盖的内容要求。并且，主要条款对金融性国有资产与行政事业性国有资产的适用性也有待调整与完善。因此，应加快符合我国国企功能定位、具有可操作性的一系列法律法规的制度建设，避免国有资本经营管理中的随意性。

四　我国国有企业分类改革的思路及建议

在国有企业改革过程中，发现问题、分析问题、解决问题才能推动社会不断发展进步。结合当前我国国有企业分类改革的进展情况，针对不同类型的国有企业制定不同的改革方案，以提高国企分类改革的针对性和有效性。

（一）不同类型国有企业改革的思路

1. 商业一类国有企业改革的思路

商业一类是指主业处于完全竞争领域的国有企业，这类企业主要集中在高端设备制造业，汽车和家电等成熟制造业，信息技术、新能源以及生物医药等新兴产业，以及航运、金融和贸易物流等高端服务业。从功能看，这类国有企业通过源源不断地为社会提供优质的产品和服务，起着引领作用，确保国民经济健康平稳发展。这类企业的发展目标是成为国内乃至国际同行业中具备显著竞争力的优秀企业及世界一流企业，以增强国有经济活力、强化国有资本功能、实现国有资产保值增值。这类企业改革的思路是，以市场化为导向，打破各种形式的行政垄断，依托资本市场，推进公司制股份制改革，积极引入其他国有资本或各类非国有资本实现股权多元化。从产权结构看，鼓励这些行业的国有企业发展混合所有制，国有资本可以绝对控股、相对控股，也可以参股，并着力推进整体上市。考核的重点为经营业绩指标、资产保值增值和市场竞争能力。

2. 商业二类国有企业改革思路

这类企业是指主业处于关系国家安全、国民经济命脉的重点行业和关键领域与主要承担重大专项任务的国有企业，这类企业主要集中在铁路、电信、民航和石油、公用事业和自然垄断行业。从功能看，这类企业主要服务国家战略，落实国家产业政策，促进经济结构调整，保障国家的经济安全。这类企业大多处于重要行业和关键领域，承担着国家重大专项任务，因此，这类企业的发展目标一是重点发挥战略支撑作用，二是着重增强控制力和影响力。对这类企业改革的思路是，对自然垄断行业，实行以政企分开、政资分开、特许经营、政府监管为主要内容的改革，根据不同行业特点实行运网分开、放开竞争性业务，促进公共资源配置市场化；对需要实行国有全资的企业，要积极引入其他国有资本实行股权多元化；对特殊业务和竞争性业务实行业务板块的有效分离，独立运作、独立核算。从产权结构看，这类企业应实行国有资本控股，同时支持非国有资本参股。这类企业重点考核保障国家安全和国民经济运行、发展前瞻性战略性产业以及特殊任务的完成情况。

3. 公益类国有企业的改革思路

公益类国有企业是指提供公益性产品或服务的国有企业。这类企业主要涉及国防安全、外交事务、公共卫生、公共教育等领域。从功能定位看，不以营利为目的，主要是提供公共产品和服务。这类企业的发展目标是不断提高公共产品和服务的质量、效率，增强企业活力、提升管理水平。这类企业改革的方向是，政府应加大对这类企业的财政支持力度，加大国有资本投入，支持该类企业的发展。由于这类企业以社会效益最大化为目标，应限定主业范围，加强主业管理，其中不适合参与市场竞争的应逐步退出营利性市场领域。从股权结构看，应以国家经营为主，采用国有独资、国有控股或政府指导定价的方式。对公益类企业重点考核成本控制、产品服务质量、营运效率、保障能力。

表6　国有企业分类改革的内容

企业类型	商业一类	商业二类	公益类
功能定位	提供产品和服务	服务国家战略,保障国家安全	提供公共产品和服务
发展目标	培育具有全球竞争力的世界一流企业	发挥战略支撑作用,增强控制力和影响力	提高效率、增强活力、提升管理水平

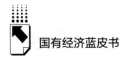
国有经济蓝皮书

续表

企业类型	商业一类	商业二类	公益类
改革方向	以市场化为导向发展有竞争优势的产业	对特殊业务和竞争性业务实行业务板块有效分离	逐步退出营利性市场领域
股权结构	股权多元化	国有资本控股、非国有资本参股	国有独资、国有控股
考核标准	经营业绩指标、资产保值增值和市场竞争能力	考核保障国家安全和国民经济运行、前瞻性战略性产业及完成重大专项任务情况	成本控制、产品服务质量、营运效率和保障能力

资料来源：根据公开资料整理。

（二）推进我国国有企业分类改革的建议

1. 国企分类改革还需进一步细化分类方案

实施分类改革的前提是明确分类标准，但如何分类、究竟哪些领域适宜政府发挥作用、什么领域应该市场发挥作用，到目前为止并没有科学客观的分类标准可供参照，如果按照"谁出资、谁分类"的标准来实施分类改革，会出现出资人在利益驱动下以出资者身份将过多行业划入公益类行业的情况，这有可能会延缓国企改革的步伐。因此，为提升国有企业分类边界的清晰度及其在实践中的可操作性，还需要在基本框架下进一步细化分类方案，可以考虑对那些关系国家安全和国民经济命脉的重要行业和关键领域，以及保障民生服务社会的公共产品进一步科学细分。其实一个简单易行的办法是参照国家发展和改革委员会在产业政策的制定与实施中形成的产业细化标准，也可以吸取国外在进行产业规制中的产业细分原则，对那些公共产品、公益类产品与涉及国家安全和国民经济命脉的重要行业和关键领域进行科学细分，并作为"行业细分负面清单"向社会公布，使国企分类有一个公开客观的分类标准。这不仅有助于打破国有资本一统天下的局面，也有助于民营资本进入及减少政府的行政干预。

2. 逐步实现同一国有企业功能的单一化

国企有多种功能，不同功能是不兼容的甚至是矛盾的，如果互相冲突或矛盾的不同功能同存于一个企业中，不仅极易产生利益输送和腐败问题，而且也会加大治理和监督的难度。国企分类不是目的，目的是实现分类治理，如不同的董事会设置、不同的激励机制等。而要实现分类治理，必须实现同一国企功能的单一化或纯粹化。因此，在国有企业布局上，要通过改革，尽可能使承担不同功能使命的国有企业更纯粹一些，使不同类型国有企业更符合自身的本质属性。据此有学者提出，国资管理部门可以基于"国家使命"要求和企业特性逐一与各中央企业进行谈判与协商，通过协商对每家国有企业的使命进行界定，进而实施分类。应该说这种分类方法有以下优点，一是具有可操作性，二是定位后的国企边界更加清晰，避免一个企业承担多个使命或兼具多种功能。

3. 实行中央和地方国有企业分层分类布局

目前国有企业无论是在数量上还是在体量上都还十分庞大，并且布局错综复杂，在三次产业中均有涉足。因此，应该考虑在中央和地方国有企业之间分层分类布局。中央企业层面，更多地投向军工、国防、信息安全以及高新技术等行业，突出中央企业服务国家战略、保障国家安全和国民经济运行的职能；地方国有企业更多地投向公共服务和公共产品，如水、电、气、公共交通、医疗、教育等，突出国有企业的公共服务职能。

对那些主业处于充分竞争行业和领域的商业一类的中央和地方国有企业，由于它们在全部国有企业数量中所占比重较大，对于这类国有企业应该按照国企分类改革的要求区别对待。一方面，应积极引入其他国有资本或各类非国有资本实现股权多元化，以促进国有股权的资本化和市场化。另一方面，这类企业中凡适应市场竞争的，可以作为独立市场主体，平等参与市场竞争，而不适应市场竞争的，就要依托资本市场适时退出，这既减少了国有企业的数量，改变了竞争类企业分散的布局，也可以让退出后的国有资本，更多地投入公共产品生产和公共服务领域或投入关系国家安全、国民经济命脉的重要行业和关键领域。

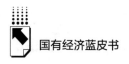

4. 完善与国有企业功能定位相关的法律法规

为适应建立中国特色现代企业制度的要求以及促进分类改革的深化，提高企业国有资产法治水平，应进一步加强企业国有资产和国有资本的基础管理法制建设，重新审视社会主义市场经济体制下国有企业需承载的功能及历史使命，及时制定能适应新发展环境的法律法规，使国企改革能够有法可依。可考虑在适当的时候制定我国石油、电力、电信、民航、邮政和铁路等垄断行业的法律法规。在条件成熟的情况下，将排名前几位的中央企业，如中石油、中石化、国家电网、中国移动、中国电信、中国联通等，以及中国投资公司、中央汇金公司、中国邮政总公司等特殊性质与使命的国企定位上升到立法层面，从法律上明确我国国企设立的特殊依据、收益处置、可能承担的特别社会目标和特别的政治外部性追求。

参考文献

杜国用：《中国国有企业分类改革的理论与实践》，《改革与战略》2014 年第 1 期。

高明华：《论国有企业分类改革和分类治理》，《行政管理改革》2013 年第 12 期。

刘琼芳、廖添土：《国企功能再定位与改革创新》，《牡丹江师范学院学报》（哲学社会科学版）2017 年第 5 期。

冯琴琴：《功能视角下的国有企业效率评价与分类治理研究》，安徽师范大学学位论文，2015。

黄群慧：《论国有企业的战略性调整与分类改革》，《人民论坛·学术前沿》2013 年第 22 期。

徐丹丹、曾章备：《国企分类改革的实现路径研究现状与展望》，《财会月刊》2016 年第 22 期。

胡持：《发挥顶梁柱作用 完善国企功能定位》，《经济参考报》2020 年 7 月 13 日。

张俊：《国家企业权力规制论》，华东政法大学学位论文，2016。

彭建国：《通过国企分类改革调整国有经济布局结构》，《中国企业报》2015 年 11 月 17 日。

魏江：《新时代国有企业分类改革的进展与建议》，《理论建设》2019 年第 1 期。

胡迟：《新时代国有企业的功能定位与实现路径》，《中国国情国力》2019 年第 10 期。

杨瑞龙、周业安、闫衍：《国有企业分类改革的目标与路径》，《中国证券报》2017年3月25日。

黄群慧、余菁：《新时期的新思路：国有企业分类改革与治理》，《中国工业经济》2013年第11期。

李玲：《论国有企业基本功能的合理定位》，《中国财政》2013年第3期。

B.7

混合所有制改革：政策与实践

周林洁*

摘　要：　国有企业改革是中国经济改革中具有突破性的关键环节,而混
　　　　　合所有制改革作为国企改革当中的一项重要举措,其意义十
　　　　　分重大。推进国有资本的混合所有制改革将有利于进一步完
　　　　　善国有企业现代公司治理结构,提高国有资本的运行效率,
　　　　　提升国有资本控制力和影响力,实现国有资本的优化配置。
　　　　　改革开放以来,国有资本混合所有制改革在政策制定的顶层
　　　　　设计方面也经历了三个不同阶段,即酝酿探索阶段、创新发
　　　　　展阶段和深化改革阶段。其中,在深化改革阶段,不仅明确
　　　　　了国有资本混合所有制改革的目标和实施的重点,同时还制
　　　　　定形成了混合所有制改革的"1 + N"政策体系,并对混合所有
　　　　　制改革的重要政策进行了细化。在政策指引下,我国国有资
　　　　　本混合所有制改革的实践步伐也在不断推进,从"四项改革
　　　　　试点"到"十项改革试点",再到"双百行动"和"区域综改
　　　　　试验",试点规模不断扩大,改革经验不断积累和推广,有
　　　　　效推动了国有资本的混合所有制改革向纵深推进。《国企改
　　　　　革三年行动方案（2020—2022年）》的出台,标志着我国国有
　　　　　资本混合所有制改革实践已进入一个新的阶段。需要注意的
　　　　　是,在推进国有资本混合所有制改革的下一步工作中,一定
　　　　　要把握好改革的方向目标和重点内容,包括持续推动产权制

---

*　周林洁,博士,中国社会科学院大学经济学院副教授,研究领域为财务与公司金融。

度改革，以产权制度改革为重点，进一步放大国有资本功能，实现国有资本的优化配置；实现投资主体的多元化，推动资源的互补和产业协同，进一步提升企业整体竞争力；准确区分改革主体的功能定位，分层分类推动混合所有制改革；探索经营管理者身份转变与薪酬制度改革以及混合所有制企业的员工持股制度也是未来国有资本混合所有制改革中的一项重要任务。

关键词：　国有企业　混合所有制　改革

全面深化改革当中，国企改革是具有突破性的关键环节，推进国企改革当中，混合所有制改革具有重大示范带动作用。混合所有制改革的核心意义在于，从股权结构入手来改善企业的法人治理结构，而企业微观层面的法人治理结构又是宏观国有资本有效配置的前提条件。从内涵来讲，混合所有制改革通过资本、资源、体制、机制的混合、整合、结合、融合，从而实现国有企业公司法人治理的规范、现代企业制度的完善，并进一步形成有效的市场机制，提高国有资本的运行效率，最终达到国有企业改革的既定目标。

一　国有资本混合所有制改革的重大意义

一是有利于更好地服务于国家战略。公有制的主体地位、国有经济的主导作用，主要体现在国有资本的控制力上，而混合经济有助于国有资本更有效地控制国民经济命脉，主导国民经济的发展方向，服务于国家战略。

二是有利于盘活放大国有资本。通过多种形式引进民间资本，实行混合所有制经济下的资产重组，在更大范围内实现资源的有效配置，同时可以引进更为灵活的新经营机制，从而盘活存量资产，提升国民资本的影响力。

三是有助于建立健全现代企业制度。混合所有制有助于国有资本在治理

结构上不断健全现代企业制度，提高董事会战略决策的科学性，强化董事会对高层管理人员的监督机制，从而建立起高效、明晰的现代企业制度。

四是有利于建立开放式的社会融资机制。混合所有制企业的融资没有身份限制，使企业摆脱了投资和积累能力弱的束缚，把分散在社会中的大量闲置资本为我所用，可以极大地促进企业扩张和发展壮大。

五是有利于民营经济的发展。当前，由于市场准入政策和自身的局限，民营企业的持续发展能力显得不足。通过参股公有制经济，可以使民营企业克服自身管理模式的局限，并为民营经济的进一步发展开拓更大的空间。

二　国有资本混合所有制改革的政策梳理

改革开放 40 余年来，从股份制到混合所有制，多种所有制成分之间相互渗透、相互融合、股权多元化的特征在国有资本改革进程中日益明晰。在整个改革过程中，国有资本混合所有制改革经历了三个不同阶段，即酝酿探索阶段、创新发展阶段和深化改革阶段。

（一）酝酿探索阶段

1993 年 11 月党的十四届三中全会通过了《中共中央关于建立社会主义市场经济体制若干问题的决定》（以下简称《决定》），明确提出"具备条件的国有大中型企业，单一投资主体的可依法改组为独资公司，多个投资主体的可依法改组为有限责任公司或股份有限公司"。"随着产权的流动和重组，财产混合所有的经济单位越来越多，将会形成新的财产所有结构"。可以看出，党的十四届三中全会的《决定》提出了国有资本混合所有制改革和发展的路径与方向。

1997 年 9 月 12 日召开的中国共产党第十五次全国代表大会明确提出，"把国有企业改革同改组、改造、加强管理结合起来。以资本为纽带，通过市场形成具有较强竞争力的跨地区、跨行业、跨所有制和跨国经营的大企业集团"。同时，十五大报告指出"公有制经济不仅包括国有经济和集体经济，还包括混合所有制经济中的国有成分和集体成分"。这一科学论断为国有资本开展混合所有制改革提供了重要的制度保证。

2002年11月8日召开的中国共产党第十六次全国代表大会提出，"要深化国有企业改革，进一步探索公有制特别是国有制的多种有效实现形式，大力推进企业的体制、技术和管理创新。除极少数必须由国家独资经营的企业外，积极推行股份制，发展混合所有制经济"。

（二）创新发展阶段

2003年10月11日党的十六届三中全会通过了《中共中央关于完善社会主义市场经济体制若干问题的决定》，要求"进一步增强公有制经济的活力，大力发展国有资本、集体资本和非公有资本等参股的混合所有制经济，实现投资主体多元化，使股份制成为公有制的主要实现形式。需要由国有资本控股的企业，应区别不同情况实行绝对控股或相对控股"。这是中央首次明确提出要大力推动国有资本的混合所有制改革，并对国有资本混合所有制的结构以及国有资本的投资运营机制做出了明确要求。

2003年11月国务院办公厅转发国资委《关于规范国有企业改制工作意见的通知》，2005年12月国务院办公厅转发国资委《关于进一步规范国有企业改制工作实施意见的通知》，对转让国有控股、参股企业国有股权或者通过增资扩股来提高非国有股的比例等行为进行了明确规定。2005年《国务院关于鼓励支持和引导个体私营等非公有制经济发展的若干意见》（国发〔2005〕3号）明确提出，"鼓励非公有制经济参与国有经济结构调整和国有企业重组。大力发展国有资本、集体资本和非公有资本等参股的混合所有制经济。鼓励非公有制企业通过并购和控股、参股等多种形式，参与国有企业和集体企业的改组改制改造"。国资委和财政部于2005年4月和2006年9月分别印发了《企业国有产权向管理层转让暂行规定》和《国有控股上市公司（境内）实施股权激励试行办法》的通知，进一步规范了国有产权转让行为，并对员工持股制度进行了完善。

2007年10月15日，中国共产党第十七次全国代表大会报告再次提出，以现代产权制度为基础，促进混合所有制经济发展。2008年9月国务院国资委颁布了《关于规范国有企业职工持股、投资的意见》（国资发改革〔2008〕139号），对国有企业管理层、技术骨干等企业员工持股激励行为提出了新的要求。2010年5月7日《国务院关于鼓励和引导民间投资健康发展的若干意见》（国发〔2010〕13号）再次提出，"鼓励和引导民营企业通过参股、控股、资产收购等多种形式，参与国有企业的改制重组。合理降低国有控股企业中的国有资本比例"。2010年9月6日《国务院关于促进企业兼并重组的意见》（国发〔2010〕27号）提出，"加快国有经济布局和结构的战略性调整，健全国有资本有进有退的合理流动机制，鼓励和支持民营企业参与竞争性领域国有企业改革、改制和改组，促进非公有制经济和中小企业发展"（见表1）。

表1　混合所有制改革创新发展阶段出台的政策

序号	文件名称	出台时间
1	《中共中央关于完善社会主义市场经济体制若干问题的决定》	2013年10月
2	《关于规范国有企业改制工作意见的通知》	2013年11月
3	《关于进一步规范国有企业改制工作实施意见的通知》	2015年12月
4	《国务院关于鼓励支持和引导个体私营等非公有制经济发展的若干意见》	2005年8月
5	《企业国有产权向管理层转让暂行规定》	2005年4月
6	《国有控股上市公司（境内）实施股权激励试行办法》	2006年9月
7	《关于规范国有企业职工持股、投资的意见》	2008年9月
8	《国务院关于鼓励和引导民间投资健康发展的若干意见》	2010年5月
9	《国务院关于促进企业兼并重组的意见》	2010年9月

在国有资本混合所有制改革的创新发展阶段，政策的着力点是从鼓励支持和引导非公有制参与国有资本重组的角度，放宽非公有制经济在混合所有制企业中的股份比例，从而激发非公有制经济参与混合所有制改革的积极性，进一步推动国有资本混合所有制改革。

（三）深化改革阶段

2013年11月12日中国共产党第十八届中央委员会第三次全体会议通

过的《中共中央关于全面深化改革若干重大问题的决定》明确提出，"积极
发展混合所有制经济。国有资本、集体资本、非公有资本等交叉持股、相互
融合的混合所有制经济，是基本经济制度的重要实现形式，有利于国有资本
放大功能、保值增值、提高竞争力，有利于各种所有制资本取长补短、相互
促进、共同发展。允许更多国有经济和其他所有制经济发展成为混合所有制
经济。国有资本投资项目允许非国有资本参股。允许混合所有制经济实行企
业员工持股，形成资本所有者和劳动者利益共同体"。

1. 明确混合所有制改革目标和实施重点

2015 年 8 月 24 日，中共中央、国务院印发的《关于深化国有企业改革
的指导意见》提出"主业处于充分竞争行业和领域的商业类国有企业，原
则上都要实行公司制股份制改革，积极引入其他国有资本或各类非国有资本
实现股权多元化，国有资本可以绝对控股、相对控股，也可以参股，并着力
推进整体上市"。"主业处于关系国家安全、国民经济命脉的重要行业和关
键领域与主要承担重大专项任务的商业类国有企业，要保持国有资本控股地
位，支持非国有资本参股"。"支持国有企业开展国际化经营，鼓励国有企
业之间以及与其他所有制企业以资本为纽带，强强联合、优势互补，加快培
育一批具有世界一流水平的跨国公司"。"优化国有资本重点投资方向和领
域，推动国有资本向关系国家安全、国民经济命脉和国计民生的重要行业和
关键领域、重点基础设施集中，向前瞻性战略性产业集中，向具有核心竞争
力的优势企业集中"。该文件从分类推进混合所有制的角度明确了国有资本
混合所有制的结构、改革的目标和实施的重点。

2. 制度形成混合所有制改革的"1 + N"政策体系

《关于深化国有企业改革的指导意见》印发后，国企改革的相关配套文件
陆续出台，目前已基本完成了国企改革的顶层设计，并形成了一整套国企改
革的"1 + N"政策体系。其中，与国有资本混合所有制改革有关的文件就包
括：《国务院关于国有企业发展混合所有制经济的意见》（国发〔2015〕54
号）、《国务院国有资产监督管理委员会关于贯彻落实〈中共中央 国务院关
于深化国有企业改革的指导意见〉的通知》（国资发研究〔2015〕112 号）、

《关于印发〈关于鼓励和规范国有企业投资项目引入非国有资本的指导意见〉的通知》（发改经体〔2015〕2423号）、《关于国有企业功能界定与分类的指导意见》（国资发研究〔2015〕170号）、《国务院关于改革和完善国有资产管理体制的若干意见》（国发〔2015〕63号）、《关于国有控股混合所有制企业开展员工持股试点的意见》（国资发改革〔2016〕133号）、《国务院国资委关于中央企业加强参股管理有关事项的通知》（国资发改革规〔2019〕126号）、《国资委关于印发中央企业混合所有制改革操作指引的通知》（国资产权〔2019〕653号）等一系列文件（见表2），有力推动了国有资本混合所有制改革的进程。

表2　混合所有制改革的"1＋N"政策体系

序号	文件名称	文件号
1	《关于深化国有企业改革的指导意见》	中发〔2015〕22号
2	《国务院关于国有企业发展混合所有制经济的意见》	国发〔2015〕54号
3	《国务院国有资产监督管理委员会关于贯彻落实〈中共中央　国务院关于深化国有企业改革的指导意见〉的通知》	国资发研究〔2015〕112号
4	《关于印发〈关于鼓励和规范国有企业投资项目引入非国有资本的指导意见〉的通知》	发改经体〔2015〕2423号
5	《关于国有企业功能界定与分类的指导意见》	国资发研究〔2015〕170号
6	《国务院关于改革和完善国有资产管理体制的若干意见》	国发〔2015〕63号
7	《国务院办公厅关于加强和改进企业国有资产监督防止国有资产流失的意见》	国办发〔2015〕79号
8	《关于国有控股混合所有制企业开展员工持股试点的意见》	国资发改革〔2016〕133号
9	《国有科技型企业股权和分红激励暂行办法》	财资〔2016〕4号
10	《关于做好中央科技型企业股权和分红激励工作的通知》	国资发分配〔2016〕274号
11	《关于完善中央企业功能分类考核的实施方案》	国资发综合〔2016〕252号
12	《企业国有资产交易监督管理办法》	国资委财政部令第32号
13	《中央企业投资监督管理办法》	国资委令第34号
14	《中央企业境外投资监督管理办法》	国资委令第35号
15	《上市公司国有股权监督管理办法》	国资委财政部证监会令36号
16	《关于深化混合所有制改革试点若干政策的意见》	发改经体〔2017〕2057号

续表

序号	文件名称	文件号
17	《国务院办公厅关于进一步完善国有企业法人治理结构的指导意见》	国办发〔2017〕36 号
18	《国务院办公厅关于印发中央企业公司制改制工作实施方案的通知》	国办发〔2017〕69 号
19	《国有企业境外投资财务管理办法》	财资〔2017〕24 号
20	《国务院办公厅关于转发国务院国资委以管资本为主推进职能转变方案的通知》	国办发〔2017〕38 号
21	《国务院关于推进国有资本投资、运营公司改革试点的实施意见》	国发〔2018〕23 号
22	《国有企业混合所有制改革相关税收政策文件汇编》	发改办经体〔2018〕947 号
23	《国务院关于印发改革国有资本授权经营体制方案的通知》	国发〔2019〕9 号
24	《国务院国资委关于以管资本为主加快国有资产监管职能转变的实施意见》	国资发法规〔2019〕114 号
25	《关于进一步做好中央企业控股上市公司股权激励工作有关事项的通知》	国资法规〔2019〕102 号
26	《关于深化中央企业国有资本投资公司改革试点工作意见》	国资发资本〔2019〕28 号
27	《关于深化中央企业国有资本运营公司改革试点工作意见》	国资发资本〔2019〕45 号
28	《国务院国资委关于中央企业加强参股管理有关事项的通知》	国资发改革规〔2019〕126 号
29	《国资委关于印发〈中央企业混合所有制改革操作指引〉的通知》	国资产权〔2019〕653 号

3. 混合所有制改革重要政策细化

2015 年 9 月 24 日《国务院关于国有企业发展混合所有制经济的意见》（国发〔2015〕54 号），作为一份纲领性的指导文件，详细并全面地对国有资本混合所有制改革提出了指导意见。其中包含了改革的总体要求、分类分层推进国有企业混合所有制改革的实施路径、鼓励各类资本参与国有企业混合所有制改革、建立健全混合所有制企业治理机制、建立依法合规的操作规则、营造国有企业混合所有制改革的良好环境以及

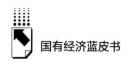

组织保障等。值得注意的是，该文件在以下几个改革的重点方面也进行了详细的指导。包括引导在子公司层面有序推进混合所有制改革、探索在集团公司层面推进混合所有制改革、鼓励地方从实际出发推进混合所有制改革、鼓励非公有资本参与国有企业混合所有制改革、支持集体资本参与国有企业混合所有制改革、有序吸收外资参与国有企业混合所有制改革、推广政府和社会资本合作（PPP）模式、鼓励国有资本以多种方式入股非国有企业、探索完善优先股和国家特殊管理股方式、探索实行混合所有制企业员工持股。另外，该文件在操作流程和制度机制方面也做了明确规定，为国有资本混合所有制改革的有效推进提供了重要的指导依据。

为规范、引导上市公司实施员工持股计划及其相关活动，证监会于2014年6月制定了《关于上市公司实施员工持股计划试点的指导意见》。2016年2月财政部、科技部、国资委联合印发了《国有科技型企业股权和分红激励暂行办法》（财资〔2016〕4号），鼓励国有科技企业通过员工持股改革进一步激发广大技术和管理人员的积极性与创造性。2016年8月国资委、财政部、证监会联合颁布了《关于国有控股混合所有制企业开展员工持股试点的意见》（国资发改革〔2016〕133号），对试点企业条件、持股员工条件、入股价格、持股比例、持股方式等各方面都提出了明确的要求，该文件的颁布对优化国有企业产权结构、治理结构，构建国有企业长效激励机制具有重大意义。

2016年9月15日召开的中央全面深化改革领导小组第十六次会议审议通过了《关于鼓励和规范国有企业投资项目引入非国有资本的指导意见》，明确将拓宽国有企业投资项目引入非国有资本领域，分类推进国有企业投资项目引入非国有资本工作。

2017年10月18日召开的中国共产党第十九次全国代表大会对发展混合所有制经济也提出了明确要求，"要完善各类国有资产管理体制，改革国有资本授权经营体制，加快国有经济布局优化、结构调整、战略性重组，促进国有资产保值增值，推动国有资本做强做优做大，有效防止国有资产流失。深化国有企业改革，发展混合所有制经济，培育具有全球竞争力的世界一流企业"。

为深入贯彻落实党中央、国务院关于积极发展混合所有制经济的决策部署，2017年11月29日，国家发展改革委、财政部、人力资源社会保障部、国土资源部、国资委、税务总局、证监会、国防科工局（以下简称"各部门"）联合印发了《关于深化混合所有制改革试点若干政策的意见》（发改经体〔2017〕2057号），进一步明确了国有资产定价、职工劳动关系、国有土地处置、员工持股等政策指导意见，为混合所有制改革的稳步推进提供了政策保障。

2018年8月14日国家发展改革委办公厅印发了《国有企业混合所有制改革相关税收政策文件汇编》（发改办经体〔2018〕947号），对混合所有制改革的相关税收政策进行了梳理，有利于企业在推进混合所有制改革过程中进行科学设计。

2019年国资委颁布了《关于深化中央企业国有资本投资公司改革试点工作意见》（国资发资本〔2019〕28号）和《关于深化中央企业国有资本运营公司改革试点工作意见》（国资发资本〔2019〕45号）两份文件，通过改组组建国有资本投资、运营公司，构建国有资本投资、运营主体，改革国有资本授权经营体制，完善国有资产管理体制，促进国有资本合理流动，推动国有经济布局优化和结构调整。国有资本投资运营公司正是通过国有资本在混合所有制企业中的进退来实现国有资本的优化布局，因此，国有资本投资运营公司的组建将进一步推动国有资本的混合所有制改革。

2019年10月31日国资委颁布《中央企业混合所有制改革操作指引》，对涉及混合所有制改革的相关规章制度进行了系统性梳理，并在此基础上规范了混合所有制改革的操作流程。同时，强调市场化方式在推进混合所有制改革中的重要作用，明确提出要不断深化制度改革，完善混合所有制企业的法人治理结构和管理模式。该文件进一步明确了中央企业开展混合所有制改革的操作流程，为混改的顺利合法推进提供了重要的路径指引（见表3）。

表 3　混合所有制改革的重要政策细化

序号	文件名称	出台时间
1	《国务院关于国有企业发展混合所有制经济的意见》	2015 年 9 月
2	《关于上市公司实施员工持股计划试点的指导意见》	2014 年 6 月
3	《国有科技型企业股权和分红激励暂行办法》	2016 年 2 月
4	《关于国有控股混合所有制企业开展员工持股试点的意见》	2016 年 8 月
5	《关于鼓励和规范国有企业投资项目引入非国有资本的指导意见》	2016 年 9 月
6	《关于深化混合所有制改革试点若干政策的意见》	2017 年 11 月
7	《国有企业混合所有制改革相关税收政策文件汇编》	2018 年 8 月
8	《关于深化中央企业国有资本投资公司改革试点工作意见》	2019 年 1 月
9	《关于深化中央企业国有资本运营公司改革试点工作意见》	2019 年 1 月
10	《中央企业混合所有制改革操作指引》	2019 年 10 月

三　国有资本混合所有制改革实践

2014 年 7 月以来，国企改革从"四项改革试点"到"十项改革试点"，再到"双百行动"和"区域综改试验"，试点规模不断扩大，改革经验的积累和推广，有效推动国有资本的混合所有制改革向纵深推进。《国企改革三年行动方案（2020—2022 年）》的出台，标志着我国国有资本混合所有制改革实践已进入一个新的阶段，并将以此为基础推动更为全面的国有企业综合改革。

（一）中央企业混改实践总体情况

从 2013 年到 2020 年，中央企业累计实施混改 4000 多项，引入社会资本超过 1.5 万亿元，中央企业混合所有制企业的户数占比超过了70%，较 2012 年底提高近 20 个百分点，上市公司已经成为中央企业混改的主要载体，到 2020 年底中央企业控股的上市公司的资产总额、利润分别占到中央企业整体的 67% 和 88%。在中央企业混合所有制中积极引入社会资本所形成的少数股东权益，也由 2012 年底的 3.1 万亿元增加到

2020 年的 9.4 万亿元，社会资本所形成的少数股东权益在中央企业所有者权益中，占比由 27% 提升到 38%。另外，中央企业对外参股的企业超过 6000 家，国有资本投资额超过了 4000 亿元，混合所有制改革的深度和广度进一步拓展。①

2020 年 12 月经国务院批准，国务院国资委委托中国诚通控股集团有限公司发起设立了中国国有企业混合所有制改革基金。基金总规模 2000 亿元，首期募资 707 亿元，旨在通过市场化运作，广泛吸引各类社会资本参与国企改革，进一步推进混合所有制改革。② 2020 年全年中央企业共实施混改超过 900 项，引入社会资本超过了 2000 亿元，下一步针对中央企业的混合所有制改革将重点围绕电力、民航、电信、军工等领域稳步推进。③

从中央企业混改后的整体效果来看，2020 年中央企业实现净利润 1.4 万亿元，同比增长 2.1%；近八成中央企业净利润同比正增长。有 2 家企业净利润超过千亿元，4 家企业净利润超过 500 亿元，39 家企业净利润超过百亿元；24 家企业净利润增长超过 25%，43 家企业净利润增长超过 10%。2020 年中央企业营业收入利润率 6.12%，同比提升 0.01 个百分点；成本费用利润率 6.5%，同比提升 0.2 个百分点；人均劳动生产总值 59.4 万元，同比实现正增长；人均创利 14.8 万元，同比增长 0.5%。2020 年，中央企业的研发经费投入同比增长了 11.3%，研发经费的投入强度为 2.55%，同比提高了 0.3 个百分点（见表 4）。其中工业企业的研发经费投入强度达到了 3%。④

---

① 数据来源于国资委秘书长、新闻发言人彭华岗在国新办就 2021 年上半年中央企业经济运行情况举行发布会时的讲话。

② 数据来源于月度新闻（2020 年 12 月 1～31 日），国务院国有资产监督管理委员会（sasac. gov. cn）。

③ 数据来源于国资委秘书长、新闻发言人彭华岗在国新办就 2021 年上半年中央企业经济运行情况举行发布会时的讲话。

④ 数据来源于国资委秘书长、新闻发言人彭华岗在国新办就 2021 年上半年中央企业经济运行情况举行发布会时的讲话。

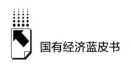

表4　2020年中央企业发展指标情况

指标名称	净利润（万亿元）	营业收入利润率(%)	成本费用利润率(%)	人均劳动生产总值(万元)	人均创利（万元）	研发经费投入强度(%)
指标数额	1.4	6.12	6.5	59.4	14.8	2.55

（二）"四项改革试点"和"十项改革试点"

2014年7月15日，国务院国资委宣布将在其所监管的中央企业开展"四项改革"试点工作，包括开展改组国有资本投资公司试点、发展混合所有制经济试点、董事会行使高级管理人员选聘、业绩考核和薪酬管理职权试点、派驻纪检组试点等工作。其中将在中国医药集团总公司和中国建筑材料集团公司开展发展混合所有制经济试点，探索建立混合所有制企业有效制衡、平等保护治理结构以及混合所有制企业员工持股制度等实施路径。

作为国企改革的重要突破口，推动混合所有制改革的意义重大。党中央、国务院高度重视，对发展混合所有制经济、开展混合所有制改革试点示范等做出了重要部署。2016年国务院国有企业改革领导小组研究决定开展"十项改革试点"，其中在部分重点领域开展混合所有制改革试点是"十项改革试点"内容之一。由于电力、石油、天然气、铁路、民航、电信、军工等领域都是国有资本相对集中的领域，在这些领域开展混合所有制改革试点，探索混合所有制企业的治理模式和运行机制，将有利于改革经验的形成和改革范围的推广。

国资委和发改委于2016年7月正式启动了第一批混合所有制改革试点，确定了包括东航集团、中国联通、南方电网、哈电集团、中国核建、中国船舶等在内的9家中央企业进入第一批混改试点范围。2017年3月第二批混改试点名单公布，共有10家中央企业和地方国企入围。前两批19家试点企业在混合所有制改革过程中取得了一些重大突破。从行业领域看，涉及配售电、电力装备、高速铁路、铁路装备、航空物流、民航信息服务、基础电信、国防军工、重要商品、金融等重点领域；从行业代表性看，这些企业都是本行业的代表企业或领军企业，具有典型性；从股权结构和混合模式来看，通过民企入股国企、国企入股民企、中央企业与地方国企混合、国企与外资混合等模式，试点企业在混改后股权结构都发生了质的变化。

2017 年 10 月又甄选出 31 家试点企业名单，经国务院国有企业改革领导小组审定后启动了第三批混改试点工作。从混改涉及的广度来看，这三批混改试点基本实现了电力、石油、天然气、铁路、民航、电信、军工等七大重点领域全覆盖，并延伸到国有经济较为集中的其他重要行业。试点企业共引入外部投资者超过 100 个，已完成多种所有制资本的实质性混合。从混改的效果来看，各试点企业通过引入战略投资者、产业投资者、开展员工持股等方式，实现了股权的实质性混合，并通过股权结构多元化推动了企业内部治理机制的变革，初步建立了有效制衡的公司法人治理结构和灵活高效的市场化经营机制。同时，国有资本的带动力和影响力得到大幅提升，有效实现了国有资产的保值增值。例如，中国联通通过混改引入腾讯、百度、阿里巴巴、京东等互联网企业，与战略投资者在物联网、智慧医疗、基础通信业务等领域开展了广泛深入的业务合作，在产业链、价值链等关键业务延伸整合上取得了阶段性成效，有力提升了企业绩效。例如，中金珠宝在混改前，中国黄金集团对其持有超过 83% 的股份，混改后集团持股比例降至 43%，7 家战略投资者持股比例合计 24.52%，产业投资者持股 9.8%，核心骨干员工持股 6%，股权结构得到显著优化，有效放大了国有资本功能。①

2019 年 5 月，国有企业混合所有制改革第四批试点名单已由国务院国有企业改革领导小组审议通过，第四批混改试点企业共 160 家，其中，中央企业系统 107 家，地方企业 53 家，资产总量超 2.5 万亿元。② 从行业领域看，第四批试点并不局限于电力、石油、天然气、铁路、民航、电信、军工

---

① 数据来源于国资报告（2019 年 7 月 11 日）：《十项改革试点分析之部分重要领域混合所有制改革试点增强企业活力放大国有资本功能》，国务院国有资产监督管理委员会（sasac. gov. cn）。

② 数据来源于国资委研究中心（2019 年 11 月 2 日），中央企业高质量发展报告：《中央企业高质量发展迈出坚实步伐》，国务院国有资产监督管理委员会（sasac. gov. cn）。

等 7 个重要领域的国有企业，包括了具有较强示范意义的其他领域国有企业，如互联网、软件及信息技术服务、新能源、新材料和节能环保等战略性新兴产业。从企业层级看，中央企业主要集中在二、三级企业，其中二级企业 55 家，三级企业 50 家；地方企业以一、二级企业居多，其中一级企业 14 家，二级企业 32 家。从资产规模看，第四批试点企业资产总量超过 2.5 万亿元，中央企业资产规模约 1.7 万亿元，地方企业资产规模约 0.8 万亿元。其中，资产规模超过 10 亿元的企业共有 99 家，占第四批试点企业总量的 61.8%。① 从效果看，混改后企业经营状况持续改善，突出体现为"五升五降"：企业治理能力和活力效益提升，亏损面下降；国有资本权益和功能提升，企业杠杆率下降；企业劳动生产率提升，核心员工流失率下降；企业核心竞争力提升，与业内领军企业差距下降；非公有制经济发展空间提升，市场准入限制下降。

在"四项改革试点"和"十项改革试点"中，混合所有制改革试点在实践中获得了丰富的改革成果和经验，这些宝贵经验通过调研座谈、案例汇编、宣传报道等多种形式，以点带面得以复制推广，不断深化对混改工作的实践认识，为进一步推进国有资本混合所有制改革提供了重要支撑。

（三）国企改革"双百行动"

2018 年 3 月国资委发布《关于开展"国企改革双百行动"企业遴选工作的通知》，国务院国有企业改革领导小组办公室决定选取百家中央企业子企业和百家地方国有骨干企业，在 2018～2020 年实施"国企改革双百行动"，国企改革的广度和深度将进一步扩容，国有企业混合所有制改革也将在以往混改的基础上进一步扩围，继续深化改革。2018 年 8 月 17 日，国务院国有企业改革领导小组办公室正式印发《国企改革"双百行动"工作方案》，224 家中央企业子公司和 180 家地方国有企业入选名单，共计 404 家"双百企业"将着手实施国企改革"双百行动"。其中，在中央企业层面，

---

① 数据来源于国资委研究中心（2019 年 11 月 2 日），中央企业高质量发展报告：《中央企业高质量发展迈出坚实步伐》，国务院国有资产监督管理委员会（sasac. gov. cn）。

共有 95 家央企入围，每家央企有 1~3 个一级子公司或更低层级的子公司参与"双百行动"；地方国企则涵盖全国 32 个省区市、兵团和副省级城市，基本都是地方财政的骨干企业，每个省区市有 2~8 家，其中广东最多，含深圳共 12 家地方国企入围。"双百企业"覆盖面广，涉及行业领域众多，集中在能源、制造、科研和技术服务等行业。混合所有制改革仍是"双百行动"的一项重要任务，近半试点企业（45.3%）为国有独资公司，另有股权多元化企业占比 13.86%，混合所有制企业占比 40.84%。[①]

2019 年 6 月，国务院正式下发"双百企业"名单，入选"双百企业"的中央企业和地方国有企业数量由 404 家增加到了 446 家。"双百企业"遴选标准有三条。一是有较强代表性，主营业务突出，资产具有一定规模，在行业发展中具有较强影响力。二是有较大发展潜力，旨在通过改革提高效率、提升核心竞争力。三是有较强改革意愿，有信心在改革重点领域和关键环节率先取得突破。截至 2019 年底，"双百行动"中股权多元化和混合所有制改革积极稳妥推进。共有 91 家"双百企业"（占比 23.1%）在企业本级层面开展了股权多元化改革，113 家"双百企业"（占比 28.68%）在企业本级层面开展了混改，228 家"双百企业"（占比 57.87%）在所属各级子企业层面开展了混改，共涉及 3466 家子企业。"双百企业"在本级和各级子企业通过混改共引入非国有资本 5384 亿元。企业法人治理结构更加完善，302 家"双百企业"（占比 76.65%）设立了董事会，221 家国有独资企业中有 94 家实现了董事会中外部董事过半数。167 家"双百企业"（占比 42.39%）在企业本级层面推行了经理层成员任期制和契约化管理。81 家"双百企业"（占比 20.56%）在企业本级层面开展了职业经理人选聘；137 家"双百企业"（占比 34.77%）在所属各级子企业层面开展了职业经理人选聘。[②]

[①] 数据来源于国务院国资委主任肖亚庆在 8 月 17 日国资委召开国企改革"双百行动"动员部署视频会议上的讲话，新京报财讯（61 家上市公司入选国企改革"双百企业"将推进股权多元化和混改）。

[②] 数据来源于新闻发布（2019 年 8 月 5 日）：《"双百行动"在央企和各地国资国企系统已产生明显"辐射"效应》，国务院国有资产监督管理委员会（sasac.gov.cn）。

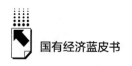
（四）国企区域综改试验

2019 年 7 月，国务院国企改革领导小组研究决定，将上海、深圳作为首批"区域性国资国企综合改革试验区"，同时，选择沈阳开展国资国企重点领域和关键环节改革专项工作。

《上海市开展区域性国资国企综合改革试验的实施方案》明确提出，混合所有制改革的重点是推动竞争类企业基本实现整体上市或核心业务资产上市、其他类型企业竞争性业务上市发展。淡化资本的区域、层级和所有制属性，实施横向联合、纵向整合以及专业化重组。深入推进员工持股，扩大试点范围，适度调整有关交易限制和持股比例。到 2020 年底，上海市混合所有制企业户数约占企业总户数的 75%、占企业资产总额的 87%、营业收入的 90% ，① 上海市政府还将支持和引导国有股东持股比例较高的国有控股上市公司，引入战略投资者作为重要股东参与公司的积极治理，实施"二次混改"，进一步深化国有企业混合所有制改革。

《深圳市区域性国资国企综合改革试验实施方案》也提出要分类确定企业混合所有制改革路径，通过引进外部战略投资者、管理层和核心骨干持股、上市及重组并购、股权退出等多种方式，持续深化混合所有制改革，优化国有企业股权结构，促进企业转换经营机制。目前，深圳市重点推进商业类企业混改，创新开展管理层和核心骨干持股，已推动 6 家企业完成混合所有制改革，市属企业混合所有制比例达到 83.5%、资产证券化率达到 57.1% 。②

《沈阳市加快推进全市国资国企重点领域和关键环节改革专项工作方案》提出，将制定实施混改工作三年行动方案，分类分层推出混改企业名单并公开征集战略投资者，原则上竞争类企业全面放开股比限制。在全面推

---

① 《上海推动上市国企"二次混改"》，《经济参考报》2021 年 1 月 20 日，国务院国有资产监督管理委员会（sasac. gov. cn）。

② 数据来源于《深圳国资国企"晒家底"40 年实现总资产增长 2.46 万倍》，《深圳特区报》2020 年 8 月 27 日，深圳市人民政府国有资产监督管理委员会（gzw. sz. gov. cn）。

进子企业混改的基础上，重点推进沈鼓集团、燃气集团、副食集团、中沈国际、盛京能源等企业母公司层面混改或股权多元化。沈阳市国资委通过市场化手段，不断推进国有资本与集体资本、非公有资本交叉持股、相互融合，加快形成各类产权主体有效制衡的法人治理结构，提高国有资本配置和运行效率。2021年7月，沈阳市政府对外推介了13个国有企业混改项目，主要涉及高端装备制造、新能源、农产品全产业链等多个行业。其中，市属企业集团层面2个混改项目、二级以下子企业7个混改项目、区属企业4个混改项目。①

2020年12月，国务院国企改革领导小组决定，将杭州、武汉、西安、青岛四地列为第二批"区域性国资国企综合改革试验区"，同时将沈阳改革专项工作提升为涵盖沈阳市域范围和太平湾合作创新区的国企综合改革试验。

区域性国资国企综合改革试验区的启动，是在"四项改革试点"和"十项改革试点"以及国企改革"双百行动"的基础上，重点从案例示范和区域带动的角度，不断增强国资国企改革的系统性、整体性、协同性，以点带面进一步深化国企改革。

（五）国企改革三年行动方案（2020～2022年）

2020年6月30日，中央全面深化改革委员会第十四次会议审议通过了《国企改革三年行动方案（2020～2022年）》。方案明确，从2020年到2022年这三年将是国企改革的关键阶段，要坚持和加强党对国有企业的全面领导，坚持和完善基本经济制度，坚持社会主义市场经济改革方向，抓重点、补短板、强弱项，推进国有经济布局优化和结构调整，增强国有经济竞争力、创新力、控制力、影响力、抗风险能力。其中，特别提出要按照"宜独则独、宜控则控、宜参则参"的要求，积极稳妥深化混合所有制改革。

---

① 数据来源于《沈阳市推介13个国企混改项目涉高端装备制造、新能源等多个行业》，中国新闻网，2021年7月26日，国务院国有资产监督管理委员会（sasac.gov.cn）。

第一，分层分类推动改革。混改更多要聚焦国有资本投资公司、运营公司所出资企业和商业一类子企业。第二，合理设计和优化股权结构。鼓励国有控股的上市公司引进持股占5%甚至5%以上的战略投资者，作为积极股东参与治理，至于非上市公司，相应的股比还可以提高。第三，深度转换经营机制。支持和鼓励国有企业集团对相对控股的混合所有制企业实施更加市场化的差异化管控。第四，要以混合所有制改革为抓手，在产业链、供应链上，与民营企业、中小企业不断深化合作，形成相互融合、共同发展的局面。第五，要始终坚持党的领导和党的建设。做到混改进行到哪里，党的建设就要覆盖到哪里。

目前，多个省区市都已根据《国企改革三年行动方案（2020－2022年)》要求，陆续制定出台了本省区市国企改革三年行动方案（见表5），并把深化和推动国有企业混合所有制改革作为行动方案的重点工作内容。

表5　多个省区市出台国企改革三年行动方案

序号	文件名称	出台时间
1	《北京市国企改革三年行动实施方案(2020—2022年)》	2021年4月
2	《湖南省国企改革三年行动实施方案(2020—2022年)》	2021年3月
3	《江苏省国企改革三年行动实施方案(2020—2022年)》	2021年3月
4	《浙江省国企改革三年行动实施方案(2020—2022年)》	2020年11月
5	《广西国企改革三年行动实施方案(2020—2022年)》	2020年11月
6	《吉林省省属国有企业改革发展三年行动方案》	2021年6月
7	《黑龙江省国企改革三年行动实施方案(2020—2022年)》	2021年2月
8	《山西省国企改革三年行动实施方案(2020—2022年)》	2021年1月
9	《我省深化国资国企改革三年行动方案》(陕西)	2021年3月
10	《安徽省国企改革三年行动实施方案(2020—2022年)》	2020年12月
11	《省国资国企改革创新三年行动实施方案(2020—2022)》(江西)	2020年9月
12	《甘肃省国资国企改革三年行动实施方案(2020—2022)》	2020年10月
13	《海南省国企改革三年行动方案(2020—2022)》	2021年6月
14	《自治区国企改革三年行动实施方案(2020—2022)》(宁夏)	2021年6月
15	《云南省深化国有企业改革三年行动方案(2018—2020年)》	2021年3月
16	《重庆市市属国有企业发展数字经济三年行动计划(2020—2022年)》	2020年11月
17	《上海市贯彻〈国企改革三年行动方案(2020—2022年)〉的实施方案》	2021年1月

序号	文件名称	出台时间
18	《山东省国企改革三年行动实施方案》	2021 年 1 月
19	《辽宁省国企改革三年行动实施方案（2020—2022 年）》	2021 年 1 月
20	《河南省国企改革三年行动实施方案（2020—2022 年）》	2021 年 1 月
21	《内蒙古自治区国企改革三年行动实施方案》	2021 年 1 月
22	《湖北省国企改革三年行动实施方案（2020—2022 年）》	2021 年
23	《河北省国企改革三年行动实施方案（2020—2022）》	2021 年
24	《四川省国企改革三年行动实施方案（2020—2022 年）》	2021 年

北京市政府出台了《北京市国企改革三年行动实施方案（2020—2022年）》，提出要通过混改转换企业经营机制，分层分类开展混改，把上市作为主要形式，支持混改企业全面建立灵活高效的市场化经营机制，在劳动、人事、分配三项制度改革上率先取得突破。

湖南省政府出台了《湖南省国企改革三年行动实施方案（2020—2022年）》，明确提出要重点抓好混合所有制改革、资产证券化和并购重组等工作，引进有技术和产品优势的战略投资者、引进好的体制机制、引进资金资本，放大国有资本功能，增强企业控制力、影响力。

江苏省政府出台了《江苏省国企改革三年行动实施方案（2020—2022年）》，提出坚持国企混改"三因三宜三不"原则，把准混改方向，优化混改企业股权结构，通过混改深度转换经营机制，也切实加强混改企业党的建设。

浙江省政府出台了《浙江省国企改革三年行动实施方案（2020—2022年）》，提出要坚持分类推进，"一企一策"实施混改计划，积极推进国有企业改制上市，支持企业围绕做强主业稳健开展并购重组、资产整合，强化监督监管，防止国有资产流失。

广西壮族自治区政府出台了《广西国企改革三年行动实施方案（2020—2022 年）》，提出要突出抓好深化混合所有制改革，在转机制增活力上见实效。按照"完善治理、强化激励、突出主业、提高效率"的要求，坚持"三因三宜"原则，积极稳妥深化，选定一批条件成熟的企业项目加

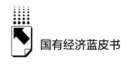

快推进，混合所有制企业户数占比达到全国平均水平。要坚持分层分类深化混改，推动混合所有制企业深度转化经营机制，抓好国有企业上市，进一步提高国有资产证券化水平，持续加强对混合所有制改革的监督，坚守防止流失底线。

四 国有资本混合所有制改革的重点内容和未来方向

推进国有资本混合所有制改革，不是为了"混"而是为了"优"。各种所有制资本取长补短、相互促进、共同发展，是推进混合所有制经济的目标所在。尤其要通过混合所有制经济，克服国有经济痼疾，推动国有资本放大功能、保值增值、提高竞争力，不断增强国有资本控制力、影响力，使国有资本的主体地位、主导作用不断巩固和加强。

（一）推动产权制度改革，明晰国有资本的产权关系

产权制度改革是混合所有制改革的核心所在，也是目前国有资本转换经营机制、同市场经济体制接轨的主要突破口之一。国有企业产权制度的改革目的是界定企业中资产的权属关系，实现产权的流动和重组，盘活国有资产存量，建立科学的企业领导体制、管理制度和运行机制。因此，未来国有资本混合所有制的方向仍然是以产权制度改革为重点，进一步放大国有资本功能，实现国有资本的优化配置。

（二）投资主体的多元化

投资主体多元化可以有效地解决产权主体虚置的问题。在推进混合所有制过程中，可以根据不同企业的功能定位，逐步调整国有股权比例，形成股权结构多元、股东行为规范、内部约束有效、运行高效灵活的经营机制。国有资本混合所有制改革，不只是要实现产权主体的"混"，更为关键的是要通过"混"去实现体制机制的"改"，即通过混改去转变经营、决策和激励机制。因此，投资主体的多元化不仅是混合所有制改革的先决条件，更是实

现混合所有制企业建立现代治理结构、提高国有资本运营效率的有效途径。通过引入合作前景广阔的社会资本，实现资源的互补和产业协同，将进一步提升混合所有制企业整体竞争力。

（三）准确的功能定位与分层分类推动改革

国有企业大致可分为功能类、公益类、竞争类三类企业。混合所有制改革的重点应该是放在竞争类企业，按照市场化的办法推进竞争行业的国有企业改革，在积极引入战略投资者实现股权多元化的基础上，进一步完善企业治理结构和管理模式，让改革后的混合所有制企业成为真正的市场主体。在分层分类改革中，混合所有制改革则应更多地聚焦国有资本投资公司、运营公司所出资企业和商业一类子企业，因此，在混改对象选择、方案设计、股权结构设置方面都应遵循这一原则。

（四）经营管理者身份的转变与薪酬制度改革

职业经理人制度作为现代公司制度的重要组成部分，既是现代公司制形成的重要因素，也是推动现代公司成长壮大甚至全球化发展的重要制度保障。国有资本混合所有制改革中一项重要任务就是要探索构建职业经理人身份的转换机制。建立职业经理人制度以及经理层任期制和契约化管理将有利于改变过去国有企业僵化的运行机制，加快形成市场化经营机制，全面建立市场化选人用人机制。薪酬制度是现代企业管理的核心内容之一，国有资本混合所有制改革也要适时根据企业具体情况推进薪酬制度改革，通过调动经营管理者与企业员工的工作积极性，不断提升企业整体竞争力。

（五）探索混合所有制企业的员工持股

建立健全混合所有制企业的激励约束长效机制，稳妥推进管理层、技术骨干持股，构建员工与企业共享成果、共担风险的市场运行机制。探索混合所有制企业的员工持股将有利于推动体制机制的改革创新，从而激发企业活

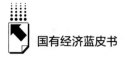

力、创新能力和内生动力，进一步提升企业运营效率。但是，在探索混合所有制企业员工持股过程中，一定要健全审核程序，规范操作流程，完善员工持股股权的流转和退出机制，要在有效实现员工激励的同时，避免和防止出现利益输送和国资流失。

参考文献

李保民、刘勇：《十一届三中全会以来历届三中全会与国企国资改革》，《经济研究参考》2014 年第 57 期。

毕业、刘怡：《把握深化企业改革机遇稳步发展混合所有制经济》，《中国经贸导刊》2014 年第 19 期。

何瑛、杨琳：《改革开放以来国有企业混合所有制改革：历程、成效与展望》，《管理世界》2021 年第 7 期。

盛毅：《新一轮国有企业混合所有制改革的内涵与特定任务》，《改革》2020 年第 2 期。

龙斧、薛菲：《对"交叉持股、资本融合"作为中国混合所有制经济实现形式的理论、实践与方法论检验——基于经济学与政治经济学的辨析》，《改革》2017 年第 5 期。

B.8
国有资产管理体制改革的进展

李石强*

摘　要：　国有资产管理体制是关于国有资产管理机构的设置、权责划分及管理方式方法等方面的制度体系。正确划分各级政府和各级、各类国有资产管理机构的职责权限，是国有资产管理体制改革的核心内容。在早期的理论和实践中，生产资料的所有者应该同时承担这些生产资料的经营使用职责，国家管理国有经济就是国家所有并且国家经营，"国营企业"的称谓也来源于此。1978年改革开放以后，国有资产管理体制改革的主要方向就是政企分开和两权分离，建立现代企业制度，实现国有企业的转型、脱困和发展。2003年国资委成立后，逐步形成了管资产和管人、管事相结合的国有资产管理体制。2013年，新一届政府成立。伴随着经济步入"新常态"，中央提出了全面深化改革的战略。2015年8月24日，党中央、国务院印发《关于深化国有企业改革的指导意见》，提出以管资本为主来完善国有资产管理体制。如果说"建立现代企业制度"是我国对经营性国有资产管理体制改革第一阶段的标志性认识，那么从"管企业"到"管资产"再到"管资本"的转变就是当前对国有企业改革认识的最新水平。这意味着，我国开始从资本运作的角度来看待国有资产管理，对国有资产的管理不再拘泥于实物形式，而是聚焦以股权形

---

* 李石强，博士，中国社会科学院大学经济学院副教授，研究领域为企业理论与政府治理。

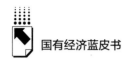
式出现的关于国有资产的所有者权益，从管理相对固定的
"资产"变为管理相对流动的"资本"。这样，国有企业生产
经营的行业限制、控制权归属、具体生产经营行为、劳动人
事的身份特征等都不再具有决定性意义，关键在于国有资本
的保值增值和功能放大。自此，国有资产管理体制的改革开
始以"管资本"为主线，朝着相关方向逐步推进。

关键词：　国有资产　管理体制　国有经济

一　引言

国有资产（State-owned Asset）是法律上确定由国家所有的并能在未来
提供持续收益流的各种资源，包括经营性国有资产、行政事业单位国有资产
和资源性国有资产三个大类。国有资产管理体制（State-owned Asset
Management System）是关于国有资产管理机构的设置、权责划分以及管理
方式方法等方面的制度体系。正确划分各级政府和各级、各类国有资产管理
机构的职责权限，是国有资产管理体制的核心内容。

从宏观的角度，我国当前经营性国有资产的管理体制大致为：中央政府
（国务院）是国有资产所有者的总代表，地方各级人民政府对管辖范围内的
国有资产行使所有者权能；各级国有资产监督管理委员会是经国务院及各级
政府授权履行出资人职责的特设机构，即国有资产出资人代表；各级政府授
权、委托的国有资产经营公司、投资公司、跨行业和地区的大型企业集团或
公司，以国有资产所有者代表的身份经营国有资产。国有企业分为中央、
省、地市、县四级。其中，中央（管理）企业又分为三个类别：一是由国
务院国资委履行出资人职责的大型企业集团；二是由财政部履行出资人职责
或国有资产监管职能的行政（商业）类中央企业和一些中央文化企业；三
是财政部（或委托汇金公司）代表国务院履行出资人职责的金融类中央企

业。从微观的角度，国有资产的管理体制主要是以现代企业制度为核心构建的一整套国有企业管理和监督体系。

经营性国有资产是国有资产管理体制的主要对象。另外，行政事业单位国有资产的管理体制为国家统一所有，财政部门综合监管，行政事业单位占有和使用。资源性国有资产则由自然资源管理部门负责管理。例如，土地、矿产、海洋资源归自然资源部管理，水资源归水利部管理，林业、草原归国家林业草原局管理。

我国国有资产管理体制经历了从以"管企业"为主到以"管资本"为主的思路转变。当前，我国国有资产管理体制改革的最新进展是改革国有资本授权经营体制。

二 国有资产管理体制："管企业" 阶段（1978~2013年）

早期观点认为，生产资料的所有者应该同时承担这些生产资料的经营使用职责，国家管理国有经济就是国家所有并且国家经营，政府直接指挥企业的人、财、物和事（供、产、销等），"国营企业"的称谓也来源于此。这种政企不分、两权不分的观念是我国改革开放前国有资产管理体制的理论基础。

1978年改革开放以后，国有资产管理体制改革的主要方向就是政企分开和两权分离。政府作为国有资产所有者的代表，充分赋予国有企业独立的法人财产权和更多的经营自主权，解决国有资产管理产权不明、职责不清、条块分割等问题，激发企业生产经营的积极性、主动性和创造性。2003年国资委成立后，国有资产多头管理的问题也基本得到解决，逐步形成了管资产和管人、管事相结合的国有资产管理体制。

（一）转型和脱困阶段（1978~2003年）

对于国营企业，国家制定的指令性计划决定了企业的各项经济活动。例如，固定投资的决策权高度集中；实行"统收统支"和"大锅饭"制度，

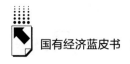

企业只能按照国家规定提取一定比例的计划利润和超计划利润作为奖励基金；对产品和原材料实行"统购包销"；对企业用工也进行统一分配，企业的工资管理权在中央政府的劳动部门手中。同时，国营企业也存在严重的"多头管理"问题。一个典型例子是对中国重汽的"九龙治水"：一把手归中组部管理，二把手归原人事部管理，三把手到七把手归原机械工业部管理，基本建设归原国家计委管理，技术改造归原国家经贸委管理，资产归财政部管理，收入分配归原劳动部管理。①

　　国有企业改革是从"放权让利"开始的，实行各种形式的承包责任制。1979 年 7 月，国务院发布《关于扩大国营工业企业经营管理自主权的若干规定》等五个文件，扩大国有工业企业的经营管理自主权，实行利润留成、流动资金全额信贷、开征固定资产税、提高固定资产折旧率，并在全国挑选了八家企业进行试点。1983 年，实行"利改税"，将国有企业上缴利润改为缴纳流转税和所得税。同时，国营企业各项投资的资金来源由国家拨款改为企业向银行贷款（"拨改贷"）。1984 年 10 月，党的十二届三中全会通过了《中共中央关于经济体制改革的决定》，提出要解决好国家和国有企业之间的正确关系，"今后政府原则上不再直接管理企业"。同年，国有企业开始推行厂长（经理）负责制。1987 年初，国有企业开始进行股份制与大企业集团的试点。1988 年 1 月，国务院成立国家国有资产管理局，开始尝试统一行使国有资产所有权的管理职能。

　　1993 年 3 月 29 日，第八届全国人大一次会议通过了我国第二个宪法修正案，将"国营企业"修改为"国有企业"。国有企业由国家所有，但国家并不直接经营。这一改变是国有经济的所有权和经营权开始分离的反映，是对我国前面国企改革成果的宪法确认，也为下一步国有企业改革提供了法律依据。同年 11 月，党的十四届三中全会通过了《中共中央关于建立社会主义市场经济体制若干问题的决定》，提出我国国有企业改革的方向是建立产

---

　　① 刘青山：《回首改革路，整装再出发》，《国资报告》2018 年第 12 期。

权清晰、权责明确、政企分开、管理科学的现代企业制度①。

1997 年 9 月，党的十五大报告提出"要着眼于搞好整个国有经济，抓好大的，放活小的。对国有企业实施战略性改组"，"实行鼓励兼并、规范破产、下岗分流、减员增效和再就业工程，形成企业优胜劣汰的竞争机制"。1998 年，国务院进行机构改革时，将冶金、机械等 9 个专业部委改组为国家局②，不再具体管理国有企业。1999 年，党的十五届四中全会通过《中共中央关于国有企业改革和发展若干重大问题的决定》，进一步提出要国退民进、抓大放小、政企分开、对企业及企业领导人不再确定行政级别，打破国企的"铁饭碗、铁工资、铁交椅"。

总结而言，这一阶段的国有资产管理体制改革，主要是在改革开放和市场化转型的大潮中，引导国营企业的生产经营从计划导向转变为市场导向，在国民经济各行各业中有进有退，在与蓬勃发展的民营经济的竞争中找准定位，实现自身的脱困和生存，谋求一定的发展和壮大。在 1998～2000 年的国企三年改革攻坚中，数千万国企职工下岗、分流、买断，大批国企破产、改制、重组。至此，国有企业终于从改革前的普遍亏损开始逐步脱困乃至盈利，大量国企经过股份制改制后上市（其中不少中央企业甚至逐渐发展为全球大型企业），基本告别了由行业主管部门具体管理的时代。

（二）国资委管理阶段（2004～2013 年）

2002 年 11 月，党的十六大通过《全面建设小康社会，开创中国特色社会主义事业新局面》，把改革国有资产管理体制确定为深化经济体制改革的一项重大任务，并且描述了社会主义市场经济下国有资产管理体制的基本框架："国家要制定法律法规，建立中央政府和地方政府分别代表国家履行出资人职责，享有所有者权益，权利、义务和责任相统一，管资产和管人、管事相结合的国有资产管理体制"。"关系国民经济命脉和国家安全的大型国

---

① 该文件还提出了国有资本预算的设想，但直到 2008 年才得以实现。

② 该局后来被撤销。

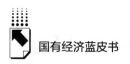

有企业、基础设施和重要自然资源等，由中央政府代表国家履行出资人职责。其他国有资产由地方政府代表国家履行出资人职责。中央政府和省、市（地）两级地方政府设立国有资产管理机构"。在这个报告中，没有再提"国有企业改革"，而代之以"国有资产改革"，这意味着对国有资产管理的思路从"管企业"到"管资本"的转变。

2003 年 10 月，党的十六届三中全会通过《中共中央关于完善社会主义市场经济体制若干问题的决定》，提出"积极推行公有制的多种有效实现形式，大力发展国有资本、集体资本和非公有资本等参股的混合所有制经济，实现投资主体多元化，使股份制成为公有制的主要实现形式"。同时，要"完善国有资本有进有退、合理流动的机制，进一步推动国有资本更多地投向关系国家安全和国民经济命脉的重要行业和关键领域，增强国有经济的控制力。其他行业和领域的国有企业，通过资产重组和结构调整，在市场公平竞争中优胜劣汰"。

2003 年，国务院组建成立了国有资产监督管理委员会（以下简称"国资委"）。这一国务院直属特设机构承接了国家经贸委、中央企业工委、劳动和社会保障部、财政部等关于国有资产管理的出资人和监督管理职能，将政府的社会管理职能与国有资产出资人代表的角色分离开来。国资委的出现让国有资产管理"九龙治水"局面得到了有效改善，标志着我国国有资产管理体制改革进入了一个新的阶段。

国资委成立后，出台了《企业国有资产监督管理暂行条例》《中央企业负责人经营业绩考核暂行办法》[①]《关于规范国有企业改制工作的意见》等文件，致力于解决国有经济布局过宽过散的问题，明确国有企业分类改革、发展、监管和考核的基本原则，完成中央企业功能界定分类，推动国有企业集团层面公司制改革，引入各类投资者，实现股权多元化，大力推进改制上市，规范董事会工作，在一些中央企业中开展落实董事会选聘高级管理人员、业绩考核和薪酬管理等的试点工作。

---

① 该办法后经 2006 年、2009 年和 2012 年三次修订。

2008 年，国务院发布《关于试行国有资本预算的意见》，国有企业"独享利润"的历史面临终结，"国有"的定位得到强调落实。从此以后，"国有资本经营预算收入由财政部门、国有资产监管机构收取、组织上缴。企业按规定应上缴的国有资本收益，应及时、足额直接上缴财政。国有资本经营预算资金支出，由企业在经批准的预算范围内提出申请，报经财政部门审核后，按照财政国库管理制度的有关规定，直接拨付使用单位"。在该制度下，国家以所有者身份依法取得国有资本收益，对所得收益进行分配，发生的各项收支预算进入各级政府财政预算。

2009 年实施的《企业国有资产法》，对"国有企业"采用了"国家出资企业"的提法。这个称谓确认了经营性国有资产的管理将以所有者权益的方式来核定其内容和方式，而不是过去管理实物的老办法。这也意味着，国有企业在资本市场中将和民营企业一样以财务指标进行评价。企业无论大小、无论性质，在资本市场上都将在同一个标准下进行估值。

三　国有资产管理体制："管资本"为主
阶段（2013年至今）

（一）概述

国有资本授权经营体制的设想始于 1992 年，国家国有资产管理局、国家计委、国家体改委和国务院经贸办于该年联合下发《关于国家试点企业集团国有资产授权经营的实施办法（试行）》（国资企发〔1992〕50 号），提出"国有资产授权经营是指由国有资产管理部门将企业集团中紧密层企业的国有资产统一授权给核心企业（集团公司）经营和管理，建立核心企业与紧密层企业之间的产权纽带，增强集团凝聚力，使紧密层企业成为核心企业的全资子公司或控股子公司，发挥整体优势"。

然而，在这个指导思想下建立起来的国资授权经营框架并未很好地解决政企不分的问题，原因在于其授权内容和范围大小都是由国资委/局确定的，并且国资部门还能够以收回授权作为威慑，对国有企业施加较大的影响。在当时以"管企业"为主的国有资产管理思路下，上下矛盾会比较大。例如，早在1987年，深圳就组建了深圳市投资管理公司，并逐步形成了三层国有资产管理架构：第一层是深圳市国资委，对国有资产实现行政管理；第二层是资产管理公司，行使国有资本出资人职能；第三层是国有企业，从事生产经营。但是，该模式的运行并不顺畅，产生了许多矛盾，众多国有企业的意见也非常大。2004年9月，深圳撤销资产管理公司这一中间管理层级，回到了原来的国资委和下属国有企业两层管理结构。

2013年，新一届政府成立。伴随着经济步入"新常态"，中央提出了全面深化改革的战略。2013年，党的十八届三中全会通过的《关于全面深化改革若干重大问题的决定》提出了60项共计36条改革内容。决定提出，国家保护各种所有制经济产权和合法利益，保证各种所有制经济依法平等使用生产要素、公开公平公正参与市场竞争、同等受到法律保护；积极发展混合所有制经济；允许混合所有制经济实行企业员工持股；以"管资本"为主加强国有资产监管，组建若干国有资本运营公司；划转部分国有资本充实社会保障基金；准确界定不同国有企业功能；国有企业要合理增加市场化选聘比例。

2015年7月，习近平在吉林长春考察调研时，对国企改革做出了"三个有利于"的论断："推进国有企业改革，要有利于国有资本保值增值，有利于提高国有经济竞争力，有利于放大国有资本功能"。2015年8月24日，党中央、国务院印发《关于深化国有企业改革的指导意见》，从总体要求到分类改革、完善现代企业制度和国资管理体制、发展混合所有制经济、强化监督防止国有资产流失等方面，提出了国企改革的目标和举措。该文件提出，"要以管资本为主来完善国有资产管理体制"。

2014年，国资委选取中粮集团有限公司和国家开发投资集团有限公司作为国有资本投资公司试点，① 选取中国国新控股有限责任公司和中国诚通

---

① 同年又新增神华集团有限责任公司、中国宝武钢铁集团有限公司、中国五矿集团有限公司、招商局集团有限公司、中国交通建设集团有限公司和中国保利集团有限公司作为第二批国有资本投资公司试点。

控股集团有限公司作为国有资本运营公司试点。在 2015 年《国务院关于改革和完善国有资产管理体制的若干意见》的指导下，2017 年，《国务院国资委以管资本为主推进职能转变方案》明确了国务院国资委专司国有资产监管，不行使社会公共管理职能，不干预企业依法行使自主经营权的职能定位。该方案实施后，国务院国资委的企业监管职能将由企业集团、省级国资委、试点企业董事会以及相关部门、单位等主体承担，社会公共管理职能将由相关部门、单位承担。2018 年 7 月，国务院发布《关于推进国有资本投资、运营公司改革试点的实施意见》，提出通过改组组建国有资本投资、运营公司，构建国有资本投资和运营主体，改革国有资本授权经营体制。明确国有资本运营公司以"基金投资等方式，盘活国有资产存量，引导和带动社会资本共同发展，实现国有资本合理流动和保值增值"。2019 年，国务院印发《改革国有资本授权经营体制方案》。截至目前，国资委已经分三批在 21 家中央层面的企业开展了两类公司试点。

如果说"建立现代企业制度"是我国对经营性国有资产管理体制改革第一阶段的标志性认识，那么从"管企业"到"管资产"再到"管资本"的转变就是当前对国有企业改革认识的最新水平。这意味着，我国开始从资本运作的角度来看待国有资产管理，对国有资产的管理不再拘泥于实物形式，而是聚焦以股权形式出现的关于国有资产的所有者权益，从管理相对固定的"资产"变为管理相对流动的"资本"。这样，国有企业生产经营的行业限制、控制权归属、具体生产经营行为、劳动人事的身份特征等都不再具有决定性意义，关键在于国有资本的保值增值和功能放大。自此，国有资产管理体制改革开始以"管资本"为主线，朝着相关方向逐步推进。

（二）两类公司

就像无法具体进行生产经营管理一样，国资委对国有资本的管理也无法深入细化到资本管理和运营的各项具体事务，"管资本"是通过国有资本投资、运营公司这样的专业平台来实现的。

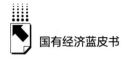

国有资本投资公司肩负产业使命，以服务国家战略、提升产业竞争力为主要目标，对所持股企业行使股东职责，维护股东合法权益，以出资额为限承担有限责任，在关系国家安全、国民经济命脉的重要行业和关键领域，投资布局具有战略性、前瞻性、标志性的重大项目，推动产业集聚和转型升级。国有资本运营公司没有产业使命，而是通过资本整合、处置变现、资产证券化等市场化资本运营，实现国有资本保值增值，推动国有资本向重要行业、关键领域、重点基础设施集中，向前瞻性、战略性产业集中，向产业链关键环节和价值链高端集中，向具有核心竞争力的优势企业集中，引领和撬动更多的社会资本参与。这两类公司都是以资本为纽带、以产权为基础，在国家授权范围内履行国有资本出资人职责，从事国有资本市场化运作的专业平台。两类公司都是国有独资公司，依法自主开展国有资本运作，不从事具体生产经营活动。

表1　两类公司的概括比较

	国有资本投资公司	国有资本运营公司
定位	投资实业获得股权 通过资产经营和管理实现目标 履行出资人监管职责	不投资实业 通过资本运营实现目标 既可以在资本市场融资，又可通过股权交易实现资金周转循环
目标	国有资本保值增值 发挥投资引导和结构调整作用 推动产业集聚和转型升级 优化国有资本布局，提升其控制力和影响力	国有资本保值增值 盘活国有资产存量 实现国有资本合理流动，并向关键领域和产业集中 引导和带动社会资本参与
组建	新设或改组设立 投资融资和项目建设	新设或改组设立 划拨现有国有企业股权
产业	可在主业范围之外选择1~2个新领域进行产业培育	没有主业限制
管控	战略管控 财务管控	财务管控

在"管资本"的思路下，两类公司可以"以市场公允价格处置企业资产，实现国有资本形态转换，变现的国有资本用于更需要的领域和行业"。这意味着国有资产可以转让或出售，置换出来的资金可以投入新的领域，让政府偿还债务或者填补社会保障体系欠账，实现国有资本的有序进退。通过这种方式，可以鼓励国有资本通过各种资本运作方式与非国有资本进行股权融合、战略合作等资源整合，以多种方式来放大国有资本功能。

国有资本投资、运营公司以"管资本"的方式，把过去的由政府行政部门对企业及国有资产经营活动的直接管理，变为国有资产管理机构通过专业平台对国有资产实行间接管理。同时，两类公司也在国资委和国有企业之间形成了一个中间层级，使得国有资产管理体系在原来的三级管理中增加了一个层级，即从（以中央企业为例）"国务院—国资委—国企"变为"国务院—国资委—国有资本投资（运营）公司—国企"。

（三）授权

2017年发布的《国务院国资委以管资本为主推进职能转变方案》要求，按照程序简化、管理精细、时限明确的原则，深入推进分事行权、分岗设权、分级授权和定期轮岗，科学设置内设机构和岗位职责权限，确保权力运行协调顺畅。

具体地，该方案列出了43项"放权清单"，其中取消事项26项，下放事项9项，授权事项8项。方案要求取消一批监管事项。严格按照出资关系界定监管范围，减少对企业内部改制重组的直接管理，减少薪酬管理事项，减少财务管理事项，重点管控企业整体财务状况，取消中央企业职工监事选举结果、工会组织成立和工会主席选举等事项审批，由企业依法自主决策。方案要求下放一批监管事项。将延伸到中央企业子企业和地方国有企业的管理事项，原则上归位于企业集团和地方国资委；将中央企业所持有部分非上市股份有限公司的国有股权的一些事项的审批权限下放给企业集团；将地方

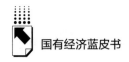

国有上市公司的国有股权管理事项的审批权限下放给省级国资委。方案要求授权一批监管事项。将出资人的部分权利授权试点企业董事会行使，进一步落实试点企业董事会对经理层成员选聘、业绩考核、薪酬管理以及企业职工工资总额管控、重大财务事项管理的职权。试点企业董事会要进一步健全和规范决策制度，明确授权事项在企业内部的决策、执行、监督机制，落实相应责任，严格责任追究。最后，方案还要求移交一批社会公共管理事项。落实政资分开原则，立足国有资产出资人代表职责定位，全面梳理配合承担的社会公共管理职能，结合工作实际，提出分类处理建议，交由相关部门和单位行使。

2019 年，国务院印发《改革国有资本授权经营体制方案》，要求在改革国有资本授权经营体制过程中，要确定权责边界，明确"谁来授、授给谁"；分类开展授权放权，确保"授得准"；加强企业行权能力建设，确保"接得住"；完善监督监管体系，确保"管得好"；坚持和加强党的全面领导，确保"党建强"，确保国有企业能够真正贯彻落实党和国家的方针政策、重大决策部署。

国有资本投资/运营公司从国资委获得授权。政府先授权给国资委依法对国有资本投资/运营公司履行出资人职责，国资委再授权国有资本投资/运营公司履行出资人职责。国有资本投资/运营公司对授权范围内的国有资本履行出资人职责，国资委负责对其进行考核和评价，并定期向本级人民政府报告所监管的国有资本投资/运营公司在贯彻国家战略目标、国有资产保值增值等方面的情况。国有资本投资/运营公司根据授权自主开展国有资本运作，贯彻落实国家战略和政策目标，定期向政府报告年度工作情况，重大事项及时报告。政府直接对国有资本投资/运营公司进行考核和评价等。①

---

① 开始还有针对国务院直辖国企而言的直接授权，相当于在国务院（而非国资委）及其直辖国企之间增加一个层级。现已取消。

四 关于国有资本授权经营体制改革的政策建议

国有资本授权经营体制改革是本轮国有资产管理体制改革的关键环节。国有资本投资/运营公司相当于政府和市场之间的隔离带，一方面可以限制国资委对国有企业具体生产经营环节的过多干涉。国资委的监管权力应该止于国有资本投资、运营公司以及中央企业集团公司，原则上不再向下延伸。另一方面，投资公司和资本运营公司获得授权后，可以用管资本的逻辑投资和运营企业，推进混合所有制改革。① 国资委转变职能后，从"管人管事管资产"转变为清单管理，将更多地负责国有资本的监管、保值和增值，而不再是国有企业的代言人。

要实现这种转变的真正成功，除了在设立两类公司时定位精准以外，还必须在制度上保证一旦将国有资本的经营权授予国有资本投资、运营公司，后者就将真正取代国资委直接面对绝大部分国有企业。同时，国资委能够真正把握出资人职责定位，明确监管边界。做到该管的绝不缺位，不该管的要大力推进简政放权，绝不越位。

（一）授权动态调整

根据 2019 年国务院发布的《改革国有资本授权经营体制方案》，国资委将战略规划和主业管理、选人用人和股权激励、工资总额和重大财务事项管理等事项授权给了国有资本投资、运营公司，并且要求"制定出台出资人代表机构监管权力责任清单，清单以外事项由企业依法自主决策，清单以内事项要大幅减少审批或事前备案"。

在对监管事项进行精简时，如何取舍需要"取消"、"下放"、"授权"和"移交"的事项？如何合理界定政府及国有资产监管机构，国有资本投

---

① 由于可以借助资本市场对所有者权益进行较为准确的定价，通过对股权价值保值增值的考核，国有企业混合所有制改革不会出现国有资产流失的情况。

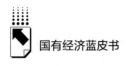

资/运营公司和所持股企业的权力边界，健全权责利相统一的授权链条？进一步，如何保证国有投资公司在得到国资委授权后，继续顺利授权，避免架空国资委？

关于授权的理论研究告诉我们，当委托人和代理人之间信息不对称（代理人信息优势）时，受限于时间、精力和专业知识，尤其是缺乏具体事项的相关信息，委托人不可能自行决定所有相关事项，而势必将绝大部分进行分门别类，交由不同的部门分别予以完成。这时，委托人虽然知道代理人与自己可能存在决策偏差，为了利用代理人关于不确定环境的私人信息，只能在决策规则的制订上做出某种妥协，乃至允许在环境变量的某些取值区间上的决策完全符合代理人的偏好。这样，代理人就在这些区间范围内拥有了事实上的自由决策或裁量权。委托人的向下授权是否能够成功实现目标，取决于代理人的政策偏好、外部环境的不确定性，以及对代理人的监督激励等多种因素。

因此，在当前国有企业数量稳中有降的情况下，国有资本授权经营体制改革要尽量做到"一企一策"，不搞"一刀切"，该放权的放权，该收权的也要坚决收权，对有些企业放权，有些企业则可能收权，实现授权经营的动态调整。

（二）加强综合监督

从"管资产"到"管资本"的转变中，国有资产监督方式也应该进行相应的调整，实现"放管结合""放活管好"。要成功地简政放权，真正实现授权经营，必须正确处理好授权经营和加强监督之间的关系，明确监管职责，构建并强化政府监督、纪检监察监督、出资人监督和社会监督的监督体系，防止国有资产流失。

《关于推进国有资本投资、运营公司改革试点的实施意见》提出事前制度规范、事中跟踪监控、事后监督问责的要求，积极适应监管职能转变和增强企业活力、强化监督管理的需要，创新监管方式和手段，更多采用市场化、法治化、信息化监管方式，提高监管的针对性、实效性。推进监管信息化建设，整合信息资源，统一工作平台，畅通共享渠道，健全中央企业产权、投资、财务等监管信息系统，实现动态监测，提升整体监管效能。2016年10月，国务院国资委结合机构调整和职能转变，新设立了监督一局、监督二局、监督三局，主要负责外派监事会反映问题的核查、分类处置、整改督办工作，组织开展国有资产重大调查，提出相关责任追究的意见建议，与监事会形成"一前一后"互相配合的关系，形成监督工作的完整闭环。

国务院/国资委在制度设计时，必须考虑为了防范调查/监督部门被内部部门影响而需要支付的成本。当这一防范成本足够低时，在经济上就可以让外部平行部门去进行信息收集。同时，专门调查/监督部门探知信息的技术水平越高，国务院/国资委就越会倾向于依赖外部平行部门收集信息。实践中，在国务院出台的文件中，一个非常重要的方面就是要求依法推进国有资产监管信息公开，主动接受社会监督。2015年10月，国务院办公厅发布《关于加强和改进企业国有资产监督防止国有资产流失的意见》，提出了以下措施：一是加强和改进外派监事会制度，建立健全国有企业违法违规经营责任追究体系，建立健全国有企业重大决策失职、渎职责任追究和倒查机制。二是针对企业不同功能定位，在战略规划制定、资本运作模式、人员选用机制、经营业绩考核等方面，实施更加精准有效的分类监管。三是建立出资人监管信息化工作平台，推进监管工作协同，实现信息共享和动态监管，完善国有资产和国有企业信息公开制度，设立统一的网络信息公开平台，建设阳光国企。

加强党的领导是防范国有资产流失、防止企业内部人控制的重要措施。一方面，这可以加强党对国有企业发展经营方向的战略把控。另一方面，加强对国有企业内部制度的党纪监督和约束，能够严格落实"两个责任"，把纪律和规矩放在前面，深入贯彻落实中央八项规定精神，坚决反对"四风"，保持惩治腐败的高压态势，为国有企业改革发展营造风清气正的环境。

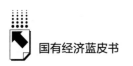

五 结语

党的十八大以来，我国在国有资产监督管理体系的构建方面已经有了清晰的顶层设计思路，形成了一个较为完整的政策体系，总结概括如表2所示。

表2　党的十八大以来国有企业改革政策体系

类别	文件
总体要求	《中共中央　国务院关于深化国有企业改革的指导意见》(中发〔2015〕22号)
完善国有资产管理体制	《国务院关于改革和完善国有资产管理体制的若干意见》(国发〔2015〕63号)
	《国务院办公厅关于推动中央企业结构调整与重组的指导意见》(国办发〔2016〕56号)
	《国务院关于进一步优化企业兼并重组市场环境的意见》(国发〔2014〕14号)
	《国企改革"双百行动"工作方案》(国资发研究〔2018〕70号)
	中央全面深化改革委员会第十四次会议《国企改革三年行动方案(2020－2022年)》(2020年6月30日)
改革授权经营体制	《国务院国资委以管资本为主推进职能转变方案》(国办发〔2017〕38号)
	《国务院关于推进国有资本投资、运营公司改革试点的实施意见》(国发〔2018〕23号)
	《国务院关于印发改革国有资本授权经营体制方案的通知》(国发〔2019〕9号)
混合所有制改革	《国务院关于创新重点领域投融资机制鼓励社会投资的指导意见》(国发〔2014〕60号)
	《国务院关于国有企业发展混合所有制经济的意见》(国发〔2015〕54号)
	《关于国有控股混合所有制企业开展员工持股试点的意见》(国资发改革〔2016〕133号)
	关于印发《关于鼓励和规范国有企业投资项目引入非国有资本的指导意见》的通知(发改经体〔2015〕2423号)
	《国资委关于印发〈中央企业混合所有制改革操作指引〉的通知》(国资产权〔2019〕653号)
国有企业分类改革	《关于国有企业功能界定与分类的指导意见》(国资发研究〔2015〕170号)
	《关于印发加快剥离国有企业办社会职能和解决历史遗留问题工作方案的通知》(国发〔2016〕19号)
	《关于国有企业更好履行社会责任的指导意见》(国资发研究〔2016〕105号)
	《国资委、财政部关于印发〈关于完善中央企业功能分类考核的实施方案〉的通知》(国资发综合〔2016〕252号)
	《国务院办公厅关于印发〈中央企业公司制改制工作实施方案〉的通知》(国办发〔2017〕69号)

类别	文件
加强监督和党的领导	《中央管理企业负责人薪酬制度改革方案》(2014 年)
	《关于合理确定并严格规范中央企业负责人履职待遇、业务支出的意见》(中办发〔2014〕51 号)
	《关于在深化国有企业改革中坚持党的领导加强党的建设的若干意见》(中办发〔2015〕44 号)
	《国务院办公厅关于加强和改进企业国有资产监督防止国有资产流失的意见》(国办发〔2015〕79 号)
	《国务院办公厅关于建立国有企业违规经营投资责任追究制度的意见》(国办发〔2016〕63 号)
	《国务院办公厅关于进一步完善国有企业法人治理结构的指导意见》(国办发〔2017〕36 号)
	《企业国有资产交易监督管理办法》(国资委、财政部 2016 年第 32 号令)
	《上市公司国有股权监督管理办法》(国资委、财政部、证监会 2018 年第 36 号令)
	国资委、财政部、证监会《关于进一步加强和改进外派监事会工作的意见》(2016)

2020 年 6 月 30 日，中央全面深化改革委员会第十四次会议审议通过了《国企改革三年行动方案（2020—2022 年）》。会议提出，今后三年是国有企业改革的关键阶段，要坚持和加强党对国有企业的全面领导，坚持和完善基本经济制度，坚持社会主义市场经济改革方向，抓重点、补短板、强弱项，推进国有经济布局优化和结构调整，增强国有经济竞争力、创新力、控制力、影响力、抗风险能力。三年行动方案要求"形成以管资本为主的国有资产监管体制，着力从监管理念、监管重点、监管方式、监管导向等多方位实现转变，进一步提高国资监管的系统性、针对性、有效性"。

可以预见，国有资本授权经营改革、国企混改、重组整合、国资监管体制改革等各个方面都将进入快速实质性推进的新阶段。

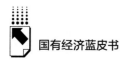

参考文献

刘青山：《回首改革路，整装再出发》，《国资报告》2018 年第 12 期。

黄群慧：《新时期全面深化国有经济改革研究》，中国社会科学出版社，2015。

黄群慧：《地方国资国企改革的进展、问题与方向》，《中州学刊》2015 年第 5 期。

黄群慧：《新时期国有经济管理新体制初探》，《天津社会科学》2015 年第 1 期。

黄群慧：《新常态下的国有资本布局》，《中国金融》2016 年第 4 期。

马淑萍：《国有资本投资运营公司两种授权经营模式的比较》，《经济参考报》2020 年 8 月 3 日。

B.9
完善中国特色现代国有企业制度

李先军　修晶*

摘　要：　完善中国特色现代国有企业制度是完善中国特色社会主义市场经济体制的重要内容。新中国成立以来，从"政企合一"的国营企业制度建立和形成，到改革开放后"放权让利"和建立现代企业制度，再到新时代完善中国特色现代国有企业制度，中国特色现代国有企业制度经历了不断探索和创新的过程。纵观这一过程，是党领导下的国有企业改革和制度创新的过程，是坚持马克思主义基本原理与中国实际相结合不断完善中国特色现代国有企业制度的过程，是坚持顶层设计和底层创新相融合不断完善中国特色现代国有企业制度的过程。进入新时代，为进一步完善中国特色现代国有企业制度，需进一步强化和优化党对国有企业的领导，推动党的领导全方位融入国有企业经营管理；需进一步落实国资国企改革，尤其是通过分层分类改革完善以管资本为主的国有资本管理体制；需进一步创新和完善国有企业治理架构，形成具有中国特色的国有企业治理体系。

关键词：　中国特色现代国有企业制度　党的领导　现代企业制度　新时代

---

* 李先军，中国社会科学院工业经济研究所副研究员，研究方向为企业创新和经济发展；修晶，中国社会科学院大学经济学院教授，研究方向为国际金融、行为金融、产业政策转型与经济发展。

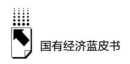

中国特色现代国有企业制度是中国特色社会主义市场经济体制的重要构成，包括国有企业领导制度、产权制度、治理制度、监督制度等一系列制度要素，是中国共产党将马克思主义基本原理同中国国有企业改革与发展实践相结合的创新成果，是中国对现代公司治理理论的探索式创新和运用，不仅能够促进我国公有制实现形式的持续改善，也对世界各国国有经济和国有企业发展具有重要的参考价值。党的十九届五中全会《中共中央关于制定国民经济和社会发展第十四个五年规划和二〇三五年远景目标的建议》强调，加快完善中国特色现代企业制度。为此，总结中国特色现代国有企业制度的发展和完善历程，总结其内在规律和主要经验，并针对未来进一步完善中国特色现代国有企业制度提出相关的对策建议，具有重要的现实价值和政治意义。

一 中国特色现代国有企业制度的发展和完善历程

中国特色现代国有企业制度是在我党百年来经济活动中不断积累、形成和完善的。从新中国成立后"政企合一"的国营企业制度建立和形成，到改革开放初期开启的以"放权让利"为基本特征的企业制度创新，再到建立社会主义市场经济体制后现代企业制度的建立和完善，为进入新时代后中国特色现代国有企业制度的完善奠定了坚实的基础。总体来看，新中国成立后的中国国有企业通过在不同阶段的有效探索，形成了当前具有中国特色的现代国有企业制度。

（一）新中国成立后"政企合一"的国营企业制度建立和形成

新中国成立后，在"一大二公""纯之又纯"的社会主义公有制框架下，在中国共产党自身创新和借鉴苏联经验的基础上，以"一长制"和"两参一改三结合"为代表，我国建立了适应计划经济时代的"党委领导下的厂长负责制"的"政企合一"的管理体制，国家是国有企业的直接所有者和管理者，职工通过工会、职代会等形式也参与企业管理，形成了党委会、工会和职工代表大会的"三会"制度。

一是构建了"党委领导下的厂长负责制",奠定了我国国有企业领导制度的基本雏形。新中国成立初期,各地自发探索形成了不同类型的国营企业管理模式,其中最为典型的是东北地区由厂长负责的"一长制"和华北地区党委有最后决定权、厂长执行党委决定的"党委领导下的厂长负责制"。此后,在"苏联模式"的影响下,"一长制"逐步成为我国国营企业的主导管理模式,随着1954年5月28日中共中央批转华北局《关于在国营厂矿企业中实行厂长负责制的决定》,厂长负责制在全国范围内得以推行。但是,脱离党领导下的"一长制"在实际经营过程中产生了官僚主义、忽视民主管理、弱化党对国营企业的控制等一系列问题。为此,1956年党的八大报告正式提出,"在企业中,应当建立以党为核心的集体领导和个人负责相结合的领导制度"[①],自此,"党委领导下的厂长负责制"得以确立,并成为此后国有企业领导制度的基本形态。

二是建立了由党委会、工会和职工代表大会构成的"三会",成为计划经济时代国营企业基本的治理架构。中国共产党自建党之初就十分重视工会的力量,新中国成立后的企业工会快速发展,成为国营企业民主管理的重要力量。从派驻厂代表开始,职工代表会议制度就成为职工参与经营管理的重要方式,但起初主要是作为咨询机构参与企业经营管理,1956年党的八大提出将企业中的职工代表会议制度改为职工代表大会制度,并在1957年《中共中央关于研究有关工人阶级的几个重要问题的通知》中提出在国营企业中正式建立职工代表大会制度,同时明确了职工代表大会的四项职权,职工代表大会制度成为国营企业的重要决策和监督力量。自此,"党委领导下的厂长负责制"、工会制度、职工代表大会制度成为计划经济时代国营企业的主要治理结构。此后,这一制度框架通过"鞍钢宪法""工业七十条"等得到进一步确立。

通过逐步完善国营企业领导制度和管理机构,我国迅速建立了社会主义工业化的基础,然而,此后"文化大革命"对国营企业制度造成了严重的

---

① 《刘少奇选集》(下卷),人民出版社,1985。

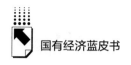

破坏。到改革开放前夕，政府和企业的一体化、国家所有权和企业所有权的模糊以及计划指令在现实中所导致的计划失灵问题等表现得极为突出，国营企业发展面临严峻的生存危机。

（二）改革开放初期开启以"放权让利"为主的企业制度创新探索

改革开放开启了计划经济体制向市场经济的改革，国营企业作为改革的重点内容之一，在企业制度方面取得重要突破。1978 年，邓小平同志提出，要改变工农业企业的管理方式和国家对工农业企业的管理方式，使之适应现代化大经济的需要，① 我国开始逐步在国营企业开展适应市场经济体制的体制机制改革。我国对国营企业制度改革的重点主要是转变企业管理思路，逐步推动以经济手段取代行政手段管理企业，② 具体包括推进"放权让利"、实施承包责任制改革和股份制试点、推行厂长（经理）负责制以及劳动和工资制度改革等，以多种方式的"放权"来提升国营企业的自主权。

一是推进"放权让利"，改变计划经济体制下国有企业经营管理僵化的问题。改革开放初期，由于对社会主义本质认识尚未实现大突破，在不改变国有产权和所有权背景下推动国有企业放权让利成为经济领导部门的主流观点，③ 在此背景下，1979 年"扩权十条建议"在中央工作会议上得到通过，国家经委、财政部等六个部门先在北京、天津、上海共选择 8 家企业进行了扩权试点。同年 8 月，《关于扩大国营工业企业经营管理自主权的若干规定》等 5 个"扩权让利"的配套文件发布，为国营企业推动扩权让利提供了有效的指引。"放权让利"所形成的"利润留成制度"下放了一部分剩余索取权，激发了企业经营管理者和员工的积极性。此后，围绕"放权让利"，1983 年开始推行"利改税"和1984 年试行"拨改贷"以硬化企业预算约束，使得企业经营过程中对剩余资源的调配能力得以提升。

① 《邓小平文选》（第二卷），人民出版社，1994。
② 蒋一苇：《"企业本位论"刍议——试论社会主义制度下企业的性质及国家与企业的关系》，《经济管理》1979 年第 6 期。
③ 贺耀敏：《扩权让利：国有企业改革的突破口——访袁宝华同志》，《百年潮》2003 年第 8 期。

二是实施承包责任制改革和股份制试点，国有企业自主权进一步得到释放。为激活国有企业活力，解决财政赤字问题，在农村联产承包责任制的启发下，城市国营企业也开展了对承包责任制的探索，这事实上是对国营企业所有权和经营权分离的早期探索。1980 年 12 月，中央决定对国营企业实行"企业经济责任制"，1981 年各地从落实财政任务着手，对所属企业实施了"包干加奖励"的办法，同年 4 月在全国工业交通工作会议上明确提出了建立和实行工业经济责任制的要求，9 月国家经济委员会和国务院经济体制改革办公室下达了《关于实行工业生产经济责任制若干问题的意见》，进一步明确了工业经济责任制的内容和应当遵循的原则，承包责任制在全国快速推行。但是，承包责任制也带来一些新问题，如财政收入下降、对绩效较好企业的"鞭打快牛"、企业通过涨价获取利润、大部分利润用于消费而资本积累较少等，为此，1988 年国务院出台《全民所有制工业企业承包经营责任制暂行条例》，对前期推进的承包责任制存在的问题予以纠偏。至 1988 年对 9937 家国有大中型工业企业的调查发现，已有 9024 家实行了各种形式的承包经营责任制，占被调查企业的 90.8%，工业产值比 1987 年增长 12.5%，比全部大中型工业企业增幅高出 0.5 个百分点，实现利税比 1987 年增长 20.8%，增幅也高出 2 个百分点。[①]

在大力推进承包责任制的同时，国家也在实行股份制试点，党的十三大报告提出"改革中出现的股份制形式，包括国家控股和部门、地区、企业间参股以及个人入股，是社会主义企业财产的一种组织方式，可以继续试行。一些小型全民所有制企业的产权，可以有偿转让给集体或个人"，对股份制改革予以了肯定，此后上海证券交易所和深圳证券交易所成立，为国营企业股份制改革试点提供了交易场所。到 1991 年，全国共有各种类型的股份制试点企业 3220 家（不包括乡镇企业中的股份合作制和中外合资、国内联营企业）。[②]

三是逐步推行厂长（经理）负责制，建立和完善职工代表大会制度，

---

① 中国经济年鉴委员会《中国经济年鉴（1989）》，经济管理出版社，1990。

② 数据来源于国家统计局《迎接十六大之五：国有企业改革稳步推进》，国家统计局网站，2002 年 10 月 8 日。

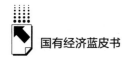

实现对国有企业负责人的充分授权和员工的广泛参与。1980 年 8 月，邓小平在《党和国家领导制度的改革》中指出，"有准备有步骤地改变党委领导下的厂长负责制、经理负责制，经过试点，逐步推广、分别实行工厂管理委员会、公司董事会、经济联合体的联合委员会领导和监督下的厂长负责制、经理负责制"。[①] 1982 年 1 月，中共中央、国务院下发《国营工厂厂长工作暂行条例》，提出"工厂实行党委（独立核算工厂的总支部、支部）领导下的厂长负责制。厂长是工厂的行政负责人，受国家委托，负责工厂的经营管理。……生产经营方面的问题，由厂长全权决定"，本质上是将企业经营管理权力交由厂长（经理）负责，实现了厂长的权责利对等。同年 5 月，中共中央下发《中国共产党工业企业基层组织工作暂行条例》，明确了工业企业中党委的地位和任务，在社会主义企业中，实行党委领导下的厂长负责制和党委领导下的职工代表大会制度。1984 年《国务院政府工作报告》提出"在国营企业中逐步实行厂长（经理）负责制，企业的生产指挥、经营管理由国家委托厂长（经理）全权负责"。通过一系列顶层设计，厂长（经理）负责制开始在国有企业中有序推进。这一系列改革的根本目的在于打破国营企业中"政企不分""以党代政""以政代企"等不利于企业效益改善的问题，建立政企分离、党政有界的企业制度，这也成为后来进一步优化和完善党对国有企业领导的重要实践来源。在推进厂长（经理）负责制的同时，1981 年发布的《国营工业企业职工代表大会暂行条例》提出"职工代表大会（或职工大会）是企业实行民主管理的基本形式，是职工群众参加决策和管理、监督干部的权力机构"，职工代表大会制度迅速在国有企业中推行，与党委、厂长（经理）构成了企业决策、执行和监督的有机体。

四是劳动和工资制度有序推进，提高企业经营自主性。在扩大企业自主权的过程中，劳动和工资制度改革也在稳步推进。从 1986 年 10 月起，全民所有制工业企业招收新人全部采取合同制，并实行待业保险制度；从 1986

---

① 《邓小平文选》（第二卷），人民出版社，1994。

年起企业内部职工的工资、奖金分配权交给企业，企业的分配自主权进一步扩大。

（三）建立社会主义市场经济体制目标下的现代企业制度建设

通过"放权让利"、所有权经营权分离、厂长负责制等一系列改革，在一定程度上激发了国营企业管理者和经营者的活力。但是，国有企业改革依然面临产权不清晰、权责不明确、政企一体化等一系列问题，为此，在党的十四大明确建立社会主义市场经济体制的改革目标后，国有企业改革开始进入转换经营机制、建立现代企业制度的阶段。

一是以产权改革牵引国有企业的现代企业制度建设，推动中国的市场化改革。党的十四大明确建立社会主义市场经济体制的改革目标后，国有企业改革开始进入转换经营机制、建立现代企业制度的阶段，对国有企业的放权让利改革转为以产权关系改革为重点，建立现代企业制度成为国企改革的重点内容，国有企业作为市场主体参与市场竞争的自主权得到实现。1993 年党的十四届三中全会所通过的《中共中央关于建立社会主义市场经济体制若干问题的决定》提出，建立"产权清晰、权责明确、政企分开、管理科学"的现代企业制度，这也成为此后国有企业建立现代企业制度的总体方向。1997 年党的十五大报告再次明确"建立现代企业制度是国有企业改革的方向"，并提出到 20 世纪末绝大多数国有大中型企业初步建立起现代企业制度的改革目标。1999 年党的十五届四中全会通过的《中共中央关于国有企业改革和发展若干重大问题的决定》明确，到 2010 年国有企业"建立比较完善的现代企业制度"，[①] 全面推进国有企业建立现代企业制度已进入了深化改革阶段。党的十五大之后，围绕"抓大放小"的战略性重组，国有小企业改革力度不断加大，初步完成了国有企业的战略性重组，此后国家层面对国有企业的改革主要围绕大中型国有企业展开。

二是按照现代公司治理要求不断完善国有企业治理结构，形成以"新

---

① 中共中央文献研究室：《十五大以来重要文献选编》，中央文献出版社，2011。

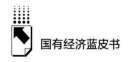

三会"为核心的国有企业治理结构。随着国企股份制改革的推进，到2000年，大陆内资股份制工业企业发展到18301家；批发零售贸易、餐饮业的大陆内资股份制法人企业发展到4532家，其中批发业有2407家，零售业有1710家，餐饮业有415家。[①] 截至2011年底，全国90%以上的国有企业完成了公司制股份制改革，中央企业的公司制股份制改制由2003年的30.4%提高到2011年的72%。[②] 与股份制改革相伴的是，这一阶段的国有企业制度改革的重点是以现代公司治理理论为框架建立国有企业的现代企业制度，具体表现在以《公司法》为依据建立股东会、董事会和监事会的公司治理结构，形成"新三会"与"老三会"（党委会、职代会和工会）共同治理企业的基本形态。然而在实际运行中，"新三会"中董事会虚置、职业经理人市场发展迟缓、监事会"橡皮图章"的问题难以从根子上得以解决，"老三会"与"新三会"的融合互促问题始终难以解决。与此同时，随着国有企业股份制改革的深化，国有企业也出现新的"内部人控制"问题，国有企业在效率提升的同时也承受较高的代理成本。为此，加强对国有企业内部人的监督也成为进一步完善企业制度的重要内容，其主要是通过财务监督、外派监事会监督、审计监督、纪检监察监督和巡视监督等多种方式实现。

三是建立国有资产管理部门，尤其是通过国资委体系的建立，将国有资产在产权上的"二级代理"关系转变为集中的管理体制，实现了"一层代理"，进一步明确了国有企业的出资人权利，推动国有企业和政府公共服务的分离。在推动建立国有企业现代企业制度的过程中，推动政企分离、真正发挥国有企业在市场竞争中的主体作用至关重要，这其中的标志性事件是国有资产管理体制的建立和完善。改革开放后，各部门、各地开始逐步推动政企分离，逐步淡化乃至切断各级政府及部门对国有企业的直接管理权，打破了各部单独对国有企业产量、产值、利润、劳动、物资等下达指令的"多

---

① 数据来源于国家统计局《迎接十六大之五：国有企业改革稳步推进》，国家统计局网站，2002年10月8日。

② 王勇：《国务院关于国有企业改革与发展工作情况的报告——2012年10月24日在第十一届全国人民代表大会常务委员会第二十九次会议上》，中国人大网，2012年10月26日。

头管理",国有企业经营管理的独立自主性不断提升,到1998年政府机构改革时,各部门已初步围绕专业性管理特征建立了一定程度上的国有资产管理体制。但是,由于政企不分、政监不分,国有企业难以真正实现自身的独立运营,且"九龙治水"的多部门管理极易造成对国有企业的强干预、无人负责、"二级代理"等一系列问题。为此,在2003年国务院机构改革中,设立国务院国有资产监督管理委员会(以下简称"国资委"),成为代表国家履行出资人职责的国务院直属特设机构,将原有分散的国有资产出资人和监督管理职能集中起来,实现了国有企业管资产、管人、管事的结合,实现了将国有企业管理从政府公共管理中剥离,为进一步完善国有企业现代管理制度创造了重要条件。在推进国资委对国有资产监督和管理的进程中,地方也相继成立了省级和市级的地方国有资产管理部门,构筑了从中央到地方的国有资产出资人代表及监管体系。

四是推进"三项制度"改革,提高企业经营自主性。在国有企业人员合同制的基础上,这一阶段的改革基本上实现了劳动制度的市场化,人事制度方面实行产权代表委任制和公司经理的聘任制,实行年度考核和任期考核,工资制度方面采取建立完善的年薪制和持有股权等分派方式,探索建立市场化的、多种形式的工资决定制度。①

(四)中国特色现代国有企业制度的完善

进入新时代,国有企业改革也进入新阶段,从原有注重国有企业个体的管理进入到对国有资本效率、效益、布局、结构等更为宏观层面、更具战略指导意义、更具现实针对性的管理,并明确提出了完善中国特色现代国有企业制度的新要求。具体来看,这一阶段对中国特色现代国有企业制度的要求和改革成效具体体现在如下四个方面。

一是坚持"两个一以贯之",坚持党对国有企业的领导和建立现代企业制度。2016年10月,习近平总书记在全国国有企业党的建设工作会议上强

---

① 汪海波、刘立峰:《新中国工业经济史》(第三版),经济管理出版社,2017。

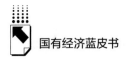

调，国有企业是中国特色社会主义的重要物质基础和政治基础，是我们党执政兴国的重要支柱和依靠力量，坚持党对国有企业的领导是重大政治原则，必须一以贯之，建立现代企业制度是国有企业改革的方向，也必须一以贯之。习近平总书记通过两个"一以贯之"指出了中国特色的现代企业制度的本质特征，坚决贯彻执行两个"一以贯之"是推进国有企业治理现代化的根本保证。为牢牢把握坚持和加强党对国有企业的全面领导这一重大政治原则，把加强党的领导和完善公司治理统一起来，① 国有企业不断强化和推进党建工作，中央企业全部开展了集团层面章程修订工作，实现了党建工作要求进章程。② 推动党的领导融入公司治理制度化、规范化、程序化。③ 健全"三重一大"决策制度，落实党委（党组）研究讨论前置程序，充分发挥党委（党组）的领导作用，尊重和支持董事会、经理层依法行使职权。2020 年，93 家中央企业及 1432 家（占比 83%）子企业制定了党委（党组）前置研究讨论重大经营管理事项清单。

二是以董事会建设为重点完善公司法人治理结构。2017 年，《国务院办公厅关于进一步完善国有企业法人治理结构的指导意见》提出，"到 2020 年，党组织在国有企业法人治理结构中的法定地位更加牢固，充分发挥公司章程在企业治理中的基础作用，国有独资、全资公司全面建立外部董事占多数的董事会，国有控股企业实行外部董事派出制度，完成外派监事会改革"。截至 2018 年 8 月，在国资委监管的 96 家中央企业中，已有 94 家建立

---

① 2020 年 12 月，习近平总书记主持召开中央全面深化改革委员会第十七次会议，审议通过了《关于中央企业党的领导融入公司治理的若干意见（试行）》，提出要完善体制机制，明确党委（党组）在决策、执行、监督各环节的权责和工作方式，正确处理党委（党组）和董事会、经理层等治理主体的关系，坚持权责法定、权责透明、协调运转、有效制衡的公司治理机制，推动制度优势更好转化为治理效能。

② 2020 年 12 月，国务院国资委、财政部联合制定的《国有企业公司章程制定管理办法》正式公布，明确党组织研究讨论是董事会、经理层决策重大问题的前置程序。

③ 2021 年 5 月，中共中央办公厅印发了《关于中央企业在完善公司治理中加强党的领导的意见》，对中央企业进一步把加强党的领导和完善公司治理统一起来、加快完善中国特色现代企业制度作出部署、提出要求。

董事会，其中 83 家外部董事占多数，① 94.6% 的地方国资委出资企业建立了董事会，董事会定战略、作决策、防风险功能作用有效发挥。截至 2019 年底，建立了 420 人组成的外部董事人才库，健全退出机制，强化日常沟通和管理考核，促进忠实勤勉履职尽责。② 截至 2021 年 10 月，全部中央企业、90% 以上的省属企业、80% 的市县所属企业实行党委书记、董事长"一肩挑"。15 家中管金融企业全部实现党委委员在董事会、监事会和高级管理层交叉任职。③

三是优化监管职能，进一步提升国有企业自主权。在完善中国特色国有企业制度过程中，党的十八大以后推动国有企业改革从管资产、管企业向管资本的方向转变，对于进一步提升企业自主权具有极为重要的意义。截至 2019 年底，21 家中央企业分批开展国有资本投资、运营公司试点改革，33 个省级国资委改组组建 118 家试点企业，在战略规划、主业管理、选人用人等方面加大授权放权力度。④ 除了资本层面的权限下放之外，国务院国资委两次调整内设机构、优化职能配置，取消、下放、授权监管事项 43 项，出台并动态调整权力和责任清单，监管重点聚焦优化资本布局、规范资本运作、提高资本回报、维护资本安全；27 个地方出台职能转变方案、37 个地方出台权责清单，累计取消、下放监管事项 696 项，职责边界更加清晰、行权履职更加规范。国资监管部门向建有规范董事会的国有企业陆续下放发展决策权，经理层成员选聘权，业绩考核权，薪酬、职工工资分配及重大财务

---

① 《我国中央企业已基本建立董事会》，国务院国有资产监督管理委员会网站，2018 年 8 月 31 日。

② 郝鹏：《国务院关于 2019 年度国资系统监管企业国有资产管理情况的专项报告——2020 年 10 月 15 日在第十三届全国人民代表大会常务委员会第二十二次会议上》，中国人大网，2020 年 10 月 17 日。

③ 《党建落到实处　发展更显优势——全国国有企业党的建设工作情况综述》，中共中央纪律检查委员会网站，2021 年 10 月 10 日。

④ 史耀斌：《全国人民代表大会常务委员会预算工作委员会、全国人民代表大会财政经济委员会关于企业国有资产（不含金融企业）管理情况的调研报告——2020 年 10 月 15 日在第十三届全国人民代表大会常务委员会第二十二次会议上》，《中华人民共和国全国人民代表大会常务委员会公报》2020 年第 5 期。

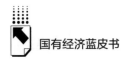

事项等重要权限，全面深化劳动、人事、分配三项制度改革，建立健全反应灵敏、运行高效的市场化经营机制，积极推进经理层成员任期制和契约化管理，推行职业经理人制度，中央企业 621 户子企业选聘职业经理人近 5000 人，省级国资委出资企业选聘职业经理人 3000 多人。"十三五"期间，119 户中央企业控股的上市公司有效实施了股权激励，覆盖近 1.8 万名核心人才。此外，进一步优化监督方式，实施以党内监督为主导，以监事会监督为组织内监督，推动审计、纪检监察、巡视、法律、财务等部门的第三方监督，构筑了对国有企业监督的"三道防线"。①

四是加快推动解决历史遗留问题，总体上全面解决了企业办社会和历史遗留问题。加大政策支持和资金保障力度，推动剥离办社会职能和解决历史遗留问题取得历史性进展，全国国有企业"三供一业"、市政社区分离移交和教育医疗机构深化改革基本完成，厂办大集体改革完成约 75%，退休人员社会化管理加快推进，有力推动了国有企业轻装上阵、公平参与市场竞争。

二 完善中国特色现代国有企业制度的主要经验

纵观新中国成立以来中国特色现代国有企业制度的建立和完善过程，是党领导下的国有企业改革和制度创新的过程，是坚持马克思主义基本原理与中国实际相结合不断完善中国特色现代国有企业制度的过程，是坚持顶层设计和底层创新相融合不断完善中国特色现代国有企业制度的过程。总结这些经验，不仅对于未来进一步完善中国特色现代国有企业制度具有启示价值，也对于世界各国推进国有企业或者公有企业的改革和发展同样具有重要的参考价值。

---

① 张旭、王天蛟：《中国特色社会主义国有企业管理体制的形成、发展与超越》，《经济纵横》2020 年第 12 期。

（一）坚持党的领导是完善中国特色现代国有企业制度的基本前提

坚持党的领导、加强党的建设，是我国国有企业的光荣传统，是国有企业的"根"和"魂"，是我国国有企业的独特优势。[①] 新中国成立后，通过实施"党委领导下的厂长负责制"，到改革开放后的建立"新三会"和"老三会"并行治理的结构，再到新时代进一步加强党对国有企业的领导，在此过程中体现了中国共产党始终把握党对国有企业的领导地位，充分发挥党对国有企业的有效引领。通过不断加强党的组织建设、制度建设、队伍建设和作风建设等，实现了对国有企业的有效领导，成为中国特色现代国有企业制度的最重要特色。

一是始终将党的组织建设作为加强对国有企业领导的组织基础。从国营企业开始，国家始终坚持党管干部的基本原则，保证党对干部人事工作的领导权和对重要干部的管理权，保证人选政治合格、作风过硬、廉洁奉公。始终坚持基层党组织的建设，通过将"支部建在车间""支部建在项目""支部建在班组"等方式，将基层党支部作为党的组织建设的基础支撑和重要"抓手"，以党的先进性引领企业的生产经营活动，提升国有企业的效益和竞争力。截至2020年底，中央企业共有29.3万个基层党组织，有415.2万名党员，[②] 成为党对国有企业领导重要组织力量。

二是始终将党的制度建设作为加强对国有企业领导的基本依据。新中国成立后，计划经济体制下国营企业的党政合一、政企合一有效保证了党对经济建设的全面深入干预，国营企业则形成了具有计划色彩的组织形态。改革开放后，为破解国有企业管理僵化、效率低下等问题，对企业实施了放松剩余索取权和收益分配权的"放权让利"改革，以及随后推进的经营权与所有权分离的股份制改革，出台了一系列加强和改善党对国有企业领导的制度，保持党对国有企业的有效领导，尤其是通过党管干部的组织制度，实现

---

① 《习近平谈治国理政》（第二卷），外文出版社，2017。

② 国务院国资委党委：《坚持党的领导、加强党的建设是国有企业的"根"和"魂"》，《求是》2021年第18期。

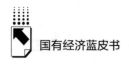

了党对国有企业的有效领导。当然，部分国有企业也存在党建的"弱化、淡化、虚化、边缘化"问题，这也成为新时代进一步加强党的制度建设的重要原因。进入新时代，围绕混合所有制改革、分层分类改革，为进一步深化党对国有企业的领导，全面推进国有企业党的建设，党中央和国务院出台了一系列加强党的领导的相关制度，这也成为新时代保证党对国有企业有效领导的根本。

三是始终将党的队伍建设作为加强对国有企业领导的人才力量。在加强党的组织建设的过程中，党组织注重在企业中加强人才培养，积极吸收优秀员工进入党组织，不断充实国有企业的组织队伍，仅"十三五"期间，中央企业就累计新发展党员49.8万名。在人才使用上，党委和组织部门将员工的政治素质作为重要的考核标准，将政治表现突出和能力较强的员工放在重要的岗位上加强培养，不断加强党员队伍在企业内部的示范引领作用。企业各级党委、支部不断强化学习，提升党员和员工的能力和素质，进一步优化企业员工队伍建设。此外，在国有企业发展过程中，通过职工代表大会制度、工会制度等引导员工参与企业决策和日常管理，有利于进一步改善员工生产生活条件、促进员工成长和发展。

四是始终将党的作风建设作为加强对国有企业领导的重要精神力量。在中国特色现代国有企业制度完善的过程中，国有企业主要负责人秉承中国共产党的优良作风，尤其是注重建设和形成良好的干群关系，涌现出一大批勇于奉献、乐于奉献的先进典范。强化员工参与决策和监督，杜绝企业决策"一言堂"以及权力集中造成的贪腐等问题，为企业营造风清气正的政治生态。

（二）坚持马克思主义基本原理与中国实际相结合是完善中国特色现代国有企业制度的基本方法论

中国共产党的百年发展史本质上是中国共产党将马克思主义基本原理同中国革命和建设实践相结合的百年史，而中国特色现代国有企业制度的完善也是中国共产党将马克思主义基本原理同中国国有企业改革和发展相结合的产物，是马克思主义企业理论和公有制实现形式的最新成果。在这个过程中，中国共产党在马克思主义的指引下，以"三个坚持"，不断创新和完善理论，形成了具有中国特色的现代国有企业制度。

一是坚持实事求是，强化问题导向，注重理论联系实际。从中国特色现代国有企业制度建设和完善的历程来看，每一个阶段都是从当时经济发展的实际出发，抓住主要矛盾，以破解国有企业发展的现实问题为主要目的而实施的。新中国成立后为建立和稳固新生的社会主义政权，从向官僚资本主义企业派遣军代表到委派厂长（经理）直接管理企业，到公司合营阶段由人民政府主管业务机关所派代表同私方代表负责经营管理，[①] 实现了对官僚资本主义企业的有效接管和对民族工商业的有序合作；在国民经济恢复后，为集中有限的资源促进经济快速增长，我国进入高度集中的计划经济时期，在此过程中国营企业形成了"政企合一"的"党委领导下的厂长负责制"；改革开放后，围绕国有企业管理僵化、效率低下等问题，从"放权让利"开始，逐步放松国有企业的收益分配权、经营权等，促进国有企业活力的提升和效益的改善；而后，随着我国对外开放的不断深化，对标国际市场参与国际竞争成为国有企业的必然选择，以西方现代企业制度为蓝本的国有企业治理结构建立和完善成为国有企业制度的核心内容，并在此过程中形成了传统"老三会"与"新三会"逐步融合的雏形；进入新时代，在国际国内形势发生变化的大背景下，进一步加强党的领导，提高党的执政能力、完善现代国家治理体系成为我党面临的重大课题，进一步推动"老三会"与"新三会"融合，尤其是一以贯之党对国有企业的领导成为完善中国特色现代国有企业制度的核心。从70余年中国特色现代国有企业制度建立和完善的历程来看，每一次重大调整和变革，都是中国共产党结合中国现实问题，以马克思历史唯物主义和辩证唯物主义为指引，实事求是、理论联系实际的创新成果。

二是坚持自我更新，强化创新驱动，形成和完善现代国有企业制度的

---

① 汪海波、刘立峰：《新中国工业经济史》（第三版），经济管理出版社，2017。

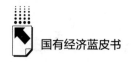

中国特色方案。中国特色现代国有企业制度的形成和完善过程，在一定程度上是对社会主义本质认识不断深化的结果。新中国成立后，受苏联的影响以及对社会主义公有制认识的限制，采取"政企合一"的管理制度成为当时的必然选择，然而，在我国国有企业经营管理过程中，涌现出"两参一改三结合"的"鞍钢宪法"，这甚至被认为是日本质量管理（QC）的重要现实来源之一。另外，在建立和完善中国特色国有企业制度过程中，从放松剩余收益分配权的"放权让利"改革，到放松经营权的承包制和股份制改革，再到部分所有权让渡的混合所有制改革，体现了中国共产党对社会主义本质认识的不断深化，是将马克思主义基本原理中国化、创新发展的结果，这为建立和完善中国特色现代国有企业制度提供了有力的支撑。

三是坚持对标学习，借鉴国内外一切先进理论和成果"为我所有"，体现了中国特色社会主义制度的开放性和包容性。从新中国成立初期学习苏联模式构建的"一长制"，到改革开放初期借鉴东欧国家改革推行的"放权让利"，再到改革开放深化期借鉴西方现代公司治理理论的最新成果来重构国有企业治理体系，无不体现了我国在建设和完善中国特色现代企业制度过程中主动学习、借鉴先发国家和地区的理论和实践成果的精神，体现了中国特色社会主义制度的开放性和包容性。

（三）坚持顶层设计和底层创新相融合的系统思维是完善中国特色现代国有企业制度的有效实施路径

建立和完善中国特色现代国有企业制度是一项复杂、系统和长期的工程，在此过程中，以顶层设计和底层创新相结合，自上而下和自下而上改革相促进的实施路径，保证了改革的稳妥、有序推进。

一是强化顶层设计，形成各类改革有效协同和相互促动的良好局面。从中国特色现代国有企业制度建设和完善的历程来看，坚持系统思维的顶层设计，将企业制度建设与市场化改革、财税体制改革、人事制度改革、金融体制改革、资本市场改革等有机协同，共同推进我国的市场经济体制改革，为构建中国特色社会主义制度提供了有力的支撑。例如，在建立"政企合一"的国营工厂制度过程中，按照计划经济的基本思路，国有企业的人事劳动管理、财务管理、物资管理等严格按照计划执行，自上而下的计划成为规范国营企业经营管理的"总指引"；在推进"放权让利"改革过程中，囿于政府的财政压力，一开始的"让利"幅度较小，而后通过"利改税"改革逐步缓解了财政压力才有更大幅度的"放权让利"，体现了改革过程中协调各方力量、推动系统效率平衡的思想；在股份制改革和建立现代企业制度过程中，辅之以"拨改贷"、建立证券交易所、推进银行市场化改革、人事劳动制度改革等方式，形成系统性的人财物事权下放；进入新时代完善中国特色现代国有企业制度阶段，通过顶层的制度设计尤其是"1＋N"的制度体系来推进混合所有制改革这一涉及产权层面的创新改革，同时以加强和优化党的领导来规范混合所有制改革过程中的企业行为；十九届四中全会通过的《中共中央关于坚持和完善中国特色社会主义制度推进国家治理体系和治理能力现代化若干重大问题的决定》提出"深化国有企业改革，完善中国特色现代企业制度"，这一文件将国企国资改革纳入完善国家治理体系的范畴。这些都体现了在建设和完善中国特色现代国有企业制度过程中，党和国家注重系统思维和顶层设计，形成"一揽子"国有企业改革和市场经济体制改革的政策体系。

二是注重底层创新，形成科学有效的国有企业制度改革模式。中国的改革从来都注重底层创新，在建立和完善中国特色现代国有企业制度过程中亦是如此。例如，改革开放初期的"放权让利"，本质上来源于农村地区的家庭联产承包责任制，从1978年第四季度四川省6家国有工业企业试点开始，在试点取得成效的基础上，到1979年1月将试点企业扩大到100家工业企业，而中央也随后开始了在全国范围内开展试点和大规模推行；股份制改造从1984年11月上海电声总厂发起的上海飞乐音响公司到1987年进一步开展试点；进入新时代，2016年国务院国资委推出"十项改革"试点，2018年实施"双百行动"，选择部分中央企业和地方国有企业作为试点推进中国特色现代国有企业制度的完善，2019年上海和深圳"区域性国资国企综合改革试验"

与沈阳国资国企重点领域和关键环节改革专项工作正式启动。① 在建设和完善中国特色国有经济体制过程中，在方法上注重循序渐进，"放权让利"从地方到中央的试点和探索、从个别企业向全量企业的推进，进一步"放权让利"加速国有小企业改革的同时保持对国有大中型企业股份制改造的有序推进，新时代完善中国特色现代国有企业制度过程中以"成熟一批改革一批"稳妥推进行业改革和分层分类改革，这些都体现了我党在国有企业改革中实事求是、稳中求进的工作作风，也有力地保证了我国国有企业的可持续发展。

三 进一步完善中国特色现代国有企业制度的几点建议

当前世界正面临百年未有之大变局，国有企业在体现中国制度优势、促进国家竞争力提升、助推共同富裕等方面将发挥更加重要的作用。进一步完善中国特色现代国有企业制度是推进国有企业高质量发展的重要保障。为此，应进一步强化和优化党对国有企业的领导，推动党的领导全方位融入国有企业经营管理过程，进一步落实国资国企改革尤其是完善以管资本为主的国有资本管理体制，进一步创新和完善国有企业治理架构，形成具有中国特色的国有企业治理体系。

（一）进一步加强和完善党的领导，将党的领导与国企经营管理全方位融入

进入新时代，尤其是在应对百年未有之大变局下的新形势下，进一步加强和完善党的领导，加强和改进国有企业党的建设，将党的领导与国有企业经营管理全方位融入，是有效落实国家战略以实现后发国家的现代化目标、有效应对市场失灵状态、有效培育国家竞争优势的重要选择。② 具体来看，

---

① 国资委研究中心：《中央企业高质量发展报告：中央企业高质量发展迈出坚实步伐》，国务院国有资产监督管理委员会网站，2019 年 11 月 2 日。

② 包炜杰：《新时代国有企业深化改革的三个基本问题——兼论对马克思主义所有制理论的创新发展》，《马克思主义研究》2021 年第 4 期。

新形势下加强党对国有企业的领导可以从以下几方面深入推进。

一是进一步深化加强国有企业党的领导的认识，认识到党组织和企业决策和经营主体功能领域的差异，认识到"党的领导"不是新的"政企合一"，党的领导是"政企分开"新的实现形式。中国特色现代国有企业制度的首要特色是"党的领导"，这是进一步确保国有企业的社会主义方向、确保国有企业对关键性行业和领域有效控制力、实现国家战略意图、提升国有企业竞争力、提高企业效益、保障国有资产保值增值和防范国有资产流失的重要举措。但是，加强和优化党的领导，不是事无巨细，更不是全盘包揽，党对国有企业的领导是"政治领导、思想领导、组织领导的有机统一……就是把方向、管大局、保落实……要处理好党组织和其他治理主体的关系，明确权责边界，做到无缝衔接，形成各司其职、各负其责、协调运转、有效制衡的公司治理机制"，① 加强和优化党的领导体现在全局性、方向性、统领性上。要充分认识到党的领导体现在把握企业总体方向和战略大局上，目的在于提高企业管理的科学性，不会额外干预企业的日常运营和管理活动，且在强化以管资本为主的监管模式下，国有资产管理部门将进一步减少对企业的干预，真正实现党的有效领导对"政企分开"的有效促动。

二是要使党的领导与现代公司治理制度有机融合，以结构上的支撑、制度上的规范和行为过程的嵌入，形成具有中国特色的现代国有企业治理结构。按照《国有企业公司章程制定管理办法》，进一步落实党组织在公司法人治理结构中的法定地位，将党委（党组）置于公司治理结构之中，形成由股东会（出资人机构）、党组织、董事会、监事会、职工代表大会和工会构成的"六会"结构，明确董事会、经理层重大问题决策中党组织研究讨论的前置程序。坚持和完善"双向进入、交叉任职"领导体制及有关要求，鼓励党组织领导班子成员通过法定程序进入董事会、监事会和经理层，鼓励董事会、监事会和经理层成员中的党员可以依照有关规定和程序进入党组织

---

① 《习近平谈治国理政》（第二卷），外文出版社，2017。

领导班子，推动经理层成员和党组织领导成员适度交叉任职，董事长和总经理原则上分设，党组织书记和董事长一般二职合一。进一步完善企业内部党组织的建设，形成党委（党组）领导下部门和下属单位支部的建设，以党建引领企业组织的行为。

三是发挥党对国有企业服务国家战略的引领，推动国有企业服务国家战略和参与全球竞争。按照党中央、国务院对国有经济和国有企业改革与发展的新要求，发挥党在国有企业中的引领作用，凸显国有企业在保障战略安全、引领产业发展、服务国计民生、提供公共服务等方面的积极作用，在关键领域和关键环节中率先投资、前瞻性布局、强化引领，保障国家战略安全；主动引领新兴产业成长，尤其是在产业"基础设施"方面加大投资力度，作为产业发展的重要推进者和培育者；在关乎国计民生的重要商业性领域提供高质量的产品和服务，以满足人民群众对美好生活向往的需要；在政府提供基本公共服务的基础上，不断创新服务供给模式、提升服务质量，增加服务内容，提升民众的幸福感和满意度。[1]

（二）进一步落实分层分类改革，完善以管资本为主的国有资本管理体制

2015 年《关于改革和完善国有资产管理体制的若干意见》明确提出，国有资产监管机构职能转变为以管资本为主，2018 年出台的《推进国有资本投资、运营公司改革试点的实施意见》明确了以管资本为主的国有资本授权经营体制改革，《国有企业改革三年行动方案（2020—2022 年)》提出着力形成更加成熟更加定型的中国特色现代企业制度和以管资本为主的国资监管体制。但是，从目前国有企业整体管理体制来看，依然集中在以企业为关键目标的管理，对以管资本为主的国有资本管理体制的推动有待进一步加强。下一步可具体从以下几个方面予以推进。

---

① 李先军：《新发展格局背景下，国有企业在国家科技战略中的支撑作用与实现科技自立自强——专访中国企业管理研究会会长黄速建》，《清华管理评论》2021 年第 Z2 期。

一是推动国有资本分层改革，形成中央企业资本和地方国有企业资本的不同功能定位和管理模式。分层改革，即对于中央企业总部资本和地方国有企业资本设置不同的功能定位和考核模式，中央企业总部资本的授权主体为企业，但具体运营主体为资本运营公司或者投资公司；地方国有企业资本的授权主体为地方国资委，具体运营主体为地方资本运营公司或者投资公司。中央资本的总体定位为母基金、综合性资本或者产业引导资本，其功能定位为放大国有资本尤其是国家层面资本，用以引导地方国有资本（以专业性资本或项目制资本为主）和社会资本合作，借以实现国家的战略意图，对前者主要是战略性、公益性、安全性考核，对后者主要是经济性和安全性考核。

二是推动国有资本分类改革，区分政策性资本和经济性资本的定位和考核模式。分类改革，即要认识到国有资本的政治和经济双重属性，区分不同类型资本的定位投资方向，对不同定位的国有资本予以不同的管理和考核模式。对于定位于公益性、公共服务领域的投资，强化资本总量控制、投资过程规范性、社会经济效益评价；对于定位于战略性目标的国有资本，重点投向那些市场投资不足、收益率低、风险投资高等领域，形成对国家战略目标的有效牵引，重点评价其社会效益和公共效益；对于定位于商业类的国有资本，按照市场化投资规律，对其进行经济性评价。

（三）进一步完善国有企业治理结构，形成具有中国特色的国有企业治理体系

按照《国有企业改革三年行动方案（2020—2022年）》要求，在进一步强化和优化党对国有企业领导的基本前提下，要进一步完善国有企业治理结构，尤其是全面落实董事会权利，真正发挥监事会作用，推进经理人员任期制和契约化管理，加强工会和职工代表大会参与管理和日常监督的作用，形成系统完善、权责明确、功能清晰、运转顺畅、实践有效的现代公司治理体系。

一是全面落实董事会权利，全面建立董事会向经理层授权的管理制度。

按照现代公司治理的要求，进一步明确国资委的出资人和监管者角色，下放更多的决策权给董事会，让董事会成为真正享有权利、承担责任、主动作为、有效决策的主体；推动董事会建设，进一步推进党委（党组）书记和董事长的二职合一，保证在"三重一大"重要事项上的党的领导；进一步完善外部董事、独立董事制度，由上级国资委甄选或者审核外部董事和独立董事，真正发挥外部董事和独立董事的作用。

二是落实职业经理人制度，以有效激励引导职业经理人的积极行动。推动职业经理人市场建设，尤其是以国资委为主导推动国有企业内部职业经理人市场建设，形成跨行业、跨区域、跨层级的经理人流动机制。不断创新和优化职业经理人的绩效薪酬制度，进一步推进经理人持股（MBO）、期权制度改革，大力探索经理人进入政府部门的政治激励方式，形成多种方式的激励工具。推进经理人员任期制和契约化管理，逐步形成和完善以劳动合同管理为基础、以岗位管理为核心的市场化用工制度。

三是真正发挥监事会作用，形成对经理人员的有效约束和监督。建立符合现代企业制度需要的监事会制度，根据企业实际，形成由内部职工代表监事、外派监事、外部监事、内部监事等构成的专业互补、结构合理的监事会。强化监事的甄选，尤其是将企业内业务能力强的专业人员吸纳到监事会中，将外部法律、财务、风险管控等专业机构专家引进监事会。落实监事参加董事会、高管会等相关规定，实现有效的信息收集和实时监督。

四是完善工会、职工代表大会制度，形成对企业决策、管理的参与权以及监督权。在党管工会、党管职代会的大框架下，进一步探索工会制度、职工代表大会制度创新，将工会代表和职代会代表融入公司治理结构，尤其是强化其知情权、建议权、监督权，参与公司重大战略决策、涉及职工利益的相关事项。

五是发展外部监督力量，防范国有企业"内部人控制"问题。综合利用纪检监察、巡视、审计、法律、财务、舆论等多种监督方式，结合不同行业和实际建立不同的监督方式，兼顾企业透明度和信息公开的平衡。

参考文献

包炜杰：《新时代国有企业深化改革的三个基本问题——兼论对马克思主义所有制理论的创新发展》，《马克思主义研究》2021年第4期。

《邓小平文选》（第二卷），人民出版社，1994。

国务院国资委党委：《坚持党的领导、加强党的建设是国有企业的"根"和"魂"》，《求是》2021年第18期。

贺耀敏：《扩权让利：国有企业改革的突破口——访袁宝华同志》，《百年潮》2003年第8期。

黄群慧：《中国共产党领导社会主义工业化建设及其历史经验》，《中国社会科学》2021年第7期。

蒋一苇：《"企业本位论"刍议——试论社会主义制度下企业的性质及国家与企业的关系》，《经济管理》1979年第6期。

李先军：《新发展格局背景下，国有企业在国家科技战略中的支撑作用与实现科技自立自强——专访中国企业管理研究会会长黄速建》，《清华管理评论》2021年第Z2期。

《刘少奇选集》（下卷），人民出版社，1985。

汪海波、刘立峰：《新中国工业经济史》（第三版），经济管理出版社，2017。

《习近平谈治国理政》（第二卷），外文出版社，2017。

张旭、王天蛟：《中国特色社会主义国有企业管理体制的形成、发展与超越》，《经济纵横》2020年第12期。

中共中央文献研究室：《十五大以来重要文献选编》，中央文献出版社，2011。

中国经济年鉴委员会：《中国经济年鉴（1989）》，经济管理出版社，1990。

管 理 篇

Management Reports

B.10
国有企业管理制度创新

胡吉亚*

摘　要：　改革开放以来,"三项制度"改革稳步推进,特别是在国有企业改革浪潮中充当了不可或缺的角色。但是,"三项制度"改革是一个长期攻坚的工作,事关国计民生,同时也涉及多方利益博弈,仍有不少企业不同程度存在人浮于事、冗员过多、平均主义的问题。本报告从国有企业三项制度改革现状分析出发,探析我国国有企业管理制度创新需要关注的问题,并构建国有企业管理制度评价体系,针对国有企业三项制度改革提出可行性建议。

关键词：　国有企业　人事制度　选拔制度　分配制度　"六能"

---

* 胡吉亚,博士,中国社会科学院大学经济学院副教授,研究领域为战略性新兴产业融资和房地产市场。

"三项制度"改革自1978年提出至今已有四十多年的历史。"三项制度"改革主要着眼于劳动制度改革、人事制度改革和分配制度改革，从员工、管理和薪酬三个基础性领域的深层次改革出发，奠定现代企业制度优化发展的基石。改革开放以来，"三项制度"改革稳步推进，特别是在国有企业改革浪潮中充当了不可或缺的角色。但是，"三项制度"改革是一个长期攻坚的工作，事关国计民生，同时也涉及多方利益博弈，改革古板、改革反复、改革低效的情况时有发生。党的十八大以来，国有企业改革进入深水区，党中央从国家发展战略角度和民族工业崛起蓝图出发，提出国有经济高质量发展目标和国有企业深化改革要求，"三项制度"改革必须进一步向纵深方向推进。

一 国有企业"三项制度"改革历程

国有企业是国有经济的代表和归属，国有企业制度变迁不仅关乎国民经济的发展，更体现了国有经济的宏观部署与国有企业战略定位的转变。回顾改革开放40余年来国有企业制度改革与发展的历程，总结国有企业制度实施中的经验与不足，对于研究新时代背景下国有企业功能定位、发展改革和制度创新具有重要意义。

概括而言，中国国有企业"三项制度"改革主要经历了以下三个阶段。

（一）从扩权让利到两权分离阶段（1978～1992年）

计划经济时代，国有企业由国家统筹运营管理，对促进国有经济稳定发展功不可没。但是，随着经济发展和社会进步，国有企业在经营中暴露出种种弊端。例如，"政企不分、社企不分"、"权力过分集中，自上而下统得过死"和"企业吃国家大锅饭，职工吃企业大锅饭"等问题。如何调动企业积极性和员工能动性，使国有企业走出"发展不动、创新不行、盈利不了"的困局是当时亟待解决的重要课题。针对这些问题，国有企业制度改革首先着眼于"放权让利"，解决国有企业和员工被制度与体制束缚的问题。最初

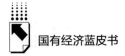

的改革主要关注点在国企关系的重新定义，希望通过放权留利调动企业积极性，例如，首都钢铁公司在 1978 年推行了经济责任制，放宽了企业经营自主和利润分配权限，完善了管理制度，显著增强了企业经济效益，1979～1981 年，首钢利润净额平均每年增长 45.32%，上缴利润和税金平均每年增长 27.91%，① 不仅为首都钢铁公司增加了内源资金，也为提高员工福利奠定了坚实的基础。1979 年，天津自行车厂、上海柴油机厂等多家国企参与"放权让利"试点，均取得了较好的成效。同年，国务院颁布了《关于国营企业实行利润留成的规定》《关于提高国营工业企业固定资产折旧率和改进折旧费使用办法的暂行规定》《关于扩大国营工业企业经营管理自主权的若干规定》等一系列规章制度，从利润分配、税收减免、会计制度等多方面着手，推进国有企业制度改革，1979 年底，试点企业增加至 4200 家，次年，又增加了 1800 家，"放权让利"极大地激励了国有企业的经营热情，试点国有企业以占全国工业企业数量的 16%，创造了 70% 的利润。② 1986 年，国务院发布《国务院关于深化企业改革增强企业活力的若干规定》（国发〔1986〕103 号），规定"全民所有制小型企业可积极试行租赁、承包经营。各地可以选择少数有条件的全民所有制大中型企业，进行股份制试点。企业之间互相投资，或联合投资新建企业，一般宜采取股份制形式。集体所有制企业仍由主管部门统负盈亏的，一律改为自负盈亏，不再上交合作事业基金。全面推行厂长（经理）负责制"。③ 此外，规定明确提出要解决"鞭打快牛"的问题，继续缩减对企业下达的指令性计划，限期清理、撤销行政性公司。

90 年代初国有企业制度建设主要还是围绕"放权让利"展开，但是，人们已经认识到单纯的"放权让利"带来的"富了和尚穷了庙""利大大

① 陈佳贵：《经济发展与经济改革》，中国社会科学出版社，2009。
② 周叔莲：《20 年中国国有企业改革经验的理论分析》，《中国社会科学院研究生院学报》2000 年第 3 期。
③ 《国务院关于深化企业改革增强企业活力的若干规定》，http://www.gov.cn/zhengce/content/2012‐09/21/content_3893.htm，2012 年 9 月 21 日。

干，利小不干""短期发展，长期亏损"等弊端，1992年国务院公布了《全民所有制工业企业转换经营机制条例》，界定了企业和政府的关系，明晰了企业生产经营决策权、产品销售权、物资采购权等多项权利。

这一阶段国有企业制度改革解决了国有企业发展欠活力问题，将经营权归属在制度层面厘清，推动了国有企业发展，但是，同时也出现了国有企业发展后劲不足等问题，国有企业长期持续稳定发展需要在制度上进一步创新。

（二）公司制改造和完善法人治理结构阶段（1993～2012年）

党的十四大以来，国有企业改革正式进入了建立现代企业制度的阶段。1993年11月，十四届三中全会明确了建立现代企业制度的目标，指出"我国国有企业的改革方向是建立'适应市场经济和社会化大生产要求的、产权清晰、权责明确、政企分开和管理科学'的现代企业制度，要求通过建立现代企业制度，使企业成为自主经营、自负盈亏、自我发展、自我约束的法人实体和市场竞争主体"。[①]

针对90年代初国有企业普遍亏损和国有资产流失等问题，1995年，《中共中央关于制定国民经济和社会发展"九五"计划和2010年远景目标的建议》对国有企业改革提出了新的思路：一是转变经济增长方式，二是实行"抓大放小"的改革战略。在此阶段，"三项制度"改革也进入了新的阶段。2001年，国务院网站发布公告《关于深化国有企业内部人事、劳动、分配制度改革的意见》（国经贸企改〔2001〕230号），明确"深化企业三项制度改革的目标是：把深化企业三项制度改革作为规范建立现代企业制度的必备条件之一，建立与社会主义市场经济体制和现代企业制度相适应，能够充分调动广大职工积极性的企业用人和分配制度。尽快形成企业管理人员能上能下、职工能进能出、收入能增能减的机制"。[②]

---

① 《勾勒社会主义市场经济体制的基本框架》，http：//cpc. people. com. cn/GB/64162/134580/137920/index. html。

② 《关于深化国有企业内部人事、劳动、分配制度改革的意见》（国经贸企改〔2001〕230号），http：//www. gov. cn/gongbao/content/2002/content_ 61946. htm，2001年3月13日。

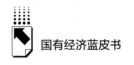

（三）深化改革阶段（2013年至今）

2013年至今是"三项制度"改革的逐步深化发展阶段。2015年8月，《中共中央　国务院关于深化国有企业改革的指导意见》中的第三部分着重强调"三项制度"改革，要求"加强对国有企业领导人员的管理，广开推荐渠道，依规考察提名，严格履行选用程序。根据不同企业类别和层级，实行选任制、委任制、聘任制等不同选人用人方式。推行职业经理人制度，实行内部培养和外部引进相结合，畅通现有经营管理者与职业经理人身份转换通道，董事会按市场化方式选聘和管理职业经理人，合理增加市场化选聘比例，加快建立退出机制。建立健全与劳动力市场基本适应、与企业经济效益和劳动生产率挂钩的工资决定和正常增长机制。推进全员绩效考核，以业绩为导向，科学评价不同岗位员工的贡献，合理拉开收入分配差距，切实做到收入能增能减和奖惩分明，充分调动广大职工积极性"。①

党的十八届三中全会将"六能"作为衡量"三项制度"改革成效的指标。2017年国资委出台《关于进一步深化中央企业劳动用工和收入分配制度改革的指导意见》，要求各企业统一思想，充分认识深化劳动用工和收入分配制度改革的重要性和紧迫性；统筹规划，积极稳妥推进市属国有企业劳动用工和收入分配制度改革；进一步建立健全管理人员选用、考核和职业经理人配套管理机制，实现管理人员能上能下；完善员工社会化招聘、契约化管理和正常化流动机制，实现员工能进能出；推进收入分配市场化改革，完善工资总额预算管理机制，优化内部收入分配调节机制、健全企业负责人薪酬管理机制、探索生产要素按照贡献参与分配机制、强化职工权益保障机制、统筹规范福利保障机制，实现收入能增能减。②

2018年，国务院印发《关于改革国有企业工资决定机制的意见》，对国

---

① 《中共中央　国务院关于深化国有企业改革的指导意见》，http：//www.gov.cn/zhengce/2015
　　-09/13/content_ 2930440.htm，2015年8月24日。

② 北京国资委：《关于进一步深化中央企业劳动用工和收入分配制度改革的指导意见》，
　　http：//www.sasac.gov.cn/n2588025/n2588129/c2762165/content.html，2017年1月13日。

有企业工资总额决定机制、工资总额管理方式、企业内部工资分配管理等事项进行了规定。① 2020 年 6 月，《国企改革三年行动方案（2020—2022 年）》对于国有企业深化改革作了进一步的规划与部署，为"三项制度"改革指明新的方向。

"三项制度"改革历时 40 余年，至今尚未取得决定性胜利，足见国有企业改革本身是一项攻坚克难的长期工作。目前，绝大多数的国有企业都按照"干部能上能下、员工能进能出、收入能增能减"的六能指标进行了企业制度改革，然而，在"上、进、增"方面，改革进展一直顺利，而在"下、出、减"的问题上往往存在诸多阻力和对抗。② "三项制度"改革至今仍然进行在路上。

二　国有企业"三项制度"改革现状

随着全球宏观经济的变化和国际分工的重塑，国有企业管理制度改革一直顺应国内外经济变化而不断调整，并取得了积极的成效。

（一）干部能上能下

经过国有企业改革，国有企业整体运营已经遵循市场化主体要求，自主运营、自负盈亏，与其他市场主体共同竞争，在市场采购、生产销售、技术创新、市场拓展等各方面都与其他类型企业相同，在性质上属于独立法人。国有企业的主营业务关键职位"任人唯才"。例如，中海油服为提高经营效率，改革用人制度，打破"铁饭碗"，实行弹性用工，六家主营单位人员重大调整，精兵简政，削减幅度为 30%，编制由 1586 个减少至 1096 个；保利文化集团健全优化绩效考核体系，量化关键考核指标，实行绩效工资，体现

---

① 赵俊杰、陆宇烨：《关于深化国企"三项制度"改革的思考》，《企业改革与管理》2021 年第 7 期。
② 许帆婷：《三项制度改革重点要解决能下、能出和能减问题》，《中国石化》2019 年第 11 期。

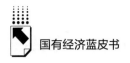

人才价值，中高层领导定期竞聘，能者居之。①

近两年，鲁商集团进行干部绩效考核，共降退 211 人，山东能源新矿集团全面贯彻"干部能上能下"政策，干部队伍精简化、年轻化，在集团的管理团队中，50 岁以上的人员占比下降 18%，30 多岁的年轻一代晋升较快，从 2 人增加到 68 人。山钢集团 12 家权属二级公司已有 11 家实行了经理层任期制和契约化管理，其中 8 家公司的 32 名经理层成员已开始契约化管理第二任期任职；权属三级公司经理层契约化管理覆盖率 2020 年 7 月即达到 100%。目前已有 26 名权属公司经营管理人员在竞聘中落聘或因完不成经营绩效目标被解聘。②

"干部能上能下"政策的推行关键在于考核，考核体系的公平公正是"干部能上能下"政策植根国有企业的基石。科学合理的考核体系不仅能够淘汰"管理庸才"，同时也能够对"管理人才"起到积极的激励作用。鲁抗医药为打通"上下"通道，建立了管理团队的考核体系，并将考核成绩分为 S、A、B、C、D 五档，连续 2 年以上考核不合格的人员将被降级处理。近 5 年，鲁抗医药已有 130 余人晋升。同时，有 27 人被降级、降职或免职。③ 中国化学工程集团公司自 2018 年底开始对领导班子进行全面的考核，新提任干部 80 人，降职 200 余人，对于能力差、责任心弱的正副职领导果断免职，激发和增强领导班子的积极性和危机意识。④ 山东重工集团有限公司以公司发展和个人能力为考核指标建立"3＋1"考核机制，并严格考核制度，根据考核结果，2020 年共擢升 66 人，降级免职 490 人，对将近 200名管理层人员进行问责处理，极大地促进了管理能力的提升。⑤

① 《"双百行动"两周年调查之一：入选的央企们现在咋样了？》，http：//www.sasac.gov.cn/n2588025/n2588139/c15396973/content.html，2020 年 8 月 28 日。
② 《啃下硬骨头——山东省属国企三项制度改革取得阶段性突破》，《国企管理》2021 年第4 期。
③ 梁晴：《鲁抗医药"三项制度"改革向"寄生虫"开刀》，《山东国资》2020 年第 11 期。
④ 刘青山：《中国化学工程：推进三项制度改革，企业活力持续增强》，《国资报告》2020 年第 1 期。
⑤ 王倩倩：《山东重工：三项制度改革亮剑》，《国资报告》2021 年第 6 期。

（二）员工能进能出

随着人口红利的减少，"人口红利"逐步向"人才红利"转化的时代已经来临，优胜劣汰，能者居之，员工能进能出同样是"三项制度"改革的重点之一。为实现"人才强企"战略，一些国有企业已经开始摸排员工素质，进行全员考核，2020年，山东高速集团清退1262人，鲁抗医药清退员工391人，每年节约费用700万元。清退冗员与引进人才并进，2020年，新华制药为增强科研能力，着力引进高端人才，其中包括聘请院士2名、招聘博士2名。在新华制药研发部已经有5名院士、多名专家和近300名具有研究生学历的高素质人才。[①]

中国化学工程集团的人才招聘计划全方位面向市场，实现竞争、竞聘，已经有120个不同职位实现市场化招聘。自2018年以来，中国化学工程集团已经通过外招、竞聘、选拔等方式通过不同渠道引进总部中层干部25人、引进总部业务管理岗位38人。中国化学工程集团的子公司和各分属部门全部调整人员进出规章制度，对于人员人事调整规范化、制度化、市场化，集团各部门三个层级的领导班子全部实现竞聘上岗、绩效考核，共调整干部2906人次，内部新提任944人，社会引进182人，干部平均年龄由竞聘前的47.6岁下降到竞聘后的42.3岁，本科以上文化程度达到80%以上，研究生以上文化程度达到30%以上，集团干部队伍年轻化、专业化水平有了明显提高，年龄结构、知识结构、能力结构更为科学合理。[②]

山东重工以提高人力资源优化配置效率为导向，以全球知名企业为标杆，重建岗位结构框架，重申岗位职责义务，重塑岗位考核指标。在不到两年的时间里，已经将管理层人员直接减少1500余人，裁员比例超过十分之一。此外，山东重工依托互联网平台和数字经济，通过网络宣讲、智能招

---

① 《啃下硬骨头——山东省属国企三项制度改革取得阶段性突破》，《国企管理》2021年第4期。

② 刘青山：《中国化学工程：推进三项制度改革，企业活力持续增强》，《国资报告》2020年第1期。

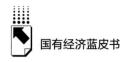

聘、线上沟通等方式招募员工1300多人；对于技工类员工的招聘，山东重工同样设立了三道考核关卡，择优录取，已经招聘1000余人，为公司的未来研发提供了智力支撑。在"劣汰"方面，山东重工逐步健全员工考核机制，考评成绩按照S、A、B、C、D五级分布，2020年，公司根据考评结果，清退冗员近200人，并且，所有在岗职工均签订绩效考核合约，定期考核，提升人力资源效率。

（三）收入能增能减

收入能增能减是"三项制度"改革的重要组成部分，主要目的是激励优秀员工，警示无为员工，真正体现薪资分配的公平与公正。

中国保利集团将年度基薪和团队奖金分别与净资产收益率目标和企业净利润目标挂钩，国网电商公司引入期权激励机制，年度激励收益按照70%、10%、10%、10%的比例分4年兑现。目前已选拔769人次的核心人才，累计兑现核心人才薪酬期权激励1510万元。[①]

股票期权激励是国有企业中常见的激励手段，对于挽留优秀人才、鼓励员工创新具有显著的效果。鲁商健康产业发展有限公司拿出总股本的3%用于向本公司的职员实行激励计划，共计3000多万股，实施股票期权激励计划后，鲁商健康产业发展有限公司经营绩效显著增长，在实施股权激励计划之后的一年里，公司收入提高16.64%，净利润增速翻倍，在2020年上半年，尽管受疫情影响，公司仍然实现了135%的净增长。[②]

鲁抗医药股份有限公司实行多劳多得的薪酬机制，薪资水平与定期考核绩效、业绩直接联系，拉开员工收入差距，将公司资源向优秀人才、关键员工、核心技术人才倾斜，同年度同部门的员工薪酬可以相差4倍以上。自2019年起，鲁抗医药股份有限公司实行FTE工作法，提高员工薪酬，并对技术研发部门实行效益提成奖励制和项目目标奖励制。此外，对于公司的核

---

① 《"双百行动"两周年调查之一：入选的央企们现在咋样了？》，http://www.sasac.gov.cn/n2588025/n2588139/c15396973/content.html，2020年8月28日。

② 《啃下硬骨头——山东省属国企三项制度改革取得阶段性突破》，《国企管理》2021年第4期。

心技术人员以及关键岗位的职员实行股权激励计划，共涉及 2626 万股。为了拉开员工收入差距，鲁抗医药承诺连续 5 年为员工增资，2017 年至今，增资最高的达 1000 多元，最低的为 100～200 元。[①] 威海供电公司同样进行薪资体制改革，将薪酬、奖惩与年度绩效考评挂钩，使同层级员工的工资水平拉开差距，近两年，考核合格职工 5336 人次，考核合格班组 742 组次，不合格 566 人次，降级 49 人，薪资体制改革对于激发员工能动性和积极性起到了积极的作用，对于惩戒消极怠工的员工也起到了震慑作用。[②]

腾讯每年有 5% 的人绩效能拿到最优，对应 20～30 个月的奖金，而 90% 的人一般只能拿到 16 个月奖金，差距拉得很大。腾讯管理层人员明确表态"让薪酬增就增到'受宠若惊'，减就减到'切肤之痛'，以更精准地激励弘扬奋斗者文化，建立公正合理、差距适当的分配秩序，从根本上消除高水平'大锅饭'。同时，合理的薪酬分配机制，也是倒逼绩劣员工主动让出重要岗位，甚至离开企业的有效手段"。除了绩效考核和股权激励之外，项目单项奖励也是高新技术企业经常采用的方式，在潍柴集团和中国重汽，军令状项目单项最高奖励 2000 万元，揭榜挂帅项目单项最高 700 万元的"竞标激励"让科研团队上紧了"发条"。[③]

中粮集团有限公司依据国家相关法律法规并结合自身实际情况制定薪酬管理实施办法，规范公司薪酬管理，充分调动员工积极性和创造性，促进公司提质增效和转型升级。公司薪酬管理体现公平性、市场竞争性和"三倾斜"原则，根据岗位的技术含量、工作难度、劳动强度和工作环境等进行岗位价值分析，结合在岗员工的价值体现，薪酬与绩效挂钩，制定薪酬标准。此外，围绕员工的终身学习议题，不断完善培训体系，全面加强培训管理，充分依托"中粮科技大学"，培训人员覆盖率达到 100%，培训人数共计超过 1.6 万人次。[④]

① 梁晴：《鲁抗医药"三项制度"改革向"寄生虫"开刀》，《山东国资》2020 年第 11 期。
② 刘中华：《让企业"血液"活起来》，《国家电网》2020 年第 12 期。
③ 王倩倩：《山东重工：三项制度改革亮剑》，《国资报告》2021 年第 6 期。
④ 《中粮生物科技股份有限公司 2020 年年度报告》，http://data.eastmoney.com/notices/detail/000930/AN202104281488436731.html，2021 年 4 月 28 日。

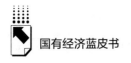

三　国有企业管理制度创新需要关注的主要问题

国有企业"三项制度"改革历时 40 多年，取得的成就有目共睹，对于提高国有企业经营绩效和优化资源配置起到了积极的作用，但是，仍有一些桎梏影响国有企业"三项制度"改革工作的进程，主要体现在以下三个方面。

（一）人事制度

从"能进能出"方面来看，国有企业既有优势又有瓶颈。一方面，国有企业在招聘方面具有自主权，且由于国有企业的社会地位和薪资待遇方面的优势，国有企业往往能够在社会招聘和校园招聘中获得较好的人力资本。另一方面，国有企业制度僵化的情况仍然存在，因此，高端人才考虑到薪酬涨幅和创新通道等方面的弊端，也会倾向于选择外资企业和民营企业。

就目前的情况来看，国有企业在"出"的方面并不顺畅，一些国有企业是"能进不能出"，主要原因包括：第一，国有企业发展具有制度延续性，一些国有企业人事制度中的编制制度和体制化并不能在一朝一夕之内改变；第二，地方国有企业不仅有带动区域经济的任务，而且有保就业、安民生的义务，因此，在解聘员工方面往往会面临地方政府和社会领域的压力，考评清退机制的可行性面临考验；第三，国有企业减员常受行政约束，解聘员工的成本较高，国家会通过补贴、转岗、安置等手段保障被解聘人员的再就业和生活问题。

（二）选拔制度

国有企业大多已经建立起了"能上能下"的机制，并且一些国有企业正在严格执行，切实选拔了一批优秀、年轻的骨干管理人员，淘汰、内退了一批绩效较差的官员，优化了国有企业管理班底的结构。

然而，值得指出的是，国有企业在中层管理班子的选拔和淘汰方面具有较大的自主权，能够较大程度地实现竞聘、择优、劣汰，但是在高级别管理人员的选拔、任命与考核方面仍然存在行政干预，并不能实现优胜劣汰和真正意义上的"能上能下"，因为国有企业的高管班子往往都有行政级别，由上级行政部门直接任命。高管直接任命有利于企业获得政府资源、国企监管和战略发展，但是不利于激发高管引领企业发展的动力，也阻碍了优秀企业家竞聘，不利于从高层激发国有企业的进取精神和市场拓展能力。

（三）分配制度

国有企业在薪资待遇方面的最大优势就是稳健，正所谓"铁饭碗"和"有编制"，这也是因为国有企业的"国有"属性具有较强的抗风险能力和排他性，在人力资源市场具有很强的竞争优势。

不容否认的是，国有企业分配制度的弊端也很明显，在前些年，国有企业一直并未有权威的薪酬制度管理办法和严格的考评标准，高管薪酬乱象突出，严重影响了国有企业发展和社会形象，目前绝大多数国有企业都已经建立起薪酬管理制度框架，将薪酬与业绩等挂钩，但是，国有企业的薪资总篮子受到政府预算的限制，在激励创新、吸引高端人才等方面仍存在短板，不能完全与市场接轨。此外，由于国有企业人员背景复杂，在降薪减资方面阻力较大，禁锢了国有企业分配制度改革进程。

四 国有企业管理制度评价体系

"三项制度"改革是国有企业改革中的关键一环，近年来，"三项制度"改革已经取得了较大的成绩，如何准确、科学、系统地评价国有企业"三项制度"改革现状，如何量化"三项制度"改革的成效，是目前"三项制度"改革的主要任务。只有科学、全面地评价改革成效，才能找出经验与不足，因此，建立健全"三项制度"改革评价体系是国有企业改革的阶段性节点，也是下一阶段"三项制度"改革继续进行的新起点。

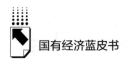

（一）构建原则

1. 公平性原则

"三项制度"改革涵盖了人事制度、选拔制度和分配制度，优化国有企业人力资源首先应遵循公平性原则才能够服众，让制度具有持续性和可行性。因此，在构建"三项制度"改革评价体系时首先考虑公平性原则，在指标体系的建设上充分体现全面性、均衡性和公平性。

2. 效率性原则

"三项制度"改革的最终目的是优化国有企业人力资本结构，提高国有企业的经营绩效，增强国有企业的核心竞争力和影响力，效率是促进国有企业发展的关键，因此，在构建指标体系时着重强调效率性原则。

3. 创新性原则

创新是企业发展的原动力，关键零部件的缺失和核心技术的掣肘是我国国有企业发展中的瓶颈，"科技强国"和"制造强国"都是我国的中长期发展战略，创新性必须体现在"三项制度"改革评价指标体系的建设中。

（二）评价逻辑

构建"三项制度"改革评价体系的初衷是保障公平、提高效率、促进创新。具体来说，一是要通过"三项制度"改革评价指标体系的建设考核当前改革成效，肯定改革工作的成绩，为之后的改革工作奠定基础；二是公平公正地评价国有企业"三项制度"改革情况，促进国有企业经营绩效的稳步提高；三是以考核促创新，提升企业和员工的创新力与劳动生产率，突出创新引领，提高国有企业人力资源价值。

因此，"三项制度"改革评价体系将围绕"公平、效率、创新"展开，设计五个维度的评价体系，采取定性与定量相结合的方式，保障评价结果的全面性、客观性、实用性和引领性。

（三）评估模型

按照"三项制度"改革评价体系构建原则，遵循我国国有企业发展特点与宏观经济基本面情况，针对"六能"要求，建立核心竞争力、创新能力、资源配置、组织协调和经营效益五个维度，作为国有企业"三项制度"改革评价模型，模型的框架逻辑如图1所示。

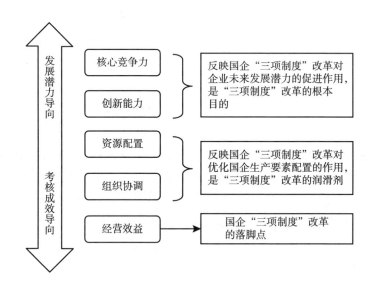

图1 "三项制度"改革评估体系框架

资料来源：笔者绘制。

企业的核心竞争力和创新能力两个维度主要反映国有企业"三项制度"改革对企业未来发展潜力的促进作用，是"三项制度"改革的根本目的。企业的资源配置和组织协调能力两个维度则反映国有企业"三项制度"改革对优化国有企业生产要素配置的作用，是"三项制度"改革的润滑剂。经营效益维度是整个"三项制度"改革的落脚点，所有的改革措施最终都是为了提高国有企业的经营效益，促进国有企业健康快速发展。

（四）指标体系

"三项制度"改革评价指标体系涉及五个维度，从核心竞争力、创新能力、资源配置、组织协调和经营效益五个维度考核国有企业"能上能下""能进能出""能增能减"的制度优化与落实情况，初步搭建五个维度的一级考核

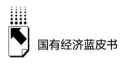

指标，每个维度的评估结果都包括四个等级，每个等级有相应的分数，五个维度的得分加总就是最终国有企业"三项制度"改革的定量考核成效，如果五个维度都是优秀，那么"三项制度"改革就是满分100分（见表1）。

各国有企业可以根据自身所属的行业特点、企业发展、发展战略等设计二级指标和三级指标，在二级指标的设计上可以包括基础性指标、动态化指标和创新性指标等。

表1 "三项制度"改革评价指标体系

维度	评估领域	一级指标	评估等级（百分制）
核心竞争力	能上能下；能进能出	技术竞争力；产品竞争力；人才竞争力	优秀（20分）；良好（15分）；合格（10分）；不合格（5分）
创新能力	能上能下；能进能出；能增能减	投入产出比；专利授权量；技术成果转化；技术突破能力；技术市场交易量	优秀（20分）；良好（15分）；合格（10分）；不合格（5分）
资源配置	能进能出；能增能减	生产线统筹；产业链占位；薪资分配体系；生产要素流动性	优秀（20分）；良好（15分）；合格（10分）；不合格（5分）
组织协调	能上能下；能进能出	班子领导力；员工凝聚力；制度创新力；	优秀（20分）；良好（15分）；合格（10分）；不合格（5分）
经营效益	能上能下；能增能减	劳动生产率；ROA；资产负债率；净利润增长率	优秀（20分）；良好（15分）；合格（10分）；不合格（5分）

资料来源：笔者绘制。

目前国资委已经开始对国有企业的经营情况定期核查，并对企业负责人经营业绩考核A级的企业进行公示表彰（见表2）。在未来的评价体系中可以适当加入全面化、系统化指标，统筹考核国有企业"三项制度"改革成效。

表2 2020年度中央企业负责人经营业绩考核A级企业

A级企业		
中国航天科技集团有限公司	中国航空工业集团有限公司	中国国新控股有限责任公司
招商局集团有限公司	中国铁路工程集团有限公司	国家电网有限公司
中国移动通信集团有限公司	中国海洋石油集团有限公司	中国中化集团有限公司

A级企业		
中国建筑集团有限公司	中国石油化工集团有限公司	中国交通建设集团有限公司
中国长江三峡集团有限公司	中国医药集团有限公司	中粮集团有限公司
中国第一汽车集团有限公司	中国中车集团有限公司	中国电力建设集团有限公司
中国宝武钢铁集团有限公司	中国兵器工业集团有限公司	中国石油天然气集团有限公司
华润(集团)有限公司	中国远洋海运集团有限公司	中国中煤能源集团有限公司
中国铁道建筑集团有限公司	中国五矿集团有限公司	东风汽车集团有限公司
中国广核集团有限公司	中国电信集团有限公司	中国航空发动机集团有限公司
中国电子科技集团有限公司	中国华电集团有限公司	中国南方电网有限责任公司
中国船舶集团有限公司	中国建材集团有限公司	中国诚通控股集团有限公司
国家能源投资集团有限责任公司	国家开发投资集团有限公司	中国旅游集团有限公司
中国航天科工集团有限公司	中国华能集团有限公司	中国能源建设集团有限公司
中国保利集团有限公司	华侨城集团有限公司	中国通用技术(集团)控股有限责任公司
中国核工业集团有限公司	国家电力投资集团有限公司	

资料来源：国资委考核分配局：《2020 年度中央企业负责人经营业绩考核 A 级企业名单》，http：//www. sasac. gov. cn/n2588030/n2588954/c19662303/content. html，2021 年 7 月 13 日。

五　国有企业管理制度创新发展方向

（一）人事制度健全岗位管理机制

健全人事管理制度体系，明确岗位职责和岗位需求，建立集团化管理机制，搭建与企业经营战略相匹配的人事组织框架及人员流动规则，编订企业人事管理制度管理规定并严格执行。

内选外聘两结合，实行市场化的"选"、前瞻性的"培"。[1] 制定国有企业长期人才引进和智力引进的规划，将人力资源增补与企业战略发展匹配起来，控制数量、质量和流动性。借力数字化经济与互联网技术的发展，通过线上线下多渠道宣传企业以吸引人才，并依托项目、课题和科技攻关引进

---

[1]　李晓宁：《国企三项制度改革的实践策略》，《人力资源》2020 年第 18 期。

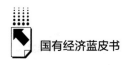
和激励人才，建立人才储备库和人才梯队建设库，吸引并储蓄大量优质高端人才。建立企业内部人员流动"转板机制"，明确门槛，严把进口，实现人力资源优化配置。

建立健全全员考评机制，将量化指标纳入考核体系，科学化、法制化人员的"出"和"退"，以合约、协议和制度规范人员的"进"和"出"，打通人员进出的通道。

（二）选拔制度强调契约化管理

首先，畅通"上"的渠道。打通高层、中层和低层级管理岗位晋升通道，并针对市场部门、研发部门、行政部门、生产部门等不同板块设计差异化的指标体系，请专家、部门领导、员工代表等共同审核指标体系的科学性、合理性和全面性。全面实行契约化管理模式，所有层级的管理班底都以3年或者5年为届签订聘任合约，到期考核合格才能够继续聘任。针对技术研发部门可以适当放宽条件或者年限，体现对于创新研发的容错性。

其次，以年度考核、定期考核和项目考核相结合的方式提高干部班底的流动性，全面提升人员综合素质和能力，坚决避免"一岗定终身"现象。建立管理人员向专业技术人员转岗机制，鼓励专业水平高的领导人员转聘专家岗位，实现三支人才队伍纵向、横向"双向"贯通，职级对等、待遇对等、薪酬对等。

最后，明确"下"的标准。通过对中层以上管理人员实行契约化管理，签订干部合约、年度及任期经营业绩责任书，构建"一岗一考核""一人一张表"的差异化考核机制。连续两年考核结果不合格、任期综合考核评价不称职的干部，及时予以解聘、易岗易薪，做到"能者上、平者让、庸者下"。通过干部管理执纪监督和任期内经济责任审计、离任审计等方式监督干部的履职情况，通过机制约束确保干部不踩红线、不越底线。①

---

① 李晓宁：《国企三项制度改革的实践策略》，《人力资源》2020年第18期。

（三）考核分配机制坚持"四个锚定"

国有企业考核薪酬体系仍存在精准考核不准确、分类分配不到位的现象，进一步完善考核分配机制是健全国有企业现代治理制度的重要环节。

完善国有企业考核分配机制要坚持"四个锚定"，考核分配机制锚定提升质量效益精准发力，始终坚持薪酬待遇与绩效贡献挂钩、职位上下与目标管理挂钩，强化指标评价；考核分配机制锚定服务国家战略精准发力，发挥国有企业战略引领作用，保障国家重大战略落地实施，推动传统产业核心价值提升，促进战略性新兴产业高端化、国际化、链条化；考核分配机制锚定创新驱动发展精准发力，推动企业勇当原创技术"策源地"和现代产业链"链长"，要在考核分配工作中强调奖惩办法，激励科技创新和科研成果转化，努力实现更多"从0到1"的突破；[①] 考核分配工作锚定强化正向激励精准发力，要建立分层分级分类的激励约束机制，完善企业负责人薪酬待遇管理机制、健全职工工资总额决定机制、强化关键岗位核心人才激励、深化企业内部"三项制度"改革，为国资国企高质量发展提供坚强保障。[②]

参考文献

周叔莲：《20年中国国有企业改革经验的理论分析》，《中国社会科学院研究生院学报》2000年第3期。

《中共中央　国务院关于深化国有企业改革的指导意见》，http：//www. gov. cn/zhengce/2015 – 09/13/content_ 2930440. htm，2015年8月24日。

北京国资委：《关于进一步深化中央企业劳动用工和收入分配制度改革的指导意见》，http：//www. sasac. gov. cn/n2588025/n2588129/c2762165/content. html，2017 年 1

---

① 国务院国资委：《如何加快推动"四个锚定"落实落地？》，http：//www. sasac. gov. cn/n2588040/n2590387/n9854182/c18654495/content. html，2021年5月21日。

② 国务院国资委：《2021年国资国企考核分配工作聚焦哪些重点领域？》，http：//www. sasac. gov. cn/n2588040/n2590387/n9854182/c18707914/content. html，2021年5月24日。

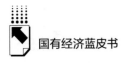

月 3 日。

赵俊杰、陆宇烨：《关于深化国企"三项制度"改革的思考》，《企业改革与管理》2021 年第 4 期。

许帆婷：《三项制度改革重点要解决能下、能出和能减问题》，《中国石化》2019 年第 11 期。

《"双百行动"两周年调查之一：入选的央企们现在咋样了?》，http://www.sasac.gov.cn/n2588025/n2588139/c15396973/content.html，2020 年 8 月 28 日。

《啃下硬骨头——山东省属国企三项制度改革取得阶段性突破》，《国企管理》2021 年第 4 期。

梁晴：《鲁抗医药"三项制度"改革向"寄生虫"开刀》，《山东国资》2020 年第 11 期。

王倩倩：《山东重工：三项制度改革亮剑》，《国资报告》2021 年第 6 期。

刘青山：《中国化学工程：推进三项制度改革，企业活力持续增强》，《国资报告》2020 年第 1 期。

刘中华：《让企业"血液"活起来》，《国家电网》2020 年第 12 期。

《中粮生物科技股份有限公司 2020 年年度报告》，http://data.eastmoney.com/notices/detail/000930/AN202104281488436731.html，2021 年 4 月 28 日。

李晓宁：《国企三项制度改革的实践策略》，《人力资源》2020 年第 18 期。

国务院国资委：《如何加快推动"四个锚定"落实落地》，http://www.sasac.gov.cn/n2588040/n2590387/n9854182/c18654495/content.html，2021 年 5 月 21 日。

国务院国资委：《2021 年国资国企考核分配工作聚焦哪些重点领域?》，http://www.sasac.gov.cn/n2588040/n2590387/n9854182/c18707914/content.html，2021 年 5 月 24 日。

212

B.11
国有企业使命与战略管理创新

王　菲[*]

摘　要：　企业使命是企业生产经营的总方向、总目的、总特征和总体指
导思想，它阐释了企业生存和发展的根本理由。纵观中国国有
企业的历史发展，优秀的国有企业无不对自身使命具有清晰的
界定，并能够基于自身企业使命进行科学合理的战略管理规
划。本报告通过对中国国有企业在不同时期企业使命演进历程
的回溯，结合国有企业的分类改革，重点阐释新发展阶段下国
有企业所需承担的经济使命、国家使命与社会使命，并从总体
战略定位、分类发展战略和战略转型三个层面为国有企业进行
使命驱动下的全面战略管理创新提出政策建议。

关键词：　国有企业　企业使命　战略管理创新

　　"使命"一词在《新华字典》中被解释为"重大的任务或责任"，现代
企业管理学将"企业使命"进一步阐释为企业在社会进步与社会经济发展
中所担当的角色和责任。使命是企业区别于其他组织而存在的理由和依据，
它如同一个灯塔，代表企业未来的发展方向，驱动企业履行各项责任，引领
企业进行战略管理实践。不同于古典经济学理论中企业以实现经济利润最大
化为生存目的的基础假设，现代企业管理学理论认为经济利润最大化并非企
业存在与发展的唯一性和决定性因素，企业的使命与责任并不能单纯地用实

＊ 王菲，博士，中国社会科学院大学经济学院讲师，研究领域为世界经济。

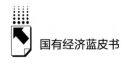
现经济利润最大化来诠释。管理学大师彼得·F. 德鲁克（Peter F. Drucker）提出，企业三项首要使命分别是——经济绩效，促使工作具有生产力且让员工具有成就感、社会影响与社会责任。

在中国特色社会主义基本经济制度下，尽管经济绩效在企业使命中占据关键和首要地位，但我们需要清醒地认识到，只有在企业使命中融入员工利益与社会利益，企业才能够最大化调动股东、员工、顾客、合作伙伴等各方面力量，在激烈的市场竞争中脱颖而出，并保持长久的生命力。特别地，国有企业作为一种特殊的组织形态，在经济利益、员工利益与社会利益的平衡上相比普通企业存在显著特殊性。中国的国有企业不仅需要弥补市场缺陷，还承担着巩固社会主义制度经济基础、发挥在国民经济中的主导作用的重要使命。面对日趋激烈的全球化竞争态势，本报告将通过回溯中国国有企业在不同时期的企业使命演进历程，探究新发展阶段下国有企业的核心使命，为国有企业使命驱动下的战略管理创新提出建议。

一　国有企业使命的历史回溯

（一）计划经济使命集中阶段（1949～1977年）

作为共和国长子，国有企业自新中国成立以来一直在国民经济中发挥着支柱作用，为1949年新中国成立至1978年改革开放之前这一阶段构建独立的、比较完整的工业体系和国民经济体系建立了历史功勋。

新中国成立初期，国内农业落后，工业基础薄弱，美国等西方国家对中国进行严格的政治与经济封锁，这些都促成了计划经济体制在中国的全面确立，而"国有国营"的国营企业①成为计划经济体制下企业的主要制度形式。通过没收官僚资本企业、接管外资企业、重组原解放区公营企业，中国

---

① 1993年，第八届全国人大一次会议通过宪法修正案，正式将"国营企业"的提法改为"国有企业"。

政府逐步建立国营经济，为恢复国民经济和巩固人民民主专政提供了重要条件和根本保证。到 1956 年底，中国政府在城市以"公私合营"的方式基本上将私营工商业转变为国营企业，在农村通过"政社合一"全面控制农村集体经济。1949 年，在中国的工业总产值中，国营部分仅占 26.25%，集体部分占 0.50%，私营经济、个体经济、公私合营等占 73.25%；到 1958 年底，国营工业产值占 89.17%，集体经济占 10.83%。至此，以国营企业为支柱的单一公有制社会主义工业化体系基本形成。①

在以高度集中为特点的计划经济体制下，国营企业在投资决策、生产经营、利润分配、人事管理等各个环节几乎完全按照国家的计划指令进行运转，政府直接向国营企业下达计划指标，直接管理国营企业生产过程，人事由党委领导集中管理，利润分配统收统支，企业基本没有自身利润追求，是事实上的"国家工厂"或"生产车间"。这样的制度安排虽然剥夺了国营企业的经营决策控制权，使得国营企业完全丧失对自身企业使命的探求，但也强化了国营企业完全为国家使命服务的理念，有助于国家整体经济发展目标的实现与完成。曾祥炎从社会供给角度论证了在工业化发展的初期，政府的强生产性偏好与弱寻租偏好会导致国有企业相比私有企业更具生产规模扩张优势，从而能够更好地保障"国家使命"——工业化生产规模快速扩张的实现，苏联阶段性成功、拉美奇迹、东亚奇迹、南非奇迹，甚至德国、日本、美国等一些发达国家在其工业化之初也是全部或部分遵循这一路径的。② 实践结果显示，新中国成立后国营企业的快速发展彻底改变了旧中国遗留下来的重工业基础薄弱和产业布局、区域分布不合理不平衡的状态，国营企业的利润上缴成为这段时期中国财政收入和经济建设的主要来源，为中国实施赶超工业化战略奠定了坚实基础。

然而，随着工业化水平的不断提升，举全国之力发展的国营企业在作出了巨大贡献的同时，弊端和局限性逐渐显现。高度集中的统筹安排使得政府

① 綦好东、彭睿、苏琪琪、朱炜：《中国国有企业制度发展变革的历史逻辑与基本经验》，《南开管理评论》2021 年第 1 期。

② 曾祥炎：《社会供给、"国家使命"与国有企业分类改革》，《湖北经济学院学报》2016 年第 4 期。

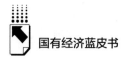

对国营企业管得过多，国营企业缺乏活力，运行日趋僵化。尽管中央数次出台相关规定①将国营企业经营权利下放到地方，但由于中央对地方政府缺乏有效的约束监督机制，政府与企业的关系没有实质性触动，"一统就死，一放就乱"成为该阶段国营企业管理的怪圈。

（二）市场化改革使命探索阶段（1978～2012年）

1978年党的十一届三中全会拉开了国营企业改革的大幕。1979年7月，国务院印发《关于扩大国营工业企业经营管理自主权的若干规定》《关于国营企业实行利润留成的规定》《关于开征国营工业企业固定资产税的暂行规定》《关于提高国营工业企业固定资产折旧率和改进折旧费使用办法的暂行规定》《关于国营工业企业实行流动资金全额信贷的暂行规定》5个文件，通过利润留成办法的实施把企业与职工所得与企业经营效率直接挂钩，一定程度上扩大了企业的经营自主权，提高了国营企业的活力。1983年4月，国务院批转财政部报送的《关于全国利改税工作会议的报告》和《关于国营企业利改税试行办法》。1984年10月国务院批转财政部《关于国营企业第二步利改税试行办法》。两次利改税制度的实践将国营企业利润分配制度以法律规范的形式基本固定下来，通过对国营企业征收所得税将国营企业置于同其他性质的企业平等的地位，体现了国营企业所有权与经营权的适当分离。1986年10月，借鉴农村体制改革中"承包制"的经验，国务院颁布《关于深化企业改革增强企业活力的若干规定》，提出要根据企业所有权与经营权分离的原则，推行多种形式的经营承包责任制。但需要注意的是，这一系列关于国营企业改革的积极探索仍旧停留在原有计划经济制度框架下，以行政干预为主要手段，这样的局部改革并没有触及国营企业的内部核心问题，在提高国营企业效率、减少国营企业亏损的问题上收效不大。根据《新中国50年财政统计》，1986年国营企业亏损额为417.1亿元，1990年该

---

① 1957年10月，中共八届三中全会通过《关于改进工业管理体制的规定（草案）》；1970年3月，国务院印发《关于国务院工业交通各部直属企业下放地方管理的通知（草案）》。

指标增加至 932.6 亿元，1992 年下降至 756.8 亿元。[①]

1992 年，邓小平南方谈话和党的十四大召开，将经济体制改革的目标明确为"建立社会主义市场经济体制"，其中国有企业是市场的基本经济单元和竞争主体。1993 年 3 月，八届全国人大一次会议通过宪法修正案，正式将"国营企业"的提法改为"国有企业"。1993 年 11 月召开的党的十四届三中全会通过了《关于建立社会主义市场经济体制若干问题的决定》，明确指出国有企业的改革方向是建立现代企业制度，国有企业实行公司制是建立现代企业制度的有益探索，国有大中型企业和小型企业可以依据二者在国民经济中的不同作用选择不同的改革路径，"抓大放小"的国有企业改革策略初步形成。1993 年 12 月，中国政府颁布《中华人民共和国公司法》（以下简称《公司法》），并于 1994 年 7 月 1 日起施行。《公司法》的颁布与实施，为转换国有企业经营机制、转变政府职能、建立现代企业制度奠定了重要法律基础，标志着国有企业发展进入一个全新阶段。1997 年，党的十五大报告强调要着眼于搞好整个国有经济，抓好大的，放活小的，对国有企业实施战略性改组，力争用三年时间使大多数国有大中型骨干企业初步建立现代企业制度。

2002 年，党的十六大明确提出要深化国有资产管理体制改革，在坚持国家所有的前提下，充分发挥中央和地方两个积极性，建立权利、义务和责任相统一，管资产和管人、管事相结合的国有资产管理体制。2003 年，全国人大十届一次会议第三次全会表决通过《关于国务院机构改革方案的决定》，批准设立国务院国有资产监督管理委员会（以下简称"国资委"），随后中央、省、市（地）三级相继组建国有资产监管机构。国资委的成立意味着之前国有经济的大规模"国退民进"过程趋于结束，国企改革从数量调整走向质量提高，国有企业使命与战略管理步入新阶段。

在这一阶段，在一系列市场化改革举措的推动下，社会主义市场经济体

---

① 戚聿东、肖旭：《新中国 70 年国有企业制度建设的历史进程、基本经验与未竟使命》，《经济与管理研究》2019 年第 10 期。

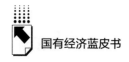
制得以逐步完善，透明的市场竞争规则，公平的市场竞争环境，从"管企业"到"管资产"再到"管资本"的国有企业监管职能转变，使得国有企业现代企业制度初步建立，国有企业经营机制发生深刻变革。尽管国有企业数量大幅减少，但大中型国有公司的资产运营效率有所提高，国家所有权的影响力和控制力得以大幅增强：全国90%以上的国有企业完成了公司制股份制改革，中央企业的改制面由 2003 年的 30.4% 提高到了 2011 年的 72%。① 一批以产权制度现代化、管理体系市场化为导向的"新型国有企业"表现出较强的盈利能力，2004 年中央国资委所属国有企业全年实现销售收入同比增长 25.8%，实现利润同比增长 57.6%，绝大多数企业利润实现了大幅增长。② 李楠等利用 1999～2006 年中国工业行业数据，构建双重差分模型，对国有企业改革绩效进行评估，结果显示国有企业经济绩效自 2003 年起明显好转，已与非国有经济绩效较好的三资企业无差异。③

伴随一批大型国有集团公司的组建，来自非公有制经济和跨国公司的市场竞争促使国有企业开始探索运用战略管理思想界定自身企业使命。在中国电子信息产业集团公司成立之初的 1989 年，总经理廖幼鸣就结合本集团实践情况，指出大型企业集团肩负历史使命，要重组生产力要素，形成规模经济，增强经济技术实力，积极参与国际竞争，成为产业发展中的"国家队"、执行产业政策的"排头兵"。④

（三）新时代使命强化阶段（2013年以来）

党的十八大以来，国有企业改革发展取得显著成就：截至 2020 年底，全国国资系统监管企业资产总额达到 218.3 万亿元，2020 年的营业收入为 59.5 万亿元，利润总额达到 3.5 万亿元，"十三五"时期的年均增速分别是

---

① 温源：《十年改革路国企步铿锵》，《光明日报》2013 年 5 月 14 日。
② 金碚、黄群慧：《"新型国有企业"现象初步研究》，《中国工业经济》2005 年第 4 期。
③ 李楠、乔榛：《国有企业改制政策效果的实证分析——基于双重差分模型的估计》，《数量经济技术经济研究》2010 年第 2 期。
④ 廖幼鸣：《大型企业集团的特殊功能及其历史使命》，《管理世界》1989 年第 6 期。

12.7%、7.4%、10.7%。中央企业资产总额先后突破 50 万亿元、60 万亿元关口，2020 年底为 69.1 万亿元，年均增速达到了 7.7%。①

伴随国有企业经济绩效的向好，党中央、国务院在不同时间、不同场合多次提出国有企业要勇挑重担，勇于担当，主动承担重大历史使命，培育具有全球竞争力的世界一流企业。2013 年 11 月，党的十八届三中全会审议通过《中共中央关于全面深化改革若干重大问题的决定》，强调要发挥国有经济主导作用，不断增强国有经济活力、控制力、影响力。2015 年 8 月，中共中央、国务院印发《关于深化国有企业改革的指导意见》，强调要做强做优做大国有企业，不断增强国有经济活力、控制力、影响力、抗风险能力。2017 年 10 月，习近平总书记在党的十九大报告中提出要深化国有企业改革，发展混合所有制经济，培育具有全球竞争力的世界一流企业。2019 年 10 月，党的十九届四中全会审议通过《中共中央关于坚持和完善中国特色社会主义制度 推进国家治理体系和治理能力现代化若干重大问题的决定》，将国有企业改革的主要目标确定为"增强国有经济竞争力、创新力、控制力、影响力、抗风险能力，做强做优做大国有资本"。

从早期强调激发国有经济的活力、增强国有经济的控制力和影响力，到提升国有经济的抗风险能力，再到增强国有经济的竞争力和创新力，中央对国有资本与国有企业的新要求进一步强化了国有企业的历史使命与战略定位。2020 年 10 月，党的十九届五中全会通过《中共中央关于制定国民经济和社会发展第十四个五年规划和二〇三五年远景目标的建议》，指出要"深化国资国企改革，做强做优做大国有资本和国有企业。加快国有经济布局优化和结构调整，发挥国有经济战略支撑作用"。通过做强做优做大国有资本和国有企业、建设世界一流企业，切实担负起发挥国有经济的战略支撑作用，是党中央立足新发展阶段，赋予国有企业、国有经济新的光荣使命。站在新的历史起点之上，国有企业需要牢记责任，强化使命担当，要聚焦战略

---

① 黄群慧、张弛：《新发展阶段国有企业的核心使命与重大任务》，《国资报告》2021 年第 3 期。

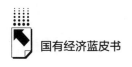

安全、产业引领、国计民生、公共服务等功能，调整存量结构，优化增量投向，推动国有企业更好服务国家重大战略和地方经济社会发展，更好推动解决发展不平衡不充分问题，更好满足人民日益增长的美好生活需要。①

二 新发展阶段下国有企业的使命

（一）新发展阶段的历史特殊性

党的十八大以来，国有企业所面对的国内外政治经济环境正在发生深刻变革。国际环境方面，尽管建立在国际贸易基础上的经济全球化思想仍占主流，但近年来发达国家出现的制造业外迁和产业链转移等问题加剧了逆全球化思潮的蔓延。特别是在新冠肺炎疫情席卷全球的当下，美国、日本等国家政府和政客纷纷打出"去中国化"的口号，试图通过鼓励制造业回流、全面收紧对华高技术出口管制等方式削弱中国国有企业的国际竞争力。2020年1月，美国、日本和欧盟三方贸易代表就加强WTO框架下有关工业补贴的现行规则达成一致，并发表《美欧日第七份三方联合声明》，这是自2017年12月以来三方共同发布的与国际经贸规则改革相关的第七份联合声明。声明精准对焦中国，内容涉及在WTO范围内更广泛地禁止各种形式的政府支持，特别指出要防止国有企业依靠政府支持获得对外国对手的优势。同时在该声明中三方还讨论了旨在防止第三国进行强迫技术转让的核心学科的可能内容，提出要通过出口管制、出于国家安全目的的投资审查、各类执行工具的实施以及新规则的制定等方式，制止拥有大量国有经济的国家（特别是中国）强迫外国公司与东道国合作伙伴分享技术的做法。

国内环境方面，党的十八大以来，以习近平同志为核心的党中央高度重视国有企业改革。国有企业在一些重要领域和关键环节的改革取得明显成

①　郝鹏：《充分发挥国有经济战略支撑作用》，《学习时报》2021年3月10日。

效，特别是中央企业实力明显增强，资产总额与五年前相比增长74%，累计实现利润比上一个五年增长27%，进入世界500强的82家国有企业中有48家中央企业。但需要看到的是，当下我国经济发展步入新常态。一方面，从供给侧来看，中国的年均经济增长速度不断放缓，增长动力逐步转换，人口、资源、环境多方约束持续增强，这些都将进一步激化国有企业的内部与外部竞争。长期以来，中国国有企业的发展往往以扩大规模、增加投入的外延式发展方式以及与这种方式相适应的制度为基础，这种要素驱动、投资驱动型发展模式能够较好地适应工业化发展的中期阶段，但却无法适应以高效率、低成本、可持续、创新驱动为特征的经济发展新常态。另一方面，从需求侧来看，在国内经济增长"新旧动能"转换的大背景下，中国的社会消费品零售总额增长速度放缓，消费者的消费支出结构从满足基本生活需求向追求质量提升转变，从有形物质商品消费向无形服务消费转变，加之外需市场波动幅度较大，这都将使得那些无法适应消费需求模式转变、转型升级较慢的国有企业面临被市场淘汰的生存危机。

（二）经济使命、国家使命与社会使命

2021年1月，中共中央总书记、国家主席、中央军委主席习近平在省部级主要领导干部学习贯彻党的十九届五中全会精神专题研讨班的开班式上发表重要讲话，习近平总书记指出当今世界正经历百年未有之大变局，全党要准确把握新发展阶段，深入贯彻新发展理念，加快构建新发展格局。面对国内外新形势、新情况、新挑战，明确自身所肩负的经济使命、国家使命和社会使命，将有助于国有企业在新发展阶段实现高质量发展。

1. 经济使命

不同于西方资本主义国家国有企业旨在弥补市场失灵的经验，在社会主义市场经济体制下成长起来的中国国有企业承担着与其他所有制形式的企业一样的经济使命。理直气壮、毫不动摇地把国有企业搞好，坚定不移地把国有资本做强做优做大是新发展时期党和国家为国有企业履行经济使命所提出

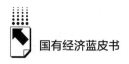

的最新要求。国有企业需要通过积极参与市场竞争，提高经济效益，创造财富价值，成为中国特色社会主义经济的"顶梁柱"，这是社会主义初级阶段国有企业必须承担的经济使命。国有企业只有首先出色地完成其经济使命，才能更好地为国家为社会服务。特别是中央管理企业，需要在关系国家安全和国民经济命脉的主要行业和关键领域占据支配地位，要成为国民经济的主导力量，在中国共产党执政和中国社会主义国家政权的经济基础中起支柱作用。

2. 国家使命

回顾新中国成立以来国有企业的发展历程，国家使命是国有企业生存与发展的根本理由。在新中国成立初期，国有企业承担了构建我国独立完整的工业体系和国民经济体系的重要国家使命，为维护国家安全提供了强大的物质保障，为巩固社会主义制度给予了有力的政治支撑。在 1978 年改革开放之后，国有企业主动承担起做我国改革开放大局坚强后盾的重要角色，是改革开放成本的主要承担人。2016 年 10 月，习近平总书记在全国国有企业党的建设工作会议上强调，国有企业是中国特色社会主义的重要物质基础和政治基础，是我们党执政兴国的重要支柱和依靠力量。这句话道出了国有企业在构建中国新发展格局中所承担的重要国家使命。特别地，那些布局在国家安全、国民经济命脉和国计民生重要行业和关键领域的国有企业，需要主动行使自身所肩负的国家使命，着重服务于国家重大发展战略，为巩固社会主义基本经济制度、保障国家安全做出积极贡献。

3. 社会使命

2020 年 7 月，习近平总书记在企业家座谈会上指出"企业既有经济责任、法律责任，也有社会责任、道德责任"。习总书记的讲话为国有企业在工业化后期阶段的发展指明了方向：国有企业既要界定自身的经济使命，认清自身肩负的国家使命，同时更需要勇于承担社会使命。国有企业要强化社会责任意识，坚持质量兴企，大力推进绿色发展战略；稳定就业岗位，关心员工健康；严格风险管控，确保工程、人员、财经安全；积极参与区域协调、乡村振兴和抗震救灾等重大工程，始终成为发展壮大综合国力、促进经济社会发展、保障和改善民生的重要力量。特别是作为与人民群众生产生活关系密切的民生类国有企业，更需要通过引领产业发展、丰富市场供给、提升产品和服务质量、维护消费者合法权益、积极承担社会责任等方式补齐民生领域短板，在保障和改善民生方面发挥重要作用。①

（三）基于企业使命下的国有企业分类改革

面对严峻复杂的国内外形势，中国国有企业肩负全新使命与任务，如何明确自身所承担的经济使命、国家使命和社会使命成为推动新发展阶段下国有企业高质量发展的重要基石。黄群慧等认为对具体国有企业个体而言，均等承担各类企业使命将会使得国有企业在管理实践中面临"营利性企业使命"与"公共性政策使命"诉求的冲突，从而陷入赚钱和不赚钱两难的尴尬境地——不赚钱无法完成国有资产保值增值、壮大国有经济的目标，赚了钱又被指责损害了市场公平和效率。为化解国有企业使命多重性引致的矛盾，有必要引入分类治理的工作思路，根据企业使命、定位和目标的不同，确定差异化的国有企业治理思路，并据此思路，改革现行的国有资产管理体制，增强改革的动力。②

2015 年 8 月，中共中央、国务院印发的《关于深化国有企业改革的指导意见》成为新时期指导和推进中国国企改革的纲领性文件，文件明确指出要根据国有资本的战略定位和发展目标，结合不同国有企业在经济社会发展中的作用、现状和发展需要，将国有企业分为商业类和公益类，分类推进各类别国有企业改革。2015 年 12 月，国资委、财政部与发展改革委联合印发《关于国有企业功能界定与分类的指导意见》（以下简称《意见》），立足于国有资本的战略定位和发展目标，根据主营业务和核心业务范围，进一步理清商业类和公益类国有企业在国民经济和社会发展中的作用。《意见》指出，商业类国有企业以增强国有经济活力、放大国有资本功能、实现国有

①　傅育宁：《民生领域国有企业当有新作为》，人民网，2019 年 5 月 7 日。
②　黄群慧：《新时期国有企业的使命与国企领导人的薪酬制度》，《经济与管理研究》2008 年第 1 期。

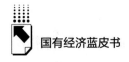

资产保值增值为主要目标。主业处于充分竞争行业和领域的企业，应在关注经济效益的同时兼顾社会效益。主业处于关系国家安全、国民经济命脉的重要行业和关键领域与主要承担重大专项任务的商业类国有企业，应实现经济效益、社会效益与安全效益的有机统一。公益类国有企业则以保障民生、服务社会、提供公共产品和服务为主要目标。

随后数年，中央与地方国资委根据《意见》精神，按照"分类改革、分类发展、分类监管、分类定责、分类考核"原则，全面开展国有企业分类工作，积极推进国有企业分类改革。在国企改革的探索中，以国有企业的分层分类为基础，有针对性地制定差异化改革方案成为落实十九届四中全会对新时代国企改革提出新要求的关键抓手。2020年6月，中央全面深化改革委员会第十四次会议审议通过《国企改革三年行动方案（2020—2022年)》（以下简称《方案》）。《方案》指出要针对不同企业功能定位，合理设计和调整优化混合所有制企业股权结构，重点推进国有资本投资公司、运营公司出资企业和商业一类子企业进行混合所有制改革。《方案》的出台，彰显了商业一类子企业在国有企业市场化改革中的先锋作用，同时也可以看到中央期望通过率先全面落实市场化改革举措，稳步推进混合所有制改革，引导各类战略投资者积极参与商业一类子企业的公司治理，全面实现该类企业的市场化、法治化、国际化，成为市场竞争的引领者，更好地实现企业使命中的经济使命。

2021年4月，国资委召开深化国有企业分类改革专题推进会，指出近年来中央企业集团层面和子企业按照商业一类、商业二类和公益类三个类别，全面完成了功能界定与分类。各地也都结合实际基本完成国有企业的功能界定与分类。会议进一步明确了进行国有企业分类改革的主攻方向，强调处于市场竞争最充分的行业和领域的商业一类企业必须着重培育具有全球竞争力的世界一流企业，商业二类企业必须聚焦重要行业和关键领域着重发挥对国家战略的支撑作用，公益类企业要坚持把社会效益放在首位，做好优质服务的提供者。至此，以企业使命为基础的国有企业分类改革取得关键性胜利，商业一类企业将重点承担经济使命，商业二类企业肩负重大国家使命，公益类企业将着重担负社会使命。今后，因类施策、分类监管将成为国企改革的新通路，不同类型国有企业需要首先明确自身的使命与愿景，并在自身使命驱动下积极进行全面战略管理创新。

三　使命驱动下的国有企业战略管理创新

（一）完善企业使命陈述，明确总体战略定位

企业战略管理理论认为，企业使命是企业发展的行动纲领，指引着企业的发展方向，科学合理的战略管理规划必须基于对自身企业所承担的使命有清晰的认知。在1982年出版的《企业政策与战略》一书中，乔治·A.斯坦纳（George A. Steiner）指出，企业战略管理是确定企业使命，根据企业外部环境和内部经营要素确定企业目标，保证目标的正确落实并使企业使命最终得以实现的一个动态过程。国有企业，作为中国国民经济的重要支柱，需要以做强做优做大国有企业的经济使命为基础，以全面建设社会主义现代化国家的国家使命为核心，以为人民为社会服务的社会使命为责任，并根据"使命决定战略定位、战略定位决定战略内容、战略内容决定组织结构、组织结构决定企业运行效率、企业运行效率决定企业使命的实现"的企业基本运行逻辑，全力加快世界一流企业的培育与建设。①

值得肯定的是，当下大部分国有企业已经完成自身企业使命的界定（见表1）。对于使命的内容要素，国际上较为权威的使命陈述评价来自美国著名战略管理学家弗雷德·R.戴维（Fred R. David）的九要素标准，即有效的使命陈述需要包含九大要素：顾客，产品或服务，市场，技术，对生存、增长和盈利的关切，哲学理念，自我认知，对公众形象的关切，对员工的关心。多项研究表明，大部分国有企业都在企业使命陈述中涉及九要素标

---

① 黄群慧：《新时期国有企业的使命与国企领导人的薪酬制度》，《经济与管理研究》2008年第1期。

准中的一个或多个，并且相比民营企业，国有企业使命陈述的界定水平普遍高于民营企业。

下一步，国有企业需要重点关注基于国有企业功能划定与分类改革，对现有企业使命陈述作进一步的修订与完善。商业一类国有企业，应将使命陈述的重点放在市场（公司现在或将来的竞争领域）与对生存、增长和盈利的关切（公司是否努力实现业务的增长和良好的财政状况）等方面。商业二类国有企业应在使命陈述中强调在市场竞争中提高服务于国家使命的能力。公益类国有企业则应将使命陈述的重点放在通过提升管理效率服务于公共政策目标。当然不论是何种功能与类型企业，都需要在使命陈述中体现公司哲学理念（公司的价值观和道德标准）、自我认知（公司主要竞争优势）、顾客（公司的主要目标市场和客户群）、产品或服务（公司的主要产品或服务项目）等，同时表明对企业员工的关心（公司对员工的态度）和对企业公众形象的关切（企业社会责任）。

（二）围绕企业分类改革，实施分类发展战略

对于走在市场化改革前列，处于充分竞争行业和领域的商业一类企业，需要时刻铭记企业所承担的重要经济使命，根据自身的发展状况利用内部开发、合并与并购、联合开发和战略联盟等手段，采取市场渗透、产品开发、市场开发、多样化经营等方式，实施成本领先战略、差别化战略、专一化战略等竞争战略，实现“以内促外”，打造具有全球竞争力的世界一流企业。特别地，面对市场竞争的日益加剧，商业一类企业更加需要积极统筹各类企业战略资源，管理职能部门要在分析企业内外部环境因素对资本流动影响的基础上，对企业资本进行全局性、长期性和创造性谋划，完整构建资本筹措战略、资金运用战略和利润分配战略，保障企业资本均衡有效流动，提高企业资本运营质量效率，勇担经济与发展使命。

对于发挥国家战略支撑作用，处于重要行业和关键领域的商业二类企业，需要聚焦国有企业所需承担的重大国家使命，积极主动参与市场竞争，

加快在重大国家战略行业领域和前瞻性战略性新兴产业的布局，在国家实施创新驱动发展战略、建设创新型国家中承担主力军作用。例如，在研发战略的实施中，面对当下西方国家对中国的严格技术封锁，技术引进型研发战略已经逐渐难以实施。在新一轮科技革命和产业变革蓬勃兴起的当下，面对"百年未有之大变局"，作为国家科技创新的主力军商业二类企业，不仅承担采用进攻型研发战略或追随型研发战略攻关关键核心技术、增强国有企业核心技术创新能力的任务，更肩负着在空间和天文、粒子物理和核物理、能源、生命、地球系统与环境、新材料、工程技术等世界科技前沿实现从从"0"到"1"基础研究工作突破的使命。

对于以保障民生、服务社会、提供公共产品和服务为主要目标的公益类企业，需要充分意识到自身所承担的社会使命，聚焦主责主业，提高公共服务的质量和效率，推进企业供给侧结构性改革，构建以提高人民生活质量、保护环境、贡献社会为代表的公益类企业社会责任绩效评价体系。特别地，在公益类企业"去行政化"的过程中，下一步改革的方向将集中在健全市场化机制上，公益类企业需要充分借鉴国内外先进企业的成功经验，遵循企业发展规律，转变经营理念，调整企业战略规划，制定企业在公益性原则主导下的发展战略。

（三）把握市场环境变化，推进企业战略转型

当前国际国内环境变化日新月异，作为开放经济体系中的一员，国有企业的健康可持续发展不能仅仅依靠领导者和管理者个人的直觉和经验，对企业战略的判断与实施应当建立在对公司外部环境以及内部态势实事求是的分析基础之上。特别是进入 21 世纪以来，以移动互联网、云技术、大数据、新能源、机器人及人工智能技术为代表的第四次工业革命正在深刻影响着世界经济、社会与治理体系的变革，全球气候变化与环境污染对国家与企业的发展也提出全新挑战。在此背景下，国有企业要应对这些纷繁复杂的市场环境，亟须掌握及时自我变革、转型升级的能力，通过战略转型实现企业可持续性发展。

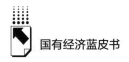

其一，打造数字化企业、构建数字化产业链、培育数字化生态是加快国有企业数字化转型、支撑国有企业高质量发展的有效途径。2020年，国资委下发《关于加快推进国有企业数字化转型工作的通知》，明确提出国有企业数字化转型的基础、方向、重点和具体举措，引导国有企业在第四次工业革命时代准确识变、科学应变、主动求变，通过数字化、网络化、智能化发展，增强国有企业竞争力、创新力、控制力、影响力、抗风险能力，提升产业基础能力和产业链现代化水平。各类型国有企业均需要以各自所承担的企业使命为基础，通过对企业内外部环境的研判和分析，根据自身的发展状况，将数字技术融入商业模式、业务模式的重塑和再造中，高效统筹各项数据业务，大力推广数字化管理新模式，从而实现降本增效、改善运营业绩、提高盈利能力的数字化转型目标。

其二，以智能化、创新化发展驱动企业绿色发展是推进国有企业转型升级、实现可持续发展的最佳路径。党的十八大报告首次将"推进绿色发展、循环发展、低碳发展，形成节约资源和保护环境的空间格局、产业结构、生产方式、生活方式"写入报告，党的十九大进一步提出"建立健全绿色低碳循环发展的经济体系"，2021年2月国务院印发《关于加快建立健全绿色低碳循环发展经济体系的指导意见》，这些都为国有企业绿色转型发展指明了方向。各类型国有企业应以科学技术创新为支撑，转变发展理念，革新制度安排，深入挖掘绿色市场潜能。特别是国有能源企业，更需要从企业使命出发，积极制定碳达峰、碳中和路线图和时间表，通过能源技术与管理方式的双创新，加大可再生资源的开发与利用力度，全力发展循环经济，探索符合企业特性的绿色、低碳、可持续发展道路。

其三，加快国有企业国际化发展进程，创新企业国际化经营模式，提升企业在全球价值链的影响力，是培育具有全球竞争力的世界一流企业的重要战略选择。党的十九届五中全会作出"加快构建以国内大循环为主体、国内国际双循环相互促进的新发展格局"的重大部署，从更大的市场视角为国有企业的转型发展指明了国际化战略方向。面对全球经济贸易格局的重构，各类型国有企业需明确以国内市场为基础，统筹利用国际国内两个市场、两种资源，增强企业的全球化资源配置能力。特别地，国有企业要对标国际跨国巨头从战略高度对国际化发展进行全面的规划部署，聚焦主业积极参与国际产业分工、参与国际市场竞争，通过与上下游产业链相关企业的创新合作，提升对全球产业链和价值链的控制力，提升企业核心竞争力。

表1 部分央企的使命陈述概览

企业(集团)名称	使命描述
中国核工业集团有限公司	强核强国、造福人类
中国航天科工集团有限公司	科技强军、航天报国
中国船舶集团有限公司	引领行业发展,支撑国防建设,服务国家战略
中国兵器工业集团有限公司	服务国家国防安全,服务国家经济发展
中国兵器装备集团有限公司	强军报国、强企富民
中国电子科技集团有限公司	军工电子主力军,网信事业国家队,国家战略科技力量
中国航空发动机集团有限公司	动力强军、科技报国
国家电网有限公司	为美好生活充电,为美丽中国赋能
国家能源投资集团有限责任公司	能源供应压舱石,能源革命排头兵
中国联合网络通信集团有限公司	联通世界,创享美好智慧生活
中国铝业集团有限公司	回报股东、成就员工、惠泽客户、造福社会、珍爱环境
中国五矿集团有限公司	保障国家金属资源供应
国家开发投资集团有限公司	服务国家战略,优化国有资本布局,提升产业竞争力
中国商用飞机有限责任公司	让中国的大飞机翱翔蓝天
中国节能环保集团有限公司	让天更蓝、山更绿、水更清,让生活更美好
中国诚通控股集团有限公司	推动改革完善国有资本授权经营体制,提高国有资本配置和运行效率,形成国有资本流动重组、布局调整的有效平台
中国煤炭科工集团有限公司	引领煤炭科技,推动行业进步,提升企业价值,创造绿色未来
中国建设科技有限公司	传承中华文化,打造中国设计,促进科技进步,引领行业发展
中国航空油料集团有限公司	竭诚服务全球民航客户,保障国家航油供应安全
中国黄金集团有限公司	打造企业发展新动能,引领产业高质量发展,增强国家黄金控制力
中国检验认证(集团)有限公司	创造更值得信赖的世界

资料来源：根据各企业官方网站及企业社会责任报告等相关资料整理。

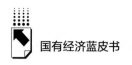

参考文献

黄群慧：《新时期国有企业的使命与国企领导人的薪酬制度》，《经济与管理研究》2008 年第 1 期。

綦好东、彭睿、苏琪琪、朱炜：《中国国有企业制度发展变革的历史逻辑与基本经验》，《南开管理评论》2021 年第 1 期。

曾祥炎：《社会供给、"国家使命" 与国有企业分类改革》，《湖北经济学院学报》2016 年第 4 期。

戚聿东、肖旭：《新中国 70 年国有企业制度建设的历史进程、基本经验与未竟使命》，《经济与管理研究》2019 年第 10 期。

剧锦文：《改革开放 40 年国有企业所有权改革探索及其成效》，《改革》2018 年第 6 期。

廖幼鸣：《大型企业集团的特殊功能及其历史使命》，《管理世界》1989 年第 6 期。

温源：《十年改革路 国企步铿锵》，《光明日报》2013 年 5 月 14 日。

金碚、黄群慧：《"新型国有企业" 现象初步研究》，《中国工业经济》2005 年第 4 期。

李楠、乔榛：《国有企业改制政策效果的实证分析——基于双重差分模型的估计》，《数量经济技术经济研究》2010 年第 2 期。

郝鹏：《充分发挥国有经济战略支撑作用》，《学习时报》2021 年 3 月 10 日。

李雯博：《新时代国有企业的战略定位与历史使命——访国务院国资委党委书记郝鹏》，《先锋队》2018 年第 8 期。

傅育宁：《民生领域国有企业当有新作为》，http：//theory. people. com. cn/GB/n1/2019/0507/c40531 – 31070915. html，人民网，2019 年 5 月 7 日。

黄群慧、余菁：《新时期的新思路：国有企业分类改革与治理》，《中国工业经济》2013 年第 11 期。

国资委研究局：《〈关于国有企业功能界定与分类的指导意见〉有关问题答记者问》，http：//www. sasac. gov. cn/n2588035/n2588320/n2588335/c4258150/content. html，2015 年 12 月 29 日。

《国资报告：深化国企分类改革真行动 全面精准落地推进求实效》，http：//www. sasac. gov. cn/n4470048/n13461446/n15390485/n15390510/c18309737/content. html，2021 年 4 月 30 日。

林泉、邓朝晖、朱彩荣：《国有与民营企业使命陈述的对比研究》，《管理世界》2010 年第 9 期。

梁媛园、饶远力：《国有企业使命陈述与变迁研究》，《经济研究导刊》2012 年第 14 期。

B.12
国有企业社会责任管理发展

钟宏武*

摘　要：　国有企业是中国特色社会主义的重要物质基础和政治基础，
　　　　　　是党执政兴国的依靠力量。在新的形势下，国有企业坚持创
　　　　　　新、协调、绿色、开放、共享五大新发展理念，根据党和国
　　　　　　家的战略需要和经济社会的发展大局，承担了发展国民经
　　　　　　济、引领科技创新、助推区域协调发展、建设生态文明、助
　　　　　　力脱贫攻坚、化解急难险重、保障民生事业、推进海外履责
　　　　　　等方方面面的政治责任、经济责任和社会责任，建立健全责
　　　　　　任管理，主动发布社会责任报告，在"十三五"时期取得了
　　　　　　一系列重要成果，为"十四五"高质量开局打牢坚实的
　　　　　　基础。

关键词：　国有企业　企业社会责任　社会责任报告

一　国有企业社会责任形势要求

　　企业孕育于社会、生存于社会，发展壮大依托于社会的需求，必须承担
和履行好相应的社会责任。2020 年 7 月 21 日，习近平总书记召开企业家座
谈会并发表重要讲话。习近平总书记指出，"企业既有经济责任、法律责

---

　　* 钟宏武，管理学博士，中国社会科学院社会发展战略研究院副研究员，中国社会责任百人论
　　坛秘书长，研究领域为企业社会责任、企业社会价值、ESG、企业公益等。

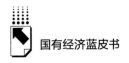
任，也有社会责任、道德责任。任何企业存在于社会之中，都是社会的企业"。习近平要求企业家积极承担社会责任，指出："社会是企业家施展才华的舞台。只有真诚回报社会、切实履行社会责任的企业家，才能真正得到社会认可，才是符合时代要求的企业家"。习近平高度赞扬企业家们在公益事业、疫情防控斗争中作出的重要贡献，希望大家承担社会责任，关爱员工，努力稳定就业岗位，关心员工健康，携手渡过难关。

当前，国际形势风起云涌，百年未有之大变局下，世界经济、科技、文化、安全、政治等格局都在发生深刻调整。新冠肺炎疫情全球大流行使这个大变局加剧。国内环境同样经历着深刻变化，在第一个百年奋斗目标将要达成、乘势而上开启全面建设社会主义现代化国家新征程之际，我国既面临外部重重压力，又要抵御疫情冲击，还要直面发展不平衡不充分的诸多问题与矛盾。在错综复杂的国内外环境中，无人能独善其身，更好地履行社会责任，是时代的呼唤、历史的潮流。

国有企业是中国特色社会主义的重要物质基础和政治基础，是党执政兴国的依靠力量。为人民谋幸福、为民族谋复兴是国有企业特别是中央企业的天然使命和必然追求。新时代，国有企业要实现高质量发展，实现建设"具有全球竞争力的世界一流企业"的目标，就必须积极履行社会责任，在深化国企改革、加强科技创新、保护生态环境、投身精准扶贫、服务社会民生等方面勇挑重担，为助力打赢打好脱贫攻坚战、决胜全面建成小康社会、满足人民日益增长的美好生活需要而不懈奋斗。同时，国有企业在推进国际化发展过程中应始终坚持"共商、共建、共享"理念，坚定不移地与世界各国和人民共同建设一个"持久和平、普遍安全、共同繁荣、开放包容、清洁美丽的世界"。

（一）国有企业履行社会责任的国际环境

当前，世界正处于大发展、大变革、大调整时期。习近平总书记多次强调，"只有坚持开放合作才能获得更多发展机遇和更大发展空间，自我封闭只会失去世界，最终也会失去自己"。国有企业作为参与构建人类命运共同体的重要力量，必须坚持开放合作，必须做强做优做大，必须坚定不移地与世界各国和人民共谋发展、共护和平、共享未来。

培育具有全球竞争力的世界一流企业，助推全球经济可持续发展。党的十九大报告明确指出，要"培育具有全球竞争力的世界一流企业"。这就要求国有企业要顺应经济全球化大潮，继续深入开展国际化经营，不断加大开放合作力度，以"一带一路"建设为重大契机，加强国际产能合作，推动优势产业"走出去"，带动中国装备制造、技术、标准和服务走向世界，充分利用国内国际两个市场、两种资源，加快培育一批国际化经营人才，在国际资源配置中占据主导地位。要继续大力实施创新驱动发展战略，以市场为导向持续加大研发投入，突破和掌握一批关键核心技术，培育高附加值的尖端产品，打造国际知名的高端品牌，引领全球行业技术发展。加快推进产业升级，在一些优势行业和领域，向价值链高端迈进，努力在国际市场竞争中占据有利地位，提升中央企业在全球产业发展中的话语权和影响力。此外，国有企业在不断做强做优做大的同时，要积极围绕国家战略与东道国发展实际需要和资源禀赋，发挥主业优势，通过横向联合、纵向联合及专业化联合等多元化方式，助推当地经济可持续发展，实现互利共赢。

坚定不移推动构建人类命运共同体，携手共建更加美好的世界。党的十八大以来，习近平总书记以卓越的政治家和战略家的宏大视野与战略思维，高瞻远瞩地提出构建人类命运共同体的重要思想。党的十九大报告将"坚持推动构建人类命运共同体"作为新时代坚持与发展中国特色社会主义十四条基本方略之一，其内涵极其丰富、深刻，其核心就是党的十九大报告所提出的"建设持久和平、普遍安全、共同繁荣、开放包容、清洁美丽的世界"。中央企业作为国之重器，在国际化经营过程中应从合作、安全、经济、文化、生态等 5 个方面积极推动构建人类命运共同体，携手构建更加美好的世界。

合作上，国有企业在国际化经营中要坚持"相互尊重、平等协商"。国有企业在全球化发展中要积极构建平等相待、互商互谅的伙伴关系，尊重利

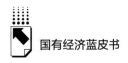

益相关方核心利益与重大关切，以各方对和平与发展的最大公约数致力于打造伙伴利益共同体，筑牢责任链条。要以深化"五通"合作为关键支撑推进"一带一路"建设，助力沿线国家突破发展瓶颈，用奋斗换取美好幸福未来。

安全上，国有企业在国际化经营中要"坚持以对话解决争端、以协商化解分歧，统筹应对传统和非传统安全威胁"。当前，国际安全形势动荡复杂，传统安全威胁和非传统安全威胁相互交织，安全问题的内涵和外延都在进一步拓展，同时人类越来越利益交融、安危与共。国有企业要恪守尊重东道国主权、独立和领土完整等国际关系基本准则，制定合理措施，统筹维护传统和非传统安全，以互利合作解决安全难题。

经济上，国有企业在国际化经营中要"推动经济全球化朝着更加开放、包容、普惠、平衡、共赢的方向发展"。人类命运共同体是各国"发展共同体"，中央企业在海外发展过程中要根据东道国自身禀赋特点，制定企业激发东道国内生动力的经营策略，积极推动与维护多边贸易体制，以自身努力助力东道国发展进步与国际发展环境改善。要加快推动"一带一路"沿线创新资源共享、创新优势互补，为沿线国家"谋求开放创新、包容互惠的发展前景"。

文化上，国有企业在国际化经营中要"尊重世界文明多样性"。人类文明多样性是世界的基本特征，也是人类进步的源泉，多样带来交流，交流孕育融合，融合产生进步。中央企业要促进和而不同、兼收并蓄的文明交流对话，积极在东道国开展社区共建、文化融合、公益慈善等活动，增进与当地居民的沟通互信，搭建友谊桥梁，维护世界和平。

生态上，国有企业在国际化经营中要"坚持环境友好，合作应对气候变化，保护好人类赖以生存的地球家园"。中央企业要牢固树立尊重自然、顺应自然、保护自然的意识，坚持走绿色、低碳、循环、可持续发展道路，平衡推进《2030可持续发展议程》，采取行动应对气候变化等新挑战，不断开拓生产发展、生态良好的文明发展道路，助力构筑崇敬自然、绿色发展的全球生态体系，助推实现世界的可持续发展和人的全面发展。

（二）国有企业履行社会责任的国内形势

2021 年，是中国共产党成立 100 周年，也是"十四五"规划开局之年，更是全面建设社会主义现代化国家新征程开启之年。站在新起点，中央企业要深入贯彻落实党的十九届五中全会精神，立足新发展阶段、贯彻新发展理念、构建新发展格局，坚定扛起新的历史使命和重大责任，切实在推动科技自立自强、构建现代产业体系、助力乡村全面振兴、加快绿色转型发展、改善人民品质生活、实现高水平对外开放等一系列目标要求中坚定奋进，更好地服务党和国家事业发展大局、服务人民美好生活需要。这既是中央企业做强做优做大、加快建成世界一流企业的发展需要，也是履行社会责任的重要体现。

在科技自立自强中展现新作为。党的十九届五中全会把科技创新摆在各项规划任务的首位，进行专章部署，这在编制五年规划建议历史上是首次，充分体现了党中央对科技创新工作的高度重视。全会提出，坚持创新在我国现代化建设全局中的核心地位，把科技自立自强作为国家发展的战略支撑，面向世界科技前沿、面向经济主战场、面向国家重大需求、面向人民生命健康，深入实施科教兴国战略、人才强国战略、创新驱动发展战略，完善国家创新体系，加快建设科技强国。要强化国家战略科技力量，提升企业技术创新能力，激发人才创新活力，完善科技创新体制机制。

作为科技创新的国家队，中央企业须进一步大力实施创新驱动发展战略，持续加大研发投入力度，加快攻克关键核心技术，发挥好引领作用。一是努力打造科技攻关重地。积极与国家攻关计划对接，针对工业母机、高端芯片、基础软件、新材料、大飞机、发动机等产业薄弱环节，联合行业上下游、产学研力量开展协同攻关，发挥创新联合体优势作用，集中最优秀的人才、最优质的资源进行联合攻关，在解决"卡脖子"问题上实现更多更大突破。二是努力打造原创技术策源地。融入国家基础研究创新体系，主动承担重大项目，进一步加大原创技术研发投入，在信息、生物、能源、材料等方向，加快布局一批基础应用技术；在人工智能、空天技术、装备制造等方

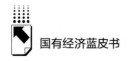

面，加快突破一批前沿技术；在电力装备、通信设备、高铁、核电、新能源等领域，加快锻造一批长板技术，不断增强行业共性技术供给。三是努力打造科技人才高地。培养急需紧缺的科技领军人才和高水平创新团队，建设更多高水平研发平台和新型研发机构。坚持特殊人才特殊激励，赋予科研人员更大自主权，给予更大容错空间，营造创新创业浓厚氛围。

在构建现代产业体系中迈出新步伐。党的十九届五中全会提出，坚持把发展经济着力点放在实体经济上，坚定不移建设制造强国、质量强国、网络强国、数字中国，推进产业基础高级化、产业链现代化，提高经济质量效益和核心竞争力。要提升产业链供应链现代化水平，发展战略性新兴产业，加快发展现代服务业，统筹推进基础设施建设，加快建设交通强国，推进能源革命，加快数字化发展。

中央企业要紧紧抓住新一轮科技革命和产业变革同我国转变发展方式历史性交汇的战略机遇，聚焦主责主业，坚决当好现代产业链的链长，在现代产业体系发展中更好地发挥作用，为加快推动我国产业向全球产业链价值链中高端迈进作出积极贡献。中央企业应发挥投资规模大、辐射范围广、带动能力强的龙头牵引作用，着力增强产业链供应链自主可控能力。在补链上下更大功夫，着力突破一批关键核心技术，为产业基础高级化、产业链现代化提供更多"央企解决方案"。在强链上下更大功夫，立足优势领域，练就更多独门绝技，加强新型基础设施建设，推进数字产业化和产业数字化，更好地赋能传统产业转型升级。在固链上下更大功夫，构建融合畅通的产业生态体系，形成一批各具特色的产业集群，推动上下游、产供销有效衔接、协调运转，把产业链关键环节留在国内。

在巩固拓展脱贫攻坚成果同乡村振兴有效衔接中作出新贡献。经过全党全国各族人民共同努力，我国脱贫攻坚取得了全面胜利，完成了消除绝对贫困的艰巨任务，创造了又一个彪炳史册的人间奇迹。习近平总书记多次指出，脱贫摘帽不是终点，而是新生活、新奋斗的起点。部分脱贫地区内生动力依然不足，部分群众脱贫基础依然脆弱；解决发展不平衡不充分问题、缩小城乡区域发展差距、实现人的全面发展和全体人民共同富裕仍然任重道远。习近平总书记在全国脱贫攻坚总结表彰大会上指出，要切实做好巩固拓展脱贫攻坚成果同乡村振兴有效衔接各项工作，坚决把解决好"三农"问题作为全党工作重中之重，坚持农业农村优先发展，走中国特色社会主义乡村振兴道路，持续缩小城乡区域发展差距。

在脱贫攻坚阶段，中央企业全力以赴，攻坚克难，圆满完成各项扶贫任务，充分彰显了中央企业的责任担当和使命意识。立足新发展阶段，中央企业要深入学习贯彻习近平总书记关于巩固拓展脱贫攻坚成果、接续奋战乡村振兴的重要论述，认真贯彻落实党中央、国务院有关决策部署，进一步提高政治站位，大力弘扬脱贫攻坚精神，以更大力度、更实举措继续推进帮扶工作，结合自身实际，研究制定推进新阶段帮扶工作、助力乡村振兴的具体措施；健全接续工作机制，明确领导机构，明确责任任务，确保责任到岗到人；坚决落实"四个不摘"要求，对脱贫地区持续投入帮扶资金，开展帮扶项目，派出帮扶干部，扎实开展产业、就业、消费、教育、医疗等各方面的帮扶工作。在此基础上，有关中央企业还应在农业农村进一步发力，在加快农业农村现代化步伐中发挥更大作用。根据国家和各地关于农业领域、产业发展规划，积极参与农业产业布局和农村产业融合发展，进一步加大对特色农业、现代农产品加工业等产业的发展支持力度，支持粮食等重要农产品稳定保供、重要农作物和畜禽良种攻关，研发推广先进适用的农机装备等方面，发挥中央企业的优势，助力国家粮食安全、农业科技自立自强，促进乡村全面振兴。

在推动绿色发展中取得新成效。党的十九届五中全会提出，加快推动绿色低碳发展，持续改善环境质量，提升生态系统质量和稳定性，全面提高资源利用效率。"十四五"规划明确提出，积极应对气候变化，制定2030年前碳排放达峰行动方案，努力争取2060年前实现碳中和。

绿色发展是我国构建高质量现代化经济体系的必然要求，也是企业可持续发展的内在要求。中央企业应牢固树立"绿水青山就是金山银山"的理念，扎实推动节能降碳，加快绿色低碳转型，积极参与碳达峰、碳中和行动，为推动生态文明建设提供有力支撑，促进绿色发展不断取得新成效。中央企

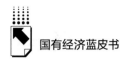

业应加快产业结构调整，推动传统产业低碳改造升级，发展壮大节能环保、清洁生产、清洁能源等绿色低碳产业；加快推进能源结构优化，严格控制化石能源消费，积极使用清洁能源，推动构建新型电力系统；加快推进能源资源利用效率提升，深化工业、建筑、交通运输等重要领域的节能建设，大力实施节能低碳技术改造，加强能效对标达标；加快推进绿色低碳技术攻关和应用，研发绿色低碳产品；积极发展循环经济，参与碳交易、做好生态保护与修复等，为打好污染防治攻坚战、建设美丽中国作出应有贡献。

在改善人民品质生活中体现新价值。党的十九届五中全会提出，坚持把实现好、维护好、发展好最广大人民根本利益作为发展的出发点和落脚点，尽力而为、量力而行，健全基本公共服务体系，完善共建共治共享的社会治理制度，扎实推动共同富裕，不断增强人民群众获得感、幸福感、安全感，促进人的全面发展和社会全面进步。要提高人民收入水平，强化就业优先政策，建设高质量教育体系，健全多层次社会保障体系，全面推进健康中国建设，实施积极应对人口老龄化国家战略，加强和创新社会治理。

民生问题是建设和谐社会的首要问题。民生问题涉及人民的衣食住行、教育医疗、劳动就业等诸多方面，事事关乎百姓生活，件件连着党心民心。中央企业要深入贯彻习近平总书记关于民生问题的重要论述，多措并举为增进民生福祉、改善人民生活品质贡献力量。中央企业应结合自身实际，推进业务创新、产品创新、服务创新等，不断满足人民日益增长的物质文化需要，提高人民生活水平。要想人民之所想，急人民之所急，始终把人民的安居乐业、安危冷暖放在心上，切实从带动就业、支持教育医疗事业、关爱残疾人等弱势群体等方面力所能及地提供支撑、保障和服务，为推动"健康中国"建设、应对人口老龄化、实现共同富裕贡献力量。

在高水平对外开放中实现新发展。党的十九届五中全会提出，坚持实施更大范围、更宽领域、更深层次对外开放，依托我国大市场优势，促进国际合作，实现互利共赢。要建设更高水平开放型经济新体制，全面提高对外开放水平，推动贸易和投资自由化便利化，推进贸易创新发展，推动共建"一带一路"高质量发展，积极参与全球经济治理体系改革。

构建以国内大循环为主体、国内国际双循环相互促进的新发展格局，绝不是封闭的国内循环，而是更加开放的国内国际双循环，不仅是我国自身发展需要，而且将更好地造福各国人民。中央企业要坚决当好高水平对外开放的排头兵，自觉推动经济全球化、共建人类命运共同体；坚持共商共建共享，加大开放合作力度，坚定不移地与世界各国和人民共谋发展、共护和平、共享未来。一方面，中央企业应紧紧抓住"一带一路"建设带来的机遇，与各国不断深化基础设施建设、产业、经贸、科技创新、公共卫生、人文等领域的务实合作，切实提升自身国际化经营的能力和水平，确保在国际化道路上走得更稳、更实、更好，加快实现建设具有全球竞争力的世界一流企业。同时，助力将"一带一路"打造成为合作之路、健康之路、复苏之路、增长之路。另一方面，中央企业要积极围绕国家战略与东道国发展实际需要和资源禀赋，积极履行海外社会责任，开展本地化经营，带动当地就业，保护当地环境，助力社区发展，增进当地民生福祉，实现互利共赢，携手共建更加美好的世界。

二　国有企业社会责任实践进展

国有企业坚持创新、协调、绿色、开放、共享五大新发展理念，根据党和国家的战略需要和经济社会的发展大局，承担了发展国民经济、引领科技创新、助推区域协调发展、建设生态文明、助力脱贫攻坚、化解急难险重、保障民生事业、推进海外履责等方方面面的政治责任、经济责任和社会责任，在"十三五"时期取得了一系列重要成果，为"十四五"高质量开局打牢坚实基础。

（一）创新是国有企业社会责任实践的聚焦点

当前，新一轮科技革命和产业变革突飞猛进，科学技术和经济社会发展加速渗透融合。习近平总书记强调，我们要把握科技创新规律，发挥科技创新的引领作用，实现高水平科技自立自强，为国家发展提供战略支撑。

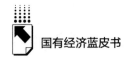

中央企业作为科技创新的国家队，不断加强自主创新能力，"十三五"期间累计获得国家科技进步奖、技术发明奖364项，占到全国同类获奖总数的38%。中央企业打造了一批高水平科技平台，"十三五"期间累计投入研发资金3.4万亿元，占全国的1/4。在2020年经营艰难的情况下，仍然保持了11.3%的增速。截至2021年3月，中央企业的国内外研发机构数量达到4360个，国家重点实验室91个。中央企业集聚了一批高层次创新人才，从事研发的人员达到近百万人，两院院士229人，工程院院士数量占全国的1/5，为实现科技高水平的自立自强发挥了引领性作用。

此外，"十三五"期间，中央企业在载人航天、深海探测、高速铁路、高端装备、能源化工、移动通信、北斗导航、国产航母、核电等领域，涌现出一大批世界先进水平的标志性重大成果。例如，中核集团自主设计建造的中国环流器二号M装置建成并实现首次放电，为我国深度参与国际热核聚变实验堆计划及自主设计建造聚变堆提供重要技术支撑。中国航天科技研制的北斗导航系统全面部署完成，并已在我国国民经济、国防安全、百姓生活等方面得到广泛应用，同时走出国门、惠及世界，取得显著效益。中国航天科技研制的探月工程嫦娥五号成功带回月面采样，为我国探月工程"绕、落、回"三步走发展规划画上了圆满句号。中国船舶集团研制的奋斗者号载人潜水器在马里亚纳海沟成功坐底，深度为10909米，创造了中国载人深潜的新纪录，实现了中国海洋探测装备跻身载人深潜发达国家行列的历史性跨越。中国联通完成试点省5G端网业协同、三千兆5G大融合覆盖，截至2020年底，推动339.3万台用户升级为5G终端，加快打造大数据驱动的智慧运营"新格局"。

中国航天科技：我国首次火星探测任务"天问一号"探测器成功着陆火星

2021年5月，中国航天科技集团有限公司研制的我国首次火星探测任务"天问一号"探测器成功着陆于火星乌托邦平原南部预选着陆区，我国首次火星探测任务着陆火星取得成功。"天问一号"探测器着陆火星，迈出了我国星际探测征程的重要一步，实现了从地月系到行星际的跨越，在火星上首次留下中国人的印迹，这是我国航天事业发展的又一具有里程碑意义的进展。

中国海油：全球首座十万吨级深水半潜式生产储油平台
"深海一号"能源站交付

2021年1月，中国海洋石油集团有限公司自主研发建造的全球首座十万吨级深水半潜式生产储油平台——"深海一号"能源站在山东烟台交付启航，标志着我国深水油气田开发能力和深水海洋工程装备建造水平取得重大突破，对提升我国海洋资源开发能力、保障国家能源安全和支撑海洋强国战略具有重要意义。

矿冶科技集团：开展科技攻关，解决有色金属行业
"卡脖子"难题

矿冶科技集团立足矿产资源行业，发挥高质量发展"主力军"作用，积极开展科技攻关，解决有色金属行业"卡脖子"难题，为国家矿产资源安全作出突出贡献。比如，通过创新性提出基因矿物加工等革命性技术方向，引领选矿工艺全方位数字化转型；承担"高效节能有色金属熔炼装备产业化项目"等十余项国家重点研发计划和技术专项，促进有色金属行业技术和装备升级；攻克矿山装备智能化作业、矿冶过程数字孪生、矿冶工业互联网平台等大量行业共性关键技术。

国药集团：用科技捍卫生命安全，新型冠状病毒灭活疫苗
获世卫组织紧急使用权

2021年5月，国药集团中国生物北京生物制品研究所研发生产的新型冠状病毒灭活疫苗（Vero细胞），获得世卫组织紧急使用授权，纳入全球"紧急使用清单"（EUL）。国药集团中国生物基于成熟的灭活疫苗研发技术平台以及先进的工艺及质量控制体系，成为全球最大的新冠疫苗研发生产基

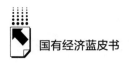

国有经济蓝皮书

地和最大供应商，也是全球唯一独立自主在两条技术路线上研发出三款新冠疫苗的生物医药企业，积极为全球抗疫贡献中国力量。

中国铁物：实施线上全生命周期管理，实现大数据互联互通

中国铁物围绕钢轨这一铁路运行安全"生命线"，自主研发钢轨全寿命管理平台，有效整合钢轨全产业链流程，通过引入"互联网＋"、物联网、云计算技术，集成全路钢轨研发、生产、焊接、供应、铺设、养护等环节数据信息资源，构建钢轨"全生命链"追溯模式，实现钢轨状态分析、动态跟踪、预警研判，年均为40余万根钢轨采购供应提供信息服务，打通"需求—配置—合同—发运"线上供应链条，有效整合产业链上下游，为轨道交通建设运营大数据互联互通提供支持。

中国华录：打造光电磁智能混合存储平台，助力数字经济产业发展

中国华录积极助力国家数字化发展，为解决数据海量和长期存储能耗大、成本高的紧迫问题，旗下子公司易华录作为大数据行业领军企业，全面开展海量存储的研发攻关，打造了低能耗、高安全的光磁电智能混合存储平台。该平台是兼具光存储长寿命、安全可靠、绿色节能和电、磁存储快速读写等优点的存储系统，可根据数据的生命周期制定冷、温、热分层混合存储管理策略，同时可依据使用频率、文件大小、文件类型等特征将数据进行冷、温、热分层，适配不同介质进行存储，满足用户对数据存储的个性化需求。

（二）协调是国有企业社会责任实践的着力点

协调是持续健康发展的内在要求，增强协调性才能使我国经济发展行稳致远。习近平总书记指出，按照客观经济规律调整完善区域政策体系，发挥各地区比较优势，促进各类要素合理流动和高效集聚，增强创新发展动力，加快构建高质量发展的动力系统，增强中心城市和城市群等经济发展优势区

242

域的经济和人口承载能力，增强其他地区在保障粮食安全、生态安全、边疆安全等方面的功能，形成优势互补、高质量发展的区域经济布局。

中央企业作为国民经济的重要骨干和中坚力量，深入贯彻落实区域协调发展总体战略，积极推动西部大开发形成新格局，推动东北振兴取得新突破，促进中部地区加快崛起，促进东部地区加快现代化。同时，在支持革命老区、民族地区加快发展，加强边疆地区建设，推进兴边富民、稳边固边方面发挥积极作用。还积极将自身发展与推进京津冀协同发展、长江经济带发展、粤港澳大湾区建设、长三角一体化发展等深度融合，助力打造创新平台和新增长极，为我国增强发展整体性提供源源不断的内生动力。"十三五"期间，中央企业在落实京津冀协同发展、长江经济带等区域协调发展战略方面累计完成投资 17.9 万亿元，比"十二五"增长 36.4%。

同时，"十三五"期间，中央企业在推进协调发展方面涌现出一批批典型实践。例如，国家能源集团雄安能源有限公司于 2020 年 12 月成立，助力雄安地区经济社会发展。中交集团全方位融入长三角一体化发展，近年来建设了苏南沿江铁路、舟岱跨海大桥、沪通大桥等基础设施项目，进一步加速推进长三角发展。招商局集团、华润集团、中国旅游集团等深度融入大湾区建设，在能源服务、城市建设、消费、健康、金融与科技等领域，加快布局新产业，推动转型创新。

国家电网：当好电力先行官，服务区域协调发展

国家电网有限公司紧密对接京津冀协同发展、长三角一体化、黄河流域生态保护和高质量发展、成渝地区双城经济圈等国家区域发展战略，通过电网升级为京津冀协同发展增添动能，加快构建长三角一体化示范区现代智慧能源体系，使用电力大数据护航黄河流域生态保护，建设一体化电网保障成渝地区双城经济圈等，提供高质量供电保障，助力区域协调发展。

华润集团：紧密跟进雄安新区规划建设，助力京津冀协调发展

雄安新区设立以来，华润集团抢抓机遇、主动作为，第一时间设立华润

集团雄安新区专项工作领导小组和工作小组，紧密跟进雄安新区规划建设，从项目策划、创新发展、资源对接等方面统筹协调、推动集团各单位参与新区的各项工作。2020年，华润集团旗下华润置地中标雄安绿色建筑展示中心项目，开发商务服务中心、高铁站枢纽核心区等项目，助力雄安持续高质量发展。

中国旅游集团：勇担使命，推动粤港澳大湾区布局

中国旅游集团利用自身优势资源着力开发区域旅游综合项目，拓展旅游零售线上业务，以金融手段支持大湾区建设，持续发挥旅游业促进双向开放、民心相通的独特作用。集团研究推进"旅游+中医药"康养项目，推出温泉康养、医疗体检等湾区旅游产品；配合澳门特区政府"心出发游澳门"活动计划，针对本地居民推出25条精品旅游线路；落地广州天晨项目、深圳大空港项目及香港信德中旅车船整合项目，持续推进香港红磡维景酒店改建项目；完善旅游产业基金、旅游融资租赁和旅游保险经纪业务并投资大湾区基金，推动粤港澳大湾区布局。

中国能建：以精品工程为长三角一体化发展赋能

中国能建作为中国能源建设领域的国家队和主力军，积极响应国家新基建的要求，充分发挥自身优势，投身长三角城市群建设，以精品工程为长三角经济社会快速发展提供强劲的能源动力。2020年，由中国能建江苏院设计的苏州1000千伏特高压变电站第三台、第四台主变扩建工程成功投运，为苏南电网和上海电网接受外来电力提供重要支撑，也为长三角这片热土不断赋能，助力经济社会发展，激发出区域高质量发展新活力。

华侨城集团：提升全域旅游发展新高度，助力海南自贸区拓展新格局

华侨城集团积极落实海南自贸港政策"培育旅游新业态新模式，创建全域旅游示范省"的目标定位，统筹盘活海南资源，从"两点三线"出发，立足海口、三亚两大重点城市，多方向、多维度拓展区域格局，以点成面打

造海南美丽乡村、滨海旅游、人文景点、城市建设等优质项目，提升海南全域旅游发展新高度。

（三）绿色是国有企业社会责任实践的关键点

生态文明建设是关系中华民族永续发展的根本大计。习近平总书记强调，生态环境保护和经济发展是辩证统一、相辅相成的，建设生态文明、推动绿色低碳循环发展，不仅可以满足人民日益增长的优美生态环境需要，而且可以推动实现更高质量、更有效率、更加公平、更可持续、更为安全的发展，走出一条生产发展、生活富裕、生态良好的文明发展道路。2020 年，习近平总书记正式宣布中国"二氧化碳排放力争于 2030 年前达到峰值，努力争取 2060 年前实现碳中和"。

中央企业始终坚持"生态优先、绿色发展"导向，坚定践行"绿水青山就是金山银山"理念，不断加强节能减排机制和能力建设，推动科技创新成果转化，开发清洁能源，推动生态保护和修复，积极参与碳达峰、碳中和行动等，努力成为国家生态文明建设的重要参与者、贡献者。"十三五"时期，中央企业能源消费总量得到有效控制，单位产值综合能耗比"十二五"末下降逾 20%；二氧化硫、氮氧化物、化学需氧量、氨氮排放总量分别比"十二五"末下降 57%、37%、43%、40%；二氧化碳排放总量增速下降，单位产值二氧化碳排放量比"十二五"末下降 18%；截至 2020 年末，中央企业先进高效煤电机组容量占比超过 50%，非化石能源发电装机容量占比超过 42%。

中央企业在实践中续写"两山论"新篇章、描绘美丽中国新画卷。例如，中核集团在核能全产业链、水电、新能源发电中推广应用新技术、新工艺和新设备，推动企业绿色生产。中国石化着力构建清洁低碳、安全高效的现代能源体系和产供储销体系，发力氢能、页岩气、地热、光伏等洁净能源，助力"双碳"目标实现。中国海油首次为中国大陆引进碳中和 LNG 资源，守护祖国的绿水青山，助力打赢蓝天保卫战。中国华

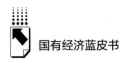

电打造全国首家智能化生态电厂——华电莱州电厂，刷新国内煤电耗能最低纪录，推动世界火电产业升级。三峡集团落地实施江西省九江市长江大保护 PPP 项目，覆盖九江市 90% 以上的城区，提升居民居住环境和鄱阳湖水环境。

中国船舶集团：实施绿色制造，研发系列化全球领先绿色船型

中国船舶集团坚持以引领船舶工业绿色发展为使命责任，推出一批自主研发的技术领先、具有良好市场竞争力的绿色环保精品船型，包括节能环保型 2.3 万标准箱双燃料动力集装箱船、17.4 万方双燃料动力 LNG 船（液化天然气运输船）、全球首艘风帆动力超大型油船等，部分船型为全球首制；推出一批绿色环保配套产品，包括全球最大船用双燃料低速机、选择性催化还原系统、废气洗涤系统、焚烧炉、污水处理装置、压载水处理系统等。

国家电投：大力打造综合智慧能源

国家电投作为唯一涵盖全部电源类型的发电企业，清洁能源装机占比已达到 53%。当前，国家电投正顺应时代潮流，努力将综合智慧能源打造成最重要的增长极，以便实现更好地贴近用户、服务用户。比如，在供给侧加快实现清洁低碳方面，已经实现水光互补发电，将不稳定的太阳能发电变成稳定的电力输出，从青藏高原源源不断地送往中原大地。在用户侧加快向能源服务转型方面，国家电投已经开始先行先试电能替代模式，率先推出的智能换电重卡和装载机完整解决方案，每年新增电量 3600 万度，替代柴油约1080 万升，实现交通领域电能替代的突破。

中国宝武：低碳冶金，引领行业绿色发展

为加速绿色发展步伐的迈进，中国宝武建设面向全球的低碳冶金创新试验基地，促进钢铁上下游产业链的技术合作，助推钢铁工业可持续发展。2020 年 7 月，位于中国宝武八一钢铁的富氢碳循环高炉建成点火投产，第一阶段试验取得重大突破，实现鼓风氧含量 35% 的目标，突破传统

高炉的富氧冶炼极限。2021年7月，富氢碳循环高炉成功实现第二阶段50%高富氧冶炼目标，高炉燃料比较喷吹脱碳煤气前基准期燃料比每吨降低70千克，为实现中国宝武绿色低碳冶金技术在世界范围内的引领作出了应有贡献。

中铝集团：普朗铜矿唱响生态保护、生态养护、生态发展"三部曲"

普朗铜矿坚定实施生态保护、生态养护、生态发展"三部曲"战略，项目建设期，设置动物迁徙通道，减少对栖息地的分割和繁殖地的破坏。实施绿化植树、植草和边坡治理绿化工程，提高矿区绿化率。矿业开发中，选择高效、节能的自然崩落法采矿方法，整个采矿作业活动都在井下完成，所有生产运行设备选择自带消声功能，最大限度降低和消除工业噪声对周边生物的扰动。加强生物多样性保护宣传教育，严禁捕杀野生动物和私挖乱采野生植物。权威专家给予了"普朗铜矿的建设和生产，未对周边物种多样性等造成影响"的评估结论。

中交集团：积极参与"千年秀林"工程建设

"千年秀林"工程是雄安新区建设森林城市，实现新区蓝绿交织、清新明亮生态环境的重要举措。中交集团承建的雄安新区2020年（秋季）造林项目第2标段造林面积约1万亩，预计种植树木达33万株，工程规划设置有生态观光区、生态秀林区和生态游憩区等。中交集团大力参与建设植树造林、绿化美化工程，切实通过林业碳汇业务，投身国土绿化事业和美丽中国建设，全面贯彻落实国家碳中和总体目标要求，为国家2060年全面实现碳中和目标作出积极贡献。

（四）开放是国有企业社会责任实践的突破点

当今世界，经济全球化潮流不可逆转，任何国家都无法关起门来搞建设，中国也早已同世界经济和国际体系深度融合。习近平总书记强调，在新

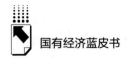

发展格局下，我们将继续高举开放合作大旗，坚持多边主义和共商共建共享，推动高质量共建"一带一路"，同世界各国共享发展机遇，为推动世界共同发展、构建人类命运共同体贡献力量。

中央企业作为我国经济发展的重要支柱，勇当高质量共建"一带一路"的排头兵，始终坚持自愿、平等、互利的原则，以高质量合作、高质量产品、高质量服务，促进沿线产业高质量配置、经济高质量增长、文化高质量融合。据统计，目前已有81家中央企业在"一带一路"沿线承担项目超过3400个，为带动业务所在国（地区）经济社会可持续发展发挥了重要作用。

在"走出去"的过程中，中央企业不仅提升了自身国际化经营能力和水平，也让沿线各国人民感受到了许多实实在在的好处和甜头。例如，中央企业参与建设的中老铁路、雅万高铁、匈塞铁路、蒙内铁路等重大项目，有力推动沿线国家的互联互通和协同发展。中央企业参与实施一大批惠民工程，中国电建投资建设的巴基斯坦卡西姆电站为超过400万家庭带来光明，中国地质承建的科特迪瓦供水项目建成后将惠及230万民众。在全球疫情持续演变的情况下，中国建筑、中国中铁等投身境外版"火神山医院"的建设，中航集团确保抗疫驰援不断线、重要航线不断航、全球供应不断链，为世界团结抗疫和经济复苏注入信心。

国家能源集团：中国企业海外投资建设最大单机火电机组全面竣工

2020年9月，中国企业在海外投资建设的单机容量最大、拥有自主知识产权的火电机组——国家能源集团国华印尼爪哇7号2×1050MW发电项目2号机组以跨国视频连线的方式举行完成168小时试运暨一期工程竣工仪式，标志着凝聚中国和印尼两国建设者心血，印尼电力建设史上单机容量最大、参数最高、技术最先进、指标最优的高效环保型电站全面竣工。项目整体投运后，年发电量约150亿千瓦时，将有效改善印尼区域电力供应现状，对当地经济增长和社会发展起到强有力的拉动作用。

中国铁路和中国兵器工业：巴基斯坦拉合尔轨道交通 橙线项目正式开通运营

2020年10月，中巴经济走廊首个大型轨道交通项目——巴基斯坦拉合尔轨道交通橙线项目正式开通运营，标志着巴基斯坦正式驶入地铁时代。橙线项目正线全长约25.58公里，设车站26站，连接拉合尔市多个人口密集区。根据规划，项目运行初期共计27组列车投入运营，运力保持在每天25万人次，后期将进一步提升运力至每天50万人次。橙线项目作为中巴经济走廊标杆项目，打通贯穿拉合尔城市全域的经济大动脉，将有效缓解公共交通压力，为民众提供先进、高效、安全的交通服务。

中国五矿：打造可持续的矿业社区

邦巴斯铜矿项目是中国五矿旗下MMG公司在秘鲁市场承建的铜矿旗舰项目，自项目投产运营以来，MMG公司坚持将自身发展与当地社会发展紧密结合，积极履行社会责任，在改善当地基础设施条件、促进当地就业、为社区提供高质量教育和健康项目支持、加强社区融合、参与抢险救灾与紧急援助、重视生物多样性保护、强化疫情联防联控等方面深化履责实践，助力地方经济发展，让共建"一带一路"成果更好地造福当地人民，为当地社区可持续发展作出应有贡献。

中国有色：越南老街铜冶炼扩建项目带料试生产成功

2021年6月，中国有色集团出资企业中色股份越南老街铜冶炼扩建项目经过点火、升温烤炉、熔化冰铜造熔池等一系列准备工作后，于19日向底吹炉投料，仅用7天打通熔炼系统，于26日生产出第一炉阳极铜，标志着越南老街铜冶炼扩建项目顺利完成带料试生产。项目自2021年3月初开始调试后，项目部全力以赴，克服新冠肺炎疫情阻碍与困难，在最短的时间内打通了设备发运和人员派遣通道，并采取多措并举的方式抢抓项目建设整体进度，做到了疫情防控和生产经营"两战双赢"。

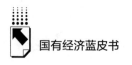

（五）共享是国有企业社会责任实践的落脚点

让人民生活幸福是"国之大者"。习近平总书记强调，要不断满足人民日益增长的美好生活需要，不断促进社会公平正义，形成有效的社会治理、良好的社会秩序，使人民获得感、幸福感、安全感更加充实、更有保障、更可持续。

中央企业作为保障民生的重要力量，聚焦国家所思、社会所想，将自身主营业务、资源优势与公众需求相结合，积极参与脱贫攻坚、抗击疫情、抢险救灾等行动，竭诚回馈社会，共享发展成果，增进民生福祉。

中央企业作为脱贫攻坚的主力军，始终坚持贯彻落实习近平总书记关于打赢脱贫攻坚战的重要论述，以大国重器的责任担当全力以赴投入脱贫攻坚。8 年多来，国资央企定点帮扶的 248 个国家扶贫开发工作重点县全部脱贫摘帽，承担行业主管部门、地方党委政府安排的 1.2 万个各类扶贫点任务全部完成，累计在贫困地区直接投入和引进各类资金超过千亿元，其中无偿帮扶资金超过 540 亿元，帮助贫困地区广大群众走上共同富裕的康庄大道。例如，兵器装备集团在扶贫地区投入产业资金 10217 万元，实施项目 50 个，成功培育出高原苹果、肉牛养殖等高原特色农业产业，惠及贫困户 8000 余户 34000 余人。中国电科累计向定点扶贫县投入资金 7300.24 万元，员工捐赠 410.8 万元，实施各类精准扶贫项目 30 余项，帮助贫困县脱贫摘帽。中国大唐累计向定点扶贫县投入无偿帮扶资金 11801.86 万元，帮扶 186 个贫困村全部出列，累计脱贫 14.6 万人。

2020 年新冠肺炎疫情突袭而来，石油石化、电力、通信、粮油、运输等领域的基础保障型央企把做好保供工作作为首业首责，在这次大战大考中充分发挥了大国重器的顶梁柱作用。例如，国家铁路集团开辟绿色通道，争分夺秒向湖北地区运送防控人员和物资。中国电信搭建火神山医院 5G 远程会诊系统，中国联通、中国移动推出 5G 智慧医疗服务平台，为科学防控疫情提供有力支撑。中航集团、东航集团、南航集团等航空运输企业在客座率较低的情况下，全力保障国内航线和重要国际航线"不断航"。东风公司组织 1100 多名"东风出行"司机组建应急车队，专门护送医护人员到一线。

中粮、中储粮等中央粮食企业，充分调动米、面、油、糖、肉、奶等粮油副食产品的库存，保障民生基本供给。

2021年夏季，我国暴雨频发，多地发生严重洪涝灾害，防汛形势严峻。尤其是河南遭遇强降雨，给当地带来严重影响。危难时刻，中央企业迅速行动，全力以赴确保受灾地区油气、电力、物资等供应。例如，中国石化迅速启动"省市县站库"联动，全力参与地方抗洪抢险用油保障工作。国家电网第一时间启动应急响应，全力做好抗洪抢险保供电工作。国家管网集团优化运行，做好管道巡护和抢修，确保油气管输资源和销售不受影响。

中国石化：助力脱贫攻坚，接续乡村振兴

中国石化深入贯彻习近平总书记脱贫攻坚重要指示精神，坚持把脱贫攻坚作为重大政治任务全力推进落实，累计投入帮扶资金24亿元，对口支援和定点帮扶的8个县、750个村全部实现脱贫，为我国脱贫攻坚战取得全面胜利贡献重要力量。为更好地贯彻落实党中央、国务院关于巩固拓展脱贫攻坚成果同乡村振兴有效衔接的决策部署，中国石化谋划制定央企首个"助力乡村振兴计划"，承诺"十四五"期间将做到"两不少、三不减"，创新实施"一县一链"特色帮扶，以实际行动让脱贫基础更加稳固、成效更可持续。

国机集团：打造国机教育扶贫模式，夯实脱贫基础

国机集团立足定点扶贫县（区）实际，充分发挥自身优势，2012～2020年，累计投资5850多万元，在学生培养、教师培训、贫困师生奖助、教学设施改善、职业教育等方面开展了128个帮扶项目。累计投资1590多万元，助力固始县国机励志学校建设；累计出资近2070万元，在河南省淮滨县等地改善学校基础设施；先后出资1100多万元，资助定点扶贫县（区）中小学教师近8000人提升理论素养和专业水平；设立教育扶贫专项基金，累计出资585万元，共计奖励优秀师生近1100人。

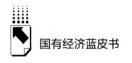
国投集团：产业投资基金激发发展内生动力

国投集团在强化产业发展平台的基础上，形成产业基金扶贫管理模式，创新打造七大产业扶贫平台，激发产业发展内生动力和可持续性。截至2020年，国投扶贫产业投资基金累计投资140个项目、280亿元，引领撬动2300亿元社会资本投入全国27个省、320个贫困县，项目全部达产后可带动贫困地区50万人就业，每年为就业人口提供40亿元收入，为地方政府提供28亿元税收。同时依托产业投资基金继续巩固拓展脱贫成果，做好与乡村振兴工作的有效衔接。

中国林业：重庆国家储备林项目助力乡村振兴

中国林业集团有限公司下属二级企业重庆市林业投资开发有限责任公司与城口县政府以国家储备林项目建设为契机，以农村"三变"改革为抓手，以林业全产业链发展为方向，探索出了林业助力乡村振兴新路子。2020年，投入城口县人工造林、现有林改培、森林抚育等项目劳务资金达2200余万元，解决3000余人就业问题；林地收储完成后，项目建设将每年新增农民林木采伐分红150万元，带动林木产业加工产值3000万元。

中国航材：助力贫困县高质量脱贫，携手迈向乡村振兴

中国航材自2013年起定点帮扶陕西省白水县，逐年加大帮扶力度，建立长效帮扶机制，以产业扶贫为重点，实施教育、医疗、社会救助、扶志扶智等多种帮扶，助力解决"两不愁、三保障"实际问题。2013年以来，先后向白水县投入扶贫资金1726.73万元，实施定点扶贫项目30余个，累计选派扶贫干部7人，帮扶白水县于2020年2月退出全国贫困县序列，实现脱贫摘帽。

中国国新：发挥国有资本运营公司优势，助力利川打赢脱贫攻坚战

中国国新作为国有资本运营公司试点，始终铭记肩负的重要经济、政治和社会责任，积极开展产业扶贫、教育扶贫、人才培训、民生扶贫和消费扶

贫，助力定点帮扶的湖北省利川市实现脱贫摘帽。公司出资 7000 万元与中广核集团成立利川风力发电公司，以项目收益反哺其他扶贫项目；坚持畅堵补短，不断完善乡村基础设施建设；坚持扶志扶智，发挥教育培训溢出效应；坚持以购代捐，帮助打通扶贫产品销售渠道；探索公益扶贫，不断创新丰富帮扶举措。

中盐集团：严防控，稳运营——助力抗击疫情

面对疫情，中盐集团加强区域食盐生产运输调度，建立联动保供机制，切实保障食盐安全稳定供应。疫情期间，湖北全省食盐库存量始终保持在 90000 吨左右，能满足市场 5 个月正常需求。同时，中盐旗下企业中盐云虹公司、中盐红四方公司等积极向抗击疫情相关企业供应医用氯化钠、消毒液等抗疫物资，确保疫情防控关键时期急需物资的稳定供应。

冶金地质总局：助力疫情防控，推动复工复产

新冠肺炎疫情突袭而来，冶金地质总局所属正元地理信息集团股份有限公司严格按照党中央、国务院关于加强疫情防控和复工复产工作要求，精心组织、合理安排、多措并举，一手抓疫情防控，一手抓复工复产。正元地理信息集团股份有限公司研发出多项助力疫情防控与复工复产工作的成果。其中，工大正元公司研发了 7 套具有特色的抗疫软件产品并投入应用；航遥公司研发的"正元复工复产信息综合管控系统"、数字城市公司研发的"疫情防控监管指挥平台"上线运行，有序推进复工复产相关工作。

中国航信：发挥信息化优势，全力保障民航信息系统安全运行

面对突如其来的新冠肺炎疫情，中国航信作为中国民航电子客票的先行者和票务客户的专业后盾，向 42 家航空公司客户发送了《关于为航空公司持续提供客户服务保障的函》，保证客户代表、业务负责人 24 小时坚守岗位，为相关企业处理退票业务提供技术支持。同时，开通信息支持绿色通道，帮助实现公共决策社会治理科学化精准化；开发健康申报和同程疫情告

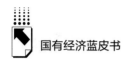

知系统，助力民航真情服务高效服务；优化重点航班信息调整流程，全力保障民航承运急救物资顺利送达。

三　中央企业社会责任管理创新

本部分以企业社会责任管理"三步十法"为理论基础，系统分析中央企业社会责任管理现状。

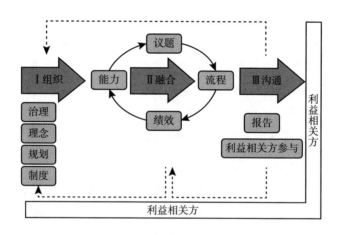

图1　企业社会责任管理"三步十法"

（一）责任组织

责任组织是企业社会责任管理的第一步，即构建社会责任工作的组织体系，明确社会责任工作的方向，建立工作推进的各项制度，为统筹推进企业开展社会责任工作打下坚实的基础，主要包含责任治理、责任理念、责任规划、责任制度四项工作。

1. 责任治理

责任治理是企业开展社会责任工作的组织基础。建立由企业高层任职的社会责任领导机构，是企业履行社会责任的组织保障和决策体系保障。设置社会责任工作执行机构，明确社会责任工作归口管理部门、管理处室和工作人员，是推进企业落实社会责任工作的基础保障。

（1）近七成中央企业已经设立社会责任领导机构

调查显示，2020 年，67.90% 的中央企业设立了以社会责任工作领导小组或社会责任管理（工作）委员会为主要形式的社会责任领导机构。社会责任领导机构由企业高层领导直接负责。例如，中国一汽设立社会责任委员会，最高负责人为集团公司党委书记、董事长。

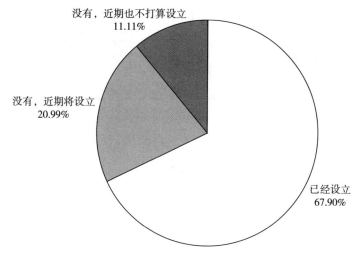

图 2　中央企业设立社会责任领导机构情况

（2）超九成中央企业确定社会责任主管部门

调查显示，2020 年，93.83% 的中央企业已确定社会责任主管部门。其中，28.95% 的中央企业社会责任工作由党群/党委/党建工作类部门归口管理。例如，中核集团的党群工作部、南方电网的党建工作部、中交集团的党委工作部等。21.05% 的中央企业社会责任工作由办公室类部门归口管理。例如，中国一重的公司办公室、国药集团的董事会办公室等。18.42% 的中央企业社会责任工作由宣传/企业文化/新闻中心类部门归口管理。例如，南航集团的宣传部、通用技术集团的新闻中心等。11.84% 的中央企业社会责任工作由发展/战略/管理/政策法规类部门归口管理。例如，中国电信的企业战略部、中国建材的公司管理部、中国铁物的规划发展部等。7.90%的中央企业社会责任工作由社会工作部/社会责任办公室归口管理。例如，南光集团的社会工作部。由安全环保部/乡村振兴工作办公室/改革办等其他部门主管的占11.84%。

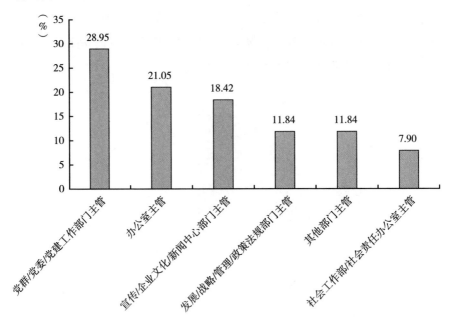

图3 中央企业社会责任主管部门情况

（3）超九成中央企业推动下属企业社会责任工作

调查显示，2020年，93.83%的中央企业通过多元化的方式推动下属企业开展社会责任工作。其中，推动下属企业发布社会责任报告和对下属企业进行社会责任培训成为中央企业推动下属企业社会责任工作的主要方式，占比分别为77.78%和58.02%。例如，中国宝武推动宝钢金属、宝信软件、宝钢股份、宝钢包装、华宝信托等11家所属企业发布社会责任报告。中国海油定期进行社会责任培训，提升全系统的社会责任意识和能力。对下属企业社会责任工作进行考核与评比、在下属企业开展社会责任工作试点分别占比29.63%、23.46%。例如，南方电网自2010年开始推进"社会责任示范基地"建设，建立网、省、地三级联动的社会责任组织体系，实现公司总部和各分子公司履责能力的提升。11.11%的中央企业以其他形式推动下属企业开展社会责任工作。但仍有6.17%的中央企业尚未推进下属企业开展社会责任工作。

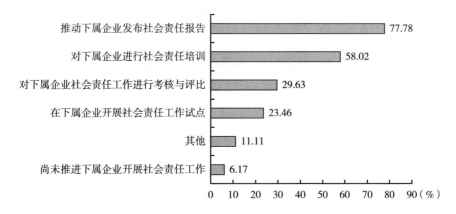

图4 中央企业推动下属企业社会责任工作方式

（4）近六成中央企业已明确统筹推动控股上市公司ESG的工作部门

调查显示，2020年，21.95%的中央企业控股上市公司ESG工作由宣传/企业文化/新闻中心类部门归口管理。例如，中国航油的党委宣传部。由办公室、党群/党委/党建工作类部门统筹推动中央企业控股上市公司ESG工作的中央企业均占19.51%。例如，中铝集团的党群工作部，中国中车的董事长办公室。由发展/战略类部门统筹推动控股上市公司ESG工作的中央企业占9.76%。由安全环保部等其他部门统筹推动控股上市公司ESG工作的中央企业占29.27%。

（5）近五成中央企业将编发ESG报告作为推动控股上市公司ESG工作的主要措施

调查显示，在旗下有控股上市公司的中央企业中，要求编发ESG报告成为推动控股上市公司ESG工作的主要方式，占比为47.14%。例如，中铝集团积极推动旗下中铝股份、中铝国际、云南铜业、驰宏锌储等上市公司发布ESG报告。通过制定ESG管理办法、出台ESG指导意见、开展ESG考核

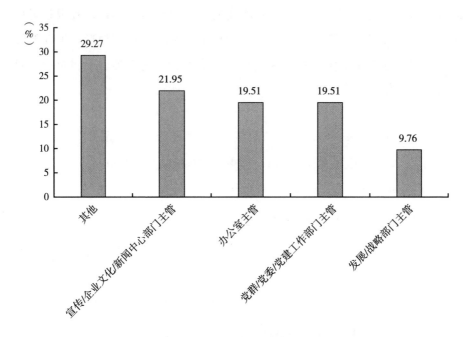

图5　中央企业明确统筹推动控股上市公司 ESG 的工作部门

评价等方式推动控股上市公司 ESG 工作的占比分别为 15.71%、14.29%、10.00%。此外，还有 20% 的中央企业通过开展 ESG 专项培训、建立 ESG 工作交流沟通与回应机制、定期上报 ESG 工作开展情况等方式推动控股上市公司开展 ESG 工作。

2. 责任理念

社会责任理念包括使命、愿景和价值观三个方面。使命说明企业的社会功能定位，愿景描述企业的发展目标，价值观说明企业的基本原则和行为规范。提炼具有行业特色和企业特点的社会责任理念或口号，是夯实责任管理、培育责任文化、指导责任实践、塑造责任品牌的有效途径和现实需要。

调查显示，超七成中央企业已经确立社会责任理念/口号，并以易识别、易记忆、易传播的理念或口号统领社会责任各项工作的开展。

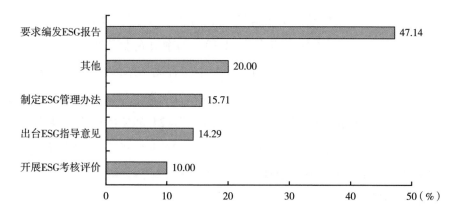

图6 中央企业推动控股上市公司 ESG 工作的主要措施

中央企业社会责任理念/口号（列举）

中核集团：核力担当 同心同行

航天科工：放飞神剑 收获和平

航空工业：以心为翼 载梦飞翔

中国海油：贡献优质能源 筑梦碧海蓝天

三峡集团：善若水 润天下

中国一汽：促进人·车·社会和谐发展

东方电气：共创价值 共享成功

中铝集团：点石成金 造福人类

中粮集团：忠于国计 良于民生

中国化学：世界更炫彩 生活更美好

3. 责任规划

企业社会责任战略或规划可以帮助企业系统梳理社会责任工作面临的形势，树立企业社会责任工作的目标，规划社会责任工作的中长期发展路径，明确社会责任工作的具体举措，夯实社会责任工作的保障措施。它是社会责任工作最为重要的顶层设计，是战略性企业社会责任的重要体现。

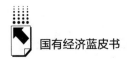

超五成中央企业已经或正在制定社会责任"十四五"规划。

调查显示，截至 2021 年 8 月，32.10% 的中央企业已经制定社会责任"十四五"规划。例如，国家管网集团、中国移动、东风公司等。19.75%的中央企业正在推进制定社会责任"十四五"规划工作。例如，中国融通集团、国家能源集团、中国电子、中铝集团等。24.69% 的中央企业尚未制定但近期打算制定社会责任"十四五"规划，23.46% 的中央企业近期不打算制定社会责任"十四五"规划。

4. 责任制度

责任制度是推动社会责任理念得以贯彻、社会责任规划得以实施、社会工作得以开展的重要保障，主要包括社会责任组织管理办法、社会责任沟通制度、社会责任报告编制发布制度等。

近五成中央企业制定了社会责任专项制度。

调查显示，46.91% 的中央企业制定了社会责任专项制度。例如，航空工业制定《中国航空工业集团有限公司社会责任管理办法》，国家电网制定《国家电网公司履行社会责任指南》《国家电网有限公司海外社会责任指南》等。30.86% 的中央企业尚未制定，但在员工手册、文化手册等材料中包含社会责

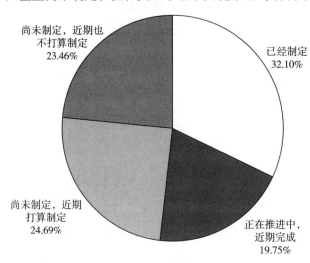

图 7　中央企业社会责任"十四五"规划制定情况

任专题内容。18.52%的中央企业尚未制定社会责任专项制度，但近期打算制定。3.71%的中央企业近期不打算制定社会责任专项制度。

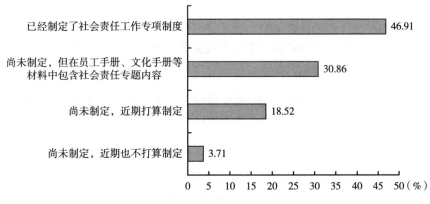

图8 中央企业社会责任专项制度制定情况

（二）责任融合

责任融合是企业社会责任管理的第二步，即将社会责任分解落实到企业中的每一个部门和每一个岗位，并通过业务流程的优化使得从管理层到执行层的每一个员工都能够落实责任理念、规划和制度安排，在日常工作中践行社会责任。再辅以考核评价总结经验、发现短板，并通过履行社会责任能力的提升改进绩效，持续改进，实现 PDCA 循环，切实将社会责任工作落实到位。

1. 责任议题

科学识别和管理实质性社会责任议题，是企业社会责任工作有效开展的前提条件。企业需要根据自身所处行业、企业规模、经营地域、产品特征等，分析并确定与运营活动最为相关、对利益相关方具有重大或潜在影响的实质性议题。这些实质性议题需要能够反映企业对经济、环境和社会的重大影响，或是对利益相关方的判断及决策有着重要影响。根据议题分析结果，确定相关议题职责落实到职能部门，使社会责任各项工作全面融入企业管理，通过社会责任工作领导机构和执行机构推动

职能部门、下属企业、生产单位结合日常工作将关键的社会责任议题进一步细化、具体化。

例如，中国石化基于国家宏观政策导向、国内外社会责任标准、公司发展战略规划、国内外能源行业与油气行业社会责任议题关注点、社会舆论关注焦点等多种渠道，梳理出公司20项社会责任关键议题，即可持续发展和社会责任管理、风险管理、反腐倡廉建设、能源与化工产品供应、非油品服务、产品质量与服务、创新发展、安全生产、职业健康与安全、供应链管理、清洁能源供应、节能减排、应对气候变化、生物多样性保护、关注股东权益、维护员工权益、人权保护、公益慈善与志愿服务、乡村振兴、境外履责。

2. 责任流程

审视与企业社会责任重要议题相关的管理制度、流程，以及通过调整或加入体现社会责任理念内容，优化原有的工作流程，推动社会责任理念融入日常工作，指引员工主动考虑工作过程中可能会对社会、环境造成的影响和关键利益相关方的期望，有意识地调整工作方法，努力降低或消除负面影响，增加积极影响。此外，社会责任不仅要融入内部工作流程，还要融入外部合作，如供应链、销售链、业务合作等。

例如，中铝集团将社会责任融入经营管理，形成具有中铝特色的社会责任管理体系，制定社会责任管理模块和负面清单，推动社会责任融入企业运营和日常工作。2021年，中铝集团对社会责任管理模块运行情况进行评估，形成《中国铝业集团有限公司社会责任管理模块2020年度运行评估报告》。

3. 责任绩效

指标体系。构建科学、全面、与时俱进的指标体系，是中央企业收集社会责任信息、撰写社会责任报告、开展社会责任培训、实施社会责任考核和推动下属企业社会责任工作的有效工具。构建社会责任指标体系分为四个步骤：筛选体现企业重要CSR议题的关键指标、建立指标衡量方法和标准、形成指标体系和运用并不断完善指标体系。

考核评价。企业社会责任考核评价是推进社会责任工作落到实处，推动下属企业、部门和个人切实转变工作思想，优化工作流程，提升履责绩效的

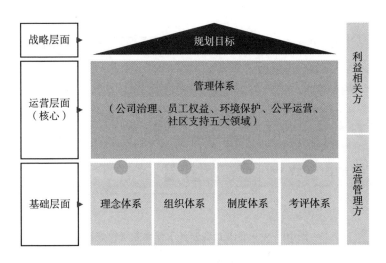

图9 责任管理

关键所在，也是社会责任闭环改进的核心。社会责任考核评价主要有四种方式：一是专门制定社会责任考核评价指标体系，开展全面、系统的社会责任考核评价；二是把社会责任指标纳入企业已有的业绩考核体系，社会责任绩效作为经营业绩考核的组成部分；三是与同行业企业社会责任领先企业开展对标，找出缺陷和弱项；四是定期开展社会责任优秀评选，树立典型，促进部门学习，激励全员改进。

（1）超七成中央企业进行社会责任工作绩效考核

调查显示，2020 年，74.07% 的中央企业对社会责任工作绩效进行了多层次、多维度的考核。其中，55.56% 的中央企业将社会责任纳入部门年度工作绩效考核，33.33% 的中央企业将社会责任纳入公司关键绩效指标（KPI），23.46% 的中央企业将社会责任纳入个人年度工作绩效考核。

例如，华润集团为有效宣传社会责任工作成果，鼓励和动员更多的企业及个人积极参与社会责任实践，自 2008 起设立"社会责任奖"，分为金奖、银奖、铜奖三类，并纳入集团优秀业绩奖序列。

（2）近八成中央企业组织或参与企业社会责任优秀"评优"

调查显示，2020 年，77.78% 的中央企业组织或参与社会责任"评优"

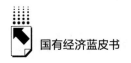

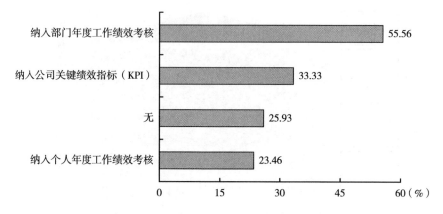

图 10 中央企业社会责任工作绩效考核情况

活动,以树立标杆、鼓励先进。其中,75.31%的中央企业参与了外部优秀案例评选,23.46%的中央企业开展集团系统内的优秀案例评选;22.22%的中央企业尚未开展企业社会责任优秀评选,2.47%的中央企业开展了其他类型的社会责任优秀评选。

例如,中国电建为传播责任理念、树立责任典范、探索责任创新,于2020~2021年开展"中国电建年度企业社会责任优秀案例征集评选"活动。同时积极参与全国电力行业社会责任优秀案例征集评选活动。

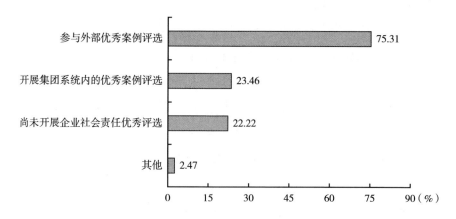

图 11 中央企业开展企业社会责任优秀评选

4. 责任能力

责任培训。组织或参与企业社会责任培训是增强员工社会责任意识、提升社会责任工作能力的重要手段。

超九成中央企业组织或参与社会责任培训。

调查显示，2020 年，97.53％的中央企业组织或参与形式多元的社会责任培训。其中，87.65％的中央企业每年参与外部机构组织的社会责任培训；53.09％的中央企业每年组织公司社会责任专项培训。值得注意的是，仍有 6.17％的中央企业从未组织公司社会责任专项培训，1.23％的中央企业从未参与外部机构组织的社会责任培训。

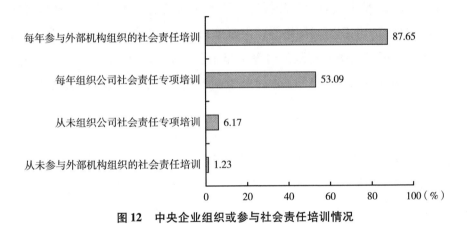

图 12　中央企业组织或参与社会责任培训情况

责任调研。由于各企业的经营特性和管理基础不同，企业社会责任在各个企业的落地方式往往具有一定的特殊性。基于此，企业有必要结合自身情况开展责任调查研究，为社会责任理念的确立、社会责任战略规划的制定、社会责任管理体系的建立健全等提供理论指导，提升开展社会责任工作的能力。开展责任研究，还能完善社会责任各项工作、传播企业社会责任理念、为相应社会责任标准的制定做出贡献，使企业社会责任推进成为一个持续改进的螺旋上升过程。

（三）责任沟通

责任沟通是企业社会责任管理的第三步，即指将企业社会责任的理念、

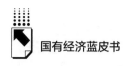

战略、绩效等披露给利益相关方，倾听利益相关方的期望和诉求，建立利益相关方参与企业重大决策和重要社会责任活动的机制。主要包括责任报告、利益相关方参与两项工作。

1. 责任报告

当前，发布社会责任报告、可持续发展报告、专项议题报告或 ESG 报告等是企业向利益相关方披露履责理念与实践成效的主要方式之一，以加强各利益相关方对企业的认知和了解。

（1）超九成中央企业发布 2020 年度社会责任报告

调查显示，2021 年，在具备发布条件的中央企业中，96% 的中央企业发布独立的 2020 年度社会责任报告/可持续发展报告。国家石油天然气管网集团有限公司、中国卫星网络集团有限公司、中国安能建设集团有限公司、中国检验认证（集团）有限公司等 4 家企业因成立、列入国务院国资委监管名单时间较短和社会责任工作尚未理顺等原因，表示本年度不编制社会责任报告。

（2）近四成中央企业已经发布社会责任专项议题报告

除了发布社会责任/可持续发展报告外，中央企业还对报告的类型和呈现方式进行了创新探索。39.51% 的中央企业发布了专项议题报告，主要围绕环境、扶贫、公益、海外、国别、抗击疫情履责等。

例如，通用技术集团结合定点扶贫地区资源禀赋，统筹各类帮扶资源，坚决落实精准扶贫基本方略，帮助贫困地区实现脱贫致富，并且通过发布扶贫报告，及时披露扶贫工作相关信息；中交集团始终坚持"真扶贫、扶真贫、真脱贫"，不断创新扶贫工作理念、坚持开发式扶贫和保障性扶贫相统筹，高质量完成脱贫攻坚目标任务，同时积极通过发布扶贫报告形式披露相关内容。

（3）近三成中央企业控股上市公司全部发布 ESG 报告

调查显示，在旗下拥有控股上市公司的中央企业中，50.00% 的中央企业控股上市公司部分发布 ESG 报告，27.14% 的中央企业控股上市公司全部发布 ESG 报告，15.72% 的中央企业均未发布，7.14% 的中央企业表示对发布 ESG 报告不了解。

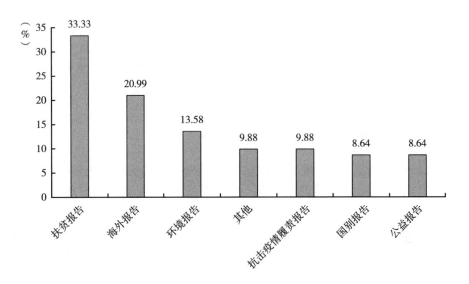

图 13　中央企业社会责任专项议题报告发布情况

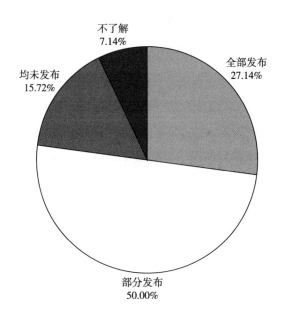

图 14　中央企业所属控股上市公司 ESG 报告发布情况

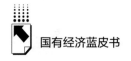
2. 利益相关方参与

利益相关方参与是指企业通过制度安排、资源保障，构建企业与利益相关方之间的沟通、监督机制，使企业在运营中深入了解并充分考虑利益相关方需求，使利益相关方参与、监督企业决策，促进实现企业发展与利益相关方满意的双赢。

（1）超九成中央企业积极推动利益相关方参与

调查显示，98.77%的中央企业采取多元措施积极推动利益相关方参与。在中央企业与利益相关方沟通的众多渠道中，邀请相关方参与企业社会责任项目占比50.62%。例如，机械总院集团、中钢集团、中国钢研等。邀请相关方参加企业社会责任会议占比45.68%。例如，国航、国投、中国建研院等。发放问卷征求利益相关方对相关问题的意见，占比44.44%。例如，兵器工业集团、国家能源集团、中国联通等。就专门事项召开新闻发布会占比30.86%。例如，中国航天科工、中广核、华侨城等。定期编写企业社会责任通讯占比17.28%。例如，兵器装备集团、华润集团等。1.23%的中央企业尚未建立与利益相关方的有效沟通。

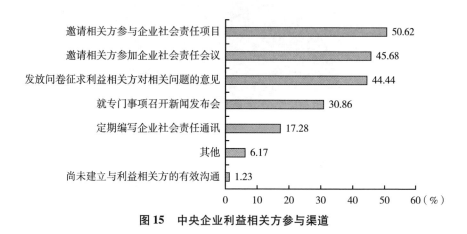

图15 中央企业利益相关方参与渠道

（2）超四成中央企业加入外部社会责任相关组织

调查显示，44.44%的中央企业加入了外部社会责任相关组织，积极参加社会责任沟通交流活动，分享优秀责任成果、实践和经验，促进利益相关方便好地认知企业、赞同企业、助力企业社会责任影响力和品牌美誉度。例如，中国石化、南方电网、中国华电、中国旅游集团、中国电建等中央企业加入"中国社会责任百人论坛"并担任理事会单位。中国五矿、中钢集团、中国建材集团等中央企业加入联合国全球契约组织。

参考文献

黄群慧、钟宏武、张蒽等著《中国企业社会责任研究报告（2020）》，社会科学文献出版社，2020。

彭华岗、钟宏武、张蒽等编《企业社会责任基础教材》（第二版），华侨出版社，2019。

钟宏武等编《中央企业社会责任蓝皮书（2021）》，国务院国资委课题，2021。

B.13
国有企业跨国经营与国际化管理

王微微*

摘　要：　作为国民经济的中坚力量，国有企业的国际化经营活动在我
国参与经济全球化的进程中发挥着重要作用。本报告从对外
直接投资、对外贸易、跨国并购三个角度归纳我国国有企业
跨国经营现状，分析我国国有企业开展跨国经营与国际化管
理的必要性，总结当前我国国有企业跨国经营与国际化管理
存在的若干问题，如投资决策效率和效果有待提升、贸易结
构有待升级，在跨国并购过程中面临较多的政治、法律、财
务、汇率等方面的风险和障碍，国际化管理的体制机制建设
有待加强、管理水平有待提高等。同时，提出推动我国国有
企业跨国经营与国际化管理的政策建议，在双循环新发展格
局大背景下，我国国有企业要更好地参与跨国经营和国际化
管理，必须借鉴国际经验，积极参与全球性竞争，发挥政府
协调作用，加强制度建设，加强对国有企业跨国经营和国际
化管理的约束监管，及时调整经营策略，完善现代企业制
度，提高经营管理质量，积极承担社会责任，塑造企业文化
认同感。

关键词：　国有企业　跨国经营　国际化管理

---

* 王微微，博士，中国社会科学院大学经济学院副教授，研究领域为国际贸易理论与政策、国际投资理论与政策。

一　我国国有企业跨国经营与国际化管理的现状

从广义上来说，企业在不同国家的一切经营活动都可称为跨国经营，而从狭义的角度，跨国经营指以跨国公司为主导开展的对外直接投资、对外贸易以及跨国并购等经营活动。本报告从狭义角度界定企业的跨国经营。

（一）我国国有企业跨国经营现状

1. 对外直接投资现状

国有企业是实施"走出去"战略的主力军。从投资占比看，近年来我国超过70%的非金融类对外直接投资、60%的对外承包工程营业额都是由国有企业主导完成，截至2017年末超过9200家中央企业法人在约190个国家或地区进行投资运营活动，海外员工总数超过35万，海外资产多达5万多亿美元。[①]《2019年对外直接投资统计公报》显示，2019年国有经济控股企业对外直接投资金额占中国对外非金融类直接投资总额的49.7%，金额达580.9亿美元，同比增长27%。截至2019年末，国有企业占中国对外非金融类直接投资存量的50.1%，较2018年增加2.1个百分点，但较2010年下滑16.1个百分点，如图1所示。

从投资企业的结构来看，2010年国有企业约有1326家，占比10.2%，2011年大幅上升，国有企业数量增加约173家，当年占比11.1%，但2012~2016年占比逐年下滑，2016~2019年大致保持在5%左右，如表1所示。

从国际比较来看，中国国有企业大而不强。入选2020年《财富》世界500强中国大陆（含香港）公司数量达到了124家，历史上第一次超过美国，其中国企数量92家。中石化、国家电网、中石油分别位列第二、第三、第四名。在盈利方面，工、农、建三大国有银行继续列利润榜前10位。总的来看，中国企业虽在数量上超过了美国，但整体盈利水平较低，上榜中国

---

① 国务院国有资产监督管理委员会。

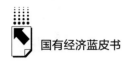

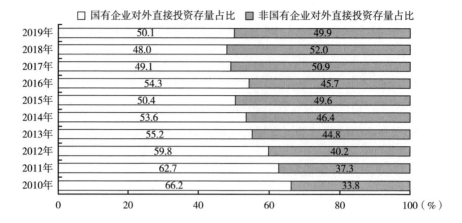

图1 2010～2019年国有企业对外直接投资存量占比

资料来源：商务部、统计局、国家外汇管理局：历年《对外直接投资统计公报》。

企业的平均利润不到36亿美元，约为美国企业（70亿美元）的一半，也低于全球500家大公司平均利润41亿美元。因此，我国国有企业在盈利水平上与世界大公司还有一定的差距。

表1 对外非金融类直接投资国有企业总量及占比

单位：%，家

项目	2010	2011	2012	2013	2014	2015	2016	2017	2018	2019
占比	10.2	11.1	9.1	8.0	6.7	5.8	5.2	5.6	4.9	5.0
总量	1326	1499	1456	1224	1240	1172	1268	1428	1328	1375

资料来源：商务部、统计局、国家外汇管理局：历年《对外直接投资统计公报》。

表2 2020年《财富》世界500强前十名

单位：百万美元，%

排名	公司	营业收入	利润	利润率	所属国家
1	沃尔玛	523964	14881	2.84	美国
2	中石化	407009	6793	1.67	中国
3	国家电网	383906	7970	2.08	中国
4	中石油	379130	4443	1.17	中国
5	壳牌	352106	15842	4.50	荷兰

排名	公司	营业收入	利润	利润率	所属国家
6	沙特阿美	329784	88211	26.75	沙特
7	大众公司	282760	15542	5.50	德国
8	英国石油公司	282616	4026	1.42	英国
9	亚马逊	280522	11588	4.13	美国
10	丰田汽车	275288	19096	6.94	日本

资料来源：财富中文网，http://www.fortunechina.com/fortune500/index.htm。

2. 对外贸易现状

2011～2020年，全国进出口总值呈现波动上升态势，除2015年、2016年及2019年外，均为正增长；而国有企业进出口总值占全国的比重呈逐年下降趋势。总体来看，国有企业进出口总值增长率在多数年份均低于全国平均增长率（见图2）。

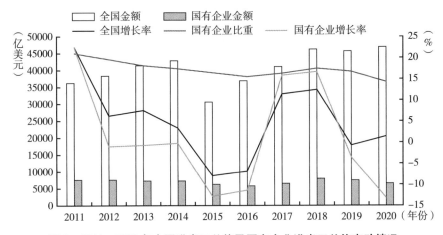

图2 2011～2020年中国进出口总值及国有企业进出口总值变动情况

2011～2020年，在中国出口总值波动上升的大背景下，我国国有企业出口总量和占比呈现下降态势（见图3）。2011年我国国有企业出口占全国出口总额的14.07%，金额约为2671.6亿美元。2012～2020年，除2018年有小幅上升外，其他年份一直处于下降态势，2020年国有企业出口仅为全国出口总额的8%。从进出口总额角度，国有企业进出口总额和

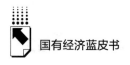

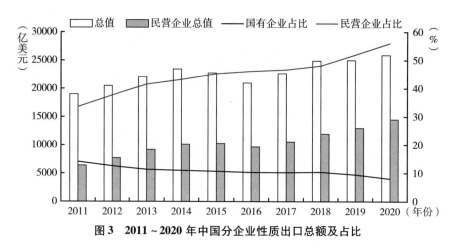

图3 2011~2020年中国分企业性质出口总额及占比

占比分别从2011年的7606.2亿美元和19.4%下降到2020年的6714.3亿美元和16.3%。

3. 跨国并购

2008年国际金融危机之后全球经济遭受重创,但中国企业却加快了"走出去"步伐。一方面,众多国外企业受金融危机冲击而陷入困境,市值大幅度缩水,为中国企业跨国并购提供了机会;另一方面,人民币兑欧元、日元等非美元货币汇率持续升值,提升了中国企业的支付能力。

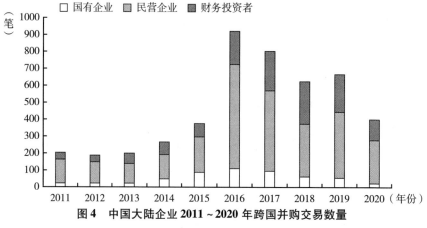

图4 中国大陆企业2011~2020年跨国并购交易数量

资料来源:普华永道《2015年中国企业并购市场回顾与2016年展望》《2019年普华永道企业并购市场回顾与2020年展望》《2021年上半年中国企业并购市场回顾与前瞻》。

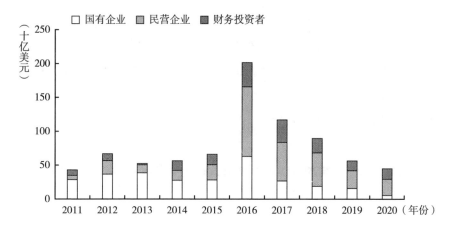

图5　中国大陆企业 2011～2020 年跨国并购交易金额

资料来源：普华永道《2015 年中国企业并购市场回顾与 2016 年展望》《2019 年普华永道企业并购市场回顾与 2020 年展望》《2021 年上半年中国企业并购市场回顾与前瞻》。

如图 4 和图 5 显示，2011～2020 年，中国企业跨国并购交易的数量和金额持续攀升。以 2016 年为节点，我国国有企业跨国并购的数量呈现先上升后下降的倒"U"形趋势，2013～2016 年并购数量增幅较大，但交易金额较 2011～2013 年有所减少，2016 年之后并购数量和并购交易金额逐年下降。2011～2020 年，国有企业并购交易数量占我国企业跨国并购总量比重最高的是 24.9%（2015 年），最低的为 9%（2019 年），其他年份大多为 12% 左右。从交易金额角度看，国有企业在企业规模和资金实力方面占有优势，跨国并购交易金额在 2016 年之前一直高于民营企业和财务投资者①，2013 年，国有企业并购交易金额占比达到 75.9%。2016 年之后，随着民营企业崛起，国有企业所占比重开始下降，2017～2018 年仅占 22.5%，2019 年有所上升，为 28.1%。不难看出，国有企业实施的跨国并购多为"大项目"，虽然数量不多但单笔并购金额较高。

如表 3 和表 4 所示，总体上看，我国国有企业进行跨国并购在行业上的

---

① 本报告中提到的"财务投资者"指以并购完成后出售资产获利为目的进行跨国并购的投资者，主要包括但不仅限于风险投资基金和私募股权基金。

分布不够均衡，工业、原材料以及电力能源领域的并购交易一直保持较高水平，三个领域国有企业跨国并购交易数量占 2012～2019 年跨国并购总量的 60% 以上，而在消费品、高科技和金融领域的并购交易数量较少，但对于 2012 年来说，几乎是实现了从无到有的飞跃，这主要归功于我国国有企业近些年来在这些领域的积极探索，以及国家政策的大力支持和推动。目前，我国国有企业进行跨国并购的领域主要是劳动密集型和资源密集型行业，对资本密集型和技术密集型领域的探索有待进一步开展。

表 3   2018～2020 年国有企业跨国并购交易金额（按行业分类）

单位：百万美元

行业	2018 年	2019 年	2020 年
工业	312	5735	700
消费品	687	0	400
高科技	2500	39	0
电力能源	11630	7165	3500
金融	1246	308	0
原材料	3374	2850	200
医疗健康	186	0	800
媒体娱乐	—	—	—
其他	366	14	700

注："—"表示数据缺失。

资料来源：普华永道《2016 年中国企业并购市场回顾与 2017 年展望》《2019 年普华永道企业并购市场回顾与 2020 年展望》《2021 年上半年中国企业并购市场回顾与前瞻》。

表 4   国有企业 2012～2019 年跨国并购交易数量按（投资行业分类）

单位：笔

行业	2012 年	2013 年	2014 年	2015 年	2016 年	2017 年	2018 年	2019 年	总计
工业	6	15	19	14	33	26	11	3	127
消费品	1	5	6	11	12	14	8	5	62
高科技	0	1	5	8	11	5	3	3	36
电力能源	22	18	14	12	—	—	—	—	66
金融	2	6	10	9	14	12	7	5	65
原材料	13	11	10	15	10	13	15	11	98
其他	3	3	14	11	29	27	13	16	116

注："—"表示数据缺失。

资料来源：汤森路透、投资中国及普华永道分析。

（二）国际化管理现状

1. 战略资源管理能力得到提升

国有企业"走出去"步伐加快，资源管理能力进一步提高。国有企业通过投资、并购或设立子公司、分公司的形式对国外资源掌握一定的控制权，提高了企业的可持续发展能力，也弥补了我国战略资源的不足。如2015年紫金矿业收购澳大利亚诺顿金田100%权益，获得黄金储量超过190000盎司的世界级金矿所有权，2018年又收购塞尔维亚最大铜矿山，进一步整合了公司有色金属冶炼加工业务，也增强了我国有色金属资源国际话语权。[①]

2. 国际化人才队伍建设越来越有活力

国有企业的国际化经营也伴随着人才队伍的建设。在人才培养模式上，国际化经营可提供更多的国外项目交流学习机会，如中石油与中国石油大学的博士联合培养计划，对通过博士选拔参加联合培养的优秀硕士研究生，博士在读期间有两年时间可由学校和企业安排去国外学习、参加国外的项目实践。这种培养人才、吸引人才的方案，使得国有企业在人才队伍建设上拥有源源不断的活力。在人才管理模式上，国有企业也越来越专业化、市场化，如2018年中石油发布了新的工资分配制度，新制度的两个核心关键词便是"市场化"和"考核"，打破了终身制的用工模式，盘活了企业用工存量，在这种制度下，员工收入增加，尤其是一线工人，据中石油资讯，在这种工薪制度下，一线工人的年收入可增加4000元以上；与此同时，企业用工市场化程度提升，员工工资与市场直接挂钩，员工进出更加自由，企业用工也更加灵活，据悉改革后中石油当年净利润同比增长130.7%。[②]

3. 风险管理亟待加强

国有企业国际化经营过程中主要遇到的风险为政治风险、社会文化风险

---

① 数据来源：紫金矿业集团股份有限公司官网。

② 数据来源：《中国石油天然气集团有限公司2018年度报告》。

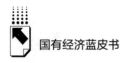
及宏观经济风险。我国国有企业对外投资东道国、贸易伙伴国通常是亚非拉国家，若东道国出现政局不稳、社会动乱等风险，会使我国企业海外经营和国际化管理遭受重大打击。如 2012 年利比亚发生非宪法程序政权更迭、2021 年缅甸武装政变，导致当地中资项目严重受损。在进行对外投资前，应通过实地考察、专家咨询等方式，详细了解东道国实地情况，做好政治风险、社会风险、经济风险等多方风险评估。

二　我国国有企业开展跨国经营与国际化管理的必要性

（一）提升我国在全球经济中的话语权

国有企业具有特殊的身份地位，是我国国民经济的骨干和中坚力量，其利益与国家利益紧紧相连。国有企业开展跨国经营不仅顺应经济全球化发展的需要，而且能提升企业效益，更有助于提升中国在全球经济中的话语权，争取更多的全球资源。

（二）国内市场存在一定局限性

国内市场的局限性使得国有企业发展受到制约。第一，国内资本市场规模有限，业务结构也较为单一。截至 2020 年 12 月 31 日，沪市和深市以及创业板上市公司市值约 14.2 万亿美元，而美国仅纳斯达克市值就达到 25.6 万亿美元[①]，同时证券公司大多为小公司，产品差异较小，竞争多体现为价格竞争，缺乏业务创新。第二，国内自然资源日益紧张，正逐渐成为国有企业开展跨国经营与国际化管理的重要动力，如 2020 年我国石油和天然气的进口依存度分别上升到 73% 和 43%[②]，实力雄厚的国有企业是保障国家能

---

① 数据来源：同花顺 iFind 数据库。
② 数据来源：商务部网站。

源安全、实施国家能源战略的关键主体。第三，人力资本匮乏，高层次专业人才队伍规模偏小，导致技能型人才和创新型人才供需缺口较大。第十次中国公民科学素质调查显示，2018 年我国公民具备科学素质的比例仅为 8.47%，还未达到美国 1988 年（10%）的水平。[1] 此外，具备高水平技能的人才地区分布不合理，如珠三角地区高水平人才数量占广东省高水平人才总量的 70%，而广东东西两翼和农村地区具备高水平技能的人才占比不到 30%，[2] 且具备高水平技能的人才大都集中在教育和医疗卫生系统，对于制造业类国有企业实现进一步发展必然产生一定程度的阻碍作用。

（三）加快推进国有企业改革，提高国际竞争力

自 1992 年开始，国企改革的第三阶段以建立现代企业制度为目标，至今已有 29 年，虽已取得巨大成效，但相比于国外大型跨国公司，我国国有企业在制度建设、治理结构上仍存在提升空间。积极参与跨国经营能够带来外溢效应，有助于我国企业学习和借鉴国外企业先进经验，不断提升企业创新能力和国际竞争力。

（四）开拓国际市场，推动产业结构升级

产业结构与经济总量有着密切的内在联系，库兹涅茨认为，"经济增长是一个总量过程，部门变化和总量变化是互为关联的，它们只有被纳入总量框架中才能得到恰当的衡量，缺乏所需的总量变化，就会大大影响部门变化的概率"。[3] 国有企业不断推进跨国经营可扩大市场，以量的增长为产业结构升级奠定基础。此外，国有企业可以通过海外兼并、上市等方式，升级国内产业链，不仅对国有企业自身有利，也会促进国内经济发展。跨国经营也有利于国有企业寻求战略资源，通过并购等方式实现联合发展。

---

① 雷万鹏、向蓉：《学生科学素养提升之家庭归因——基于中国 PISA 2015 数据的分析》，《全球教育展望》2020 年第 9 期。
② 数据来源为中国科学技术协会发布的第十次国民素质调查。
③ 苏东水主编《产业经济学》，高等教育出版社，2005。

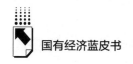

三 我国国有企业跨国经营与国际化 管理中存在的问题

（一）跨国经营

1. 对外直接投资

第一，投资决策效率和效果有待提升。一是国有企业的投资决策程序不够科学，没有充分结合企业的长期发展战略来对投资项目和投资方案进行选择，可能更多的是为了实现短期的绩效考核目标而进行投资，并且在投资立项时没有严格审核和分析，可行性研究大多流于形式，因此造成很多投资决策的失误；二是决策方法存在片面性，在进行投资决策时很少结合企业的财务状况和发展实际选择相匹配的投资方案指标计算方法，倾向于选择一些易于计算但并不能很好地反映问题的评价指标。

第二，风险防控意识不强，缺乏有效的风险分析和处置对策。投资活动的不确定性决定了企业在投资管理过程中必须具备较强的风控意识。从目前我国国有企业的投资实践来看，部分国有企业要么拒绝有风险的投资，要么对风险缺乏正确的认识而盲目投资，同时在投资管理的过程中缺乏风险预警提示和完善的风险应对机制，从而无法对投资风险进行有效防控，增加了国有企业投资风险发生的概率。

第三，我国国有企业投资效率①不高。目前我国国有企业在对外直接投资中经常存在投资预期收益较高、实际投资规模较大但最终实际产出不达预期的现象，直接影响投资效率提高，最终弱化了国有资产的保值增值能力。

2. 对外贸易

近年来，随着我国经济体制改革的持续推进，我国对外贸易、对外投资

---

① 投资效率主要是指企业在投资活动中的投入产出比，影响企业投资效率的主要因素是企业实际投资规模和预期收益之间的契合程度，两者的契合程度越高，企业的投资效率越高。

迅速发展，国有企业的国际市场竞争力不断提高，但仍然存在一定问题。

第一，贸易对象集中度较高。目前我国多元化的外贸格局已初步形成，但国有企业对外贸易的国别和地区集中度较高，相对聚集在欧亚和北美市场，特别是日本、美国、中国香港和中国台湾等国家和地区。贸易伙伴过于集中会降低我国企业抗风险能力，使企业面临更多来自这些国家的市场风险传播压力。

第二，贸易结构有待升级。从对外贸易商品结构上来看，制造业产品在出口产品中的比重较大，特别是高新技术产品出口有了明显增长，但总体贸易结构还有待进一步升级。目前我国出口贸易额中仍然以劳动密集型产品为主，工业附加值不高，出口商品处于全球商品价值链的低端，缺乏自主品牌，这些问题严重制约着我国国有企业的良性发展和竞争力提升。虽然我国已成为全球最大的贸易国，但结构上还是以工业制成品为主，产品技术水平较低，又缺乏自主品牌，很容易受到国外其他地区（如越南等劳动力成本更低的国家）的竞争和挑战。

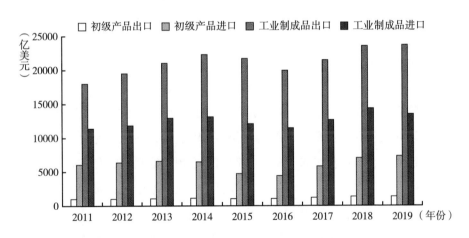

图6 2011～2019年我国初级产品和工业制成品进出口情况

资料来源：根据历年《中国贸易外经统计年鉴》数据整理。

第三，国有企业贸易份额逐步下降。随着我国对外贸易的发展，外贸主体逐渐多元化，民营企业已成为我国第一大外贸主体，国有企业近年来进出口贸易额占比不断下降，如图 7 所示。2020 年，民营企业进出口总额达到 2.18 万亿美元，同比增长 11.1%，占我国外贸总值的 46.6%，是最大规模 的外贸经营主体；相比而言，国有企业进出口总额为 6714 亿美元，同比下 降 13.1%，占我国外贸总额的 14.3%。

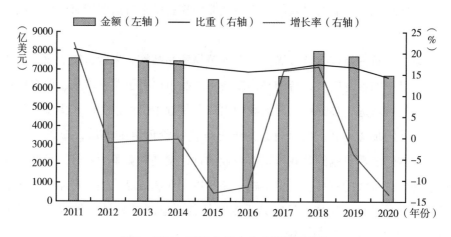

图 7　2011～2020 年国有企业贸易额占比

资料来源：根据历年《商务部对外贸易形势报告》数据资料整理。

3. 跨国并购

国有企业在跨国并购过程中面临较多的政治、法律、财务、汇率等方面 风险和障碍。我国国有企业主导的跨国并购，常被其他国家认为是政府行 为，如果并购项目有关目的国战略利益和战略资源，往往会受到来自目的国 政府、行业协会、媒体等各界的直接和间接干预，给我国国有企业跨国并购 带来障碍。由于跨国并购项目一般具有前期投入成本较大、回收周期较长等 特点，国有企业进行大型并购时往往会面临很高的财务风险。另外，与国外 大型企业相比，我国国有企业的资产负债率较高，容易引发债务风险，在并 购过程中，一旦某个环节出现失误，很容易引起资金链断裂，企业可能无法 按时还贷，甚至引起财务危机。目前人民币国际化还有一段路要走，国际市 场主要结算货币还是以美元为主，从事跨国经营的国有企业不可避免地会遇 到交易汇率风险、折算风险等，可能导致企业蒙受损失。

（二）国际化管理

中国国有企业目前在国际化管理上存在的问题主要体现在体制机制和管理水平两个方面。

从体制机制角度，首先，中国国有企业经历了从政府管理的部门到政府管理的企业的过程，后又通过公司制改革，逐步实现由企业向公司的转变，但"全民所有制企业"中的计划经济特征依然非常明显。目前中国国有企业国际化管理的制度体系、责任体系、组织体系、评价体系、执行体系等建设，仍然存在以国家行政主导的惯性推动，市场化程度提高较慢，很多国企仍不是严格意义上的市场主体，仍旧未能与政府完全脱钩，政企不分的现象也未从根本上得到改观，还有些国企授权经营体制不健全，管理体制过于僵化，"大企业病"现象严重，这些已经成为企业深化改革和进一步发展的体制性障碍。其次，中国国有企业人才队伍活力不足，缺乏高层次科技领军人才，薪酬分配机制落后，这都与企业风险管理、人力资源管理等方面意识不足、制度缺失息息相关。此外，对于高新技术企业，创新是可持续发展的基石，但创新又伴随着极高的风险，国有企业对风险的容忍度非常低。反观华为等民营企业在人力、研发上的投入十分大胆，如表 5 所示，2019 年华为研发投入达到 167.13 亿欧元，超越三星电子和苹果，仅次于 Alphabet 和微软，成为全球第三大研发投入最多的公司。其中全球 IT 行业前 18 大企业中有 12 家美国企业，只有 4 家中国企业，且全部是民营企业。

表 5　2019 年全球企业研发支出（IT 行业）

单位：亿欧元

排名	公司	所属国家	所属行业	R&D
1	Alphabet	美国	软件及计算机服务	231.60
2	微软	美国	软件及计算机服务	171.52
3	华为	中国	硬件及设备	167.13
4	三星电子	韩国（美资控股）	电子及设备	155.25
5	苹果	美国	硬件及设备	144.36

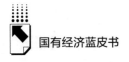

续表

排名	公司	所属国家	所属行业	R&D
7	Facebook	美国	软件及计算机服务	121.06
8	英特尔	美国	硬件及设备	118.94
24	思科	美国	硬件及设备	58.55
26	阿里巴巴	中国	软件及计算机服务	54.89
27	甲骨文	美国	软件及计算机服务	54.01
31	高通	美国	硬件及设备	48.05
33	IBM	美国	软件及计算机服务	47.68
34	戴尔	美国	硬件及设备	47.42
37	Uber	美国	软件及计算机服务	43.05
38	SAP	德国	软件及计算机服务	42.83
46	腾讯	中国	软件及计算机服务	38.71
66	百度	中国	软件及计算机服务	23.37

从管理水平角度，我国国有企业的国际化进程中管理基础和管理水平方面存在的问题也较为突出。对于世界一流企业来说，较高的管理水平和扎实的管理基础是在国际化竞争中稳操胜券的关键，只有通过全方位、科学化、全流程、精细化的管理，国际化企业才更易在全球市场波动中稳住大局，从而获得更强的国际竞争力。当前科技进步日新月异，智能化、数字化的发展推动了生产方式和经济形态的巨大变革，国有企业面临如此复杂的情况，虽然可以依靠资源整合实现规模经济增长，但在管理基础、管理能力、管理流程方面依然存在短板，很大程度上影响了企业的质量和效益。虽然在改革进程中出现了一些具有一定竞争力的大型国有跨国企业，但是国有企业的资本运行效率仍旧低于发达国家的一些大型跨国公司。据统计，我国国有企业的资产报酬率维持在2%左右，而美国非金融企业的资产报酬率一直维持在6%[①]左右，是我国国有企业的三倍。我国国有企业与世界一流企业的差距更加明显，2020年世界500强企业利润率排名中，除去依靠石油资源的国家外，第一名比利时利润率为17.07%，第二名马来西亚利润率为13.74%，

---

① 数据来源：美国商务部工业安全局（Bureau of Industry and Security，BIS）网站。

而我国企业的利润率仅为 5.33%。不仅如此，在平均销售收入、净资产收益率等财务指标方面也全面落后于世界 500 强企业的平均水平。可见，我国国有企业亟待提高自身的经营效率。此外，与民营企业相比，国有企业在人力资源利用方面市场化程度不高，在选人用人以及薪酬分配方面还留有计划性，"铁饭碗"仍旧是国有企业就业的标签，企业决策也对市场变化的灵活性不高，市场竞争能力较弱。

四　推动我国国有企业跨国经营与国际化管理的策略

（一）政府层面

1. 发挥政府协调作用

政府要从战略角度，组织相关部门协调合作，制定国有企业境外发展总体策略，建立和落实"走出去"政策与各个重大项目实施的协调机制，针对全球不同区域，成立专门的综合性、"一站式"投资管理协调机构。做好对外直接投资制度安排，以谈判的方式为我国国有企业跨国经营争取对象国法律和政策方面的保护，继续完善贸易保护协定，逐步将企业海外并购、投融资等利益保护纳入投资协定，确保中国企业对外直接投资和国际化经营利益的稳定和安全。政府相关部门要从政策、经济方面对我国国有企业跨国经营积极引导、协调并加强监督与管理。加强对东道国的信息收集，建立共享数据库，及时为企业提供跨国经营的风险预警和信息发布，供企业决策参考。成立专门机构，助力输出中国发展模式和文化价值理念，整体提升中国在全球经济体系中的软实力，适时开展官员和学者学习、访问、培训、考察交流，增进互动和了解。

2. 加强制度建设

适度放松境外投资管制，明确国有企业跨国经营税收政策和行为规范。加强数据统计、财务管理和业绩的考核与问责，实行投资责任终身追究制，规范企业出境后的投资与经营行为。适度放松对我国国有企业境外直接投资的管制，如对于额度内投资项目的审批可以实行备案制。对企业跨国经营提供"一站式"审批服务，简化审批流程，提高审批效率。大力发展中介机构，培育我国的大型投资银行，扩大涉外律师队伍，培育涉外人才，为国有企业积极应对跨国并购活动中面临的各种风险提供制度和人力资源保障。

3. 加强对国有企业跨国经营和国际化管理的约束监管

政府要完善境外国有资产监管和责任追究制度，高度重视合规经营重要性。建立对外直接投资安全权益保护体系，在具体的工程项目上，国家相关部门要督促企业加强工程质量、安全生产方面的监管，同时保护企业资产和人员的安全，对于可能发生的安全风险，要建立完善的风控机制，时刻做好应对安全风险发生的工作。加快资本市场市场化改革，要改变当前只要是国有企业便可优先上市的局面，逐步形成以企业经营成果为主要标准的上市标准；同时，适度放开私营企业、外资等机构投资者对国有上市公司股权的减持，构建便利性、竞争性的中国资本市场体系。倡议和鼓励银行等金融机构积极参与国有企业跨国经营，为国有企业国际化提供充足、稳定的资本金。

（二）企业层面

国有企业开展跨国经营要有长远规划，熟悉目的国法律法规、生态环境、对劳工和养老等社会保障利益的要求等。从国有企业自身来看，提高内部管理水平、制定科学的经营战略、进行细致的可行性分析、储备国际性人才，都是成功进行跨国经营的重要内容，应当完善现代企业制度，实行政企职责分开，确立更加明确的产权关系，优化现有的公司内部组织管理机构以及完善内部分配制度，从而提高管理效率和决策的科学性。

1. 正确评估东道国形势，及时调整经营策略

对国有企业而言，跨国投资与经营的政治风险和经济风险是需要关注的重点内容，国有企业海外经营人员要能够及时提供海外政治、经济等方面的变动情况，并及时向专业咨询机构寻求帮助，降低我国国有企业海外经营风险。从长远考虑，要结合东道国实际情况制定正确的本土化战略，根据市场

实际状况及时调整经营策略。增强与其他类型"走出去"企业的合作意识，避免无序竞争，守法经营，履行法律责任、社会责任和道义责任，加强企业文化建设。在国际市场上，应加强对话合作，不仅要加强国有企业间的对话，国有企业与民营企业间也应该充分发挥各自优势，共同维护自身利益最大化。

2. 完善现代企业制度，增强企业国际竞争力

完善公司治理结构，建立现代化的经营和管理模式，不断增强企业跨国经营能力。在进行跨国经营时，国有企业要根据自身的比较优势参与国际竞争，同时也要加强自身的能力，如加大研发投入，提高企业创新能力，争取拥有自主知识产权的核心技术；还可以通过企业兼并、跨国并购、控股等方式引进国外企业的优势技术，增强企业国际竞争力。在人力资本方面，国有企业要制定明确的国际化人才战略，注重培育和储备具有国际化管理能力、具备国际化经营素质的高质量人才，可以与国内外高校通过联合培养的方式为企业培养和输送高素质人才。

3. 增强风险防范能力，提高经营管理质量

要加强国有企业自身经营的合规化管理，可以向国外大型跨国企业学习借鉴，同时建立健全国有企业内部经营体系。加大对投资和贸易伙伴国的调查研究力度，尤其是地缘政治环境较为复杂的国家或地区；将国有企业跨国经营的重点业务领域，特别是政府监管的关键领域，作为企业调查研究的重点地区。在建立合规管理制度的基础上，协调管理职能和资源配置，强化合规职责及组织领导，企业领导者要在树立合规管理理念、推动合规管理体系建立和运行方面起到示范带头作用，在各项合规要求中做出表率，保障合规制度运行。在并购前应充分调研，做好目标企业风险评估，对信息系统、人力资源系统、企业文化等多方面开展审慎调查，最大限度地减少并购风险；同时，国有企业应当重视并购后的整合，制定一套完善的整合计划并认真加以实施。

4. 积极承担社会责任，塑造企业文化认同感

国有企业在跨国经营过程中要特别注意积极融入当地社会，履行相应社

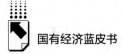

会责任，如纳税与捐款、支持当地文化建设、广泛开展与当地居民的交流活动等。在劳工及社会保障方面，积极在当地开展企业所需的职业技能培训，适度提高当地居民在员工中所占比重，既能够增进对当地情况的了解，便于与当地政府部门和居民进行沟通，也能为当地提供相应就业岗位，缓解就业问题。给予当地员工相应社会保障，尊重其各项权利，尊重当地风俗习惯，体现人文关怀。在并购整合过程中，必须做好企业文化的融合工作，重塑本企业与目标企业都认同的新企业文化。

参考文献

王鉴忠、宋嘉良：《"一带一路"背景下中国企业跨文化管理研究》，《理论探讨》2017 年第 6 期。

牛利萍：《国有企业跨国经营路径探析——以海尔集团为例》，《广西质量监督导报》2020 年第 9 期。

徐传谌、孔德海：《中央企业国际化经营的战略定位研究》，《厦门大学学报》（哲学社会科学版）2013 年第 1 期。

张金城：《中央企业"走出去"现状分析和对策研究》，《国际贸易》2013 年第 12 期。

尹响、杨博维、杨继瑞：《印度软件企业跨国经营的考量与启迪》，《南亚研究季刊》2013 年第 4 期。

刘建丽：《国有企业国际化 40 年：发展历程及其制度逻辑》，《经济与管理研究》2018 年第 10 期。

王喜刚：《企业国际化管理的困境与战略选择》，《企业经济》2014 年第 1 期。

B.14
后　记

公有制为主体、多种所有制经济共同发展是社会主义基本经济制度的重要内容，国有企业是中国特色社会主义的重要物质基础和政治基础，关系公有制主体地位的巩固，作为壮大国家综合实力、推进国家现代化建设和保障人民共同利益的重要力量，在党执政兴国和中国社会主义国家政权的经济基础中起到了支柱作用。国有企业改革一直是我国经济体制改革的中心环节，党的十八大以来，我国进入中国特色社会主义建设新时代，各级国资委和国资系统企业以习近平新时代中国特色社会主义思想为指导，深入贯彻习近平总书记关于国有企业改革发展和党的建设的重要论述，特别是习近平总书记2016年10月10日在全国国有企业党的建设工作会议重要讲话精神，进一步增强"四个意识"、坚定"四个自信"、做到"两个维护"，坚持党对国有企业的全面领导，加强国有企业党的建设，不断探索公有制多种实现形式，积极推进国有经济布局优化和结构调整，大力发展混合所有制经济，持续增强国有经济竞争力、创新力、控制力、影响力和抗风险能力，努力做强做优做大国有资本和国有企业，持续深化国有企业改革和完善中国特色现代企业制度，推进形成以管资本为主的国有资产监管体制，有效发挥国有资本投资公司、运营公司功能作用，国有企业改革与国有经济发展取得了巨大的成就。

《国有经济蓝皮书：中国国有经济报告（2021）》是第一本"国有经济蓝皮书"，旨在动态地研究分析国有企业改革与管理进展、国有经济总体发展状况。作为第一本的2021年国有经济报告主要是分析新时代以来的国有企业改革与管理的基本进展、国有经济发展概况，以后每年的蓝皮书我们将更加聚焦上一年的国有企业改革与国有经济发展情况。2020年11月11日，中国社会科学院与国务院国有资产监督管理委员会签订战略合作协议，成立了中国社会科学院国有经济研究智库，该蓝皮书是国有经济研究智库的一项成果，也是2021年中国社会科学院国有经济研究智库重点课题"国有企业在构建新发展格局中的作用研究"的一项成果。本报告共分总报告、发展篇、改革篇和管理篇四部分，试图全面分析研究国有经济发展、国有企业改革和国有企业管理创新问题。

本报告主要由中国社会科学院大学经济学院教师执笔完成，由我提出写作提纲并执笔完成总报告B.1，高文书教授组织协调并执笔B.2，其他报告的执笔人为胡吉亚（B.3和B.10）、傅春杨（B.4）、刘艳红（B.5）、王秀云（B.6）、周林洁（B.7）、李石强（B.8）、李先军与修晶（B.9）、王菲（B.11）、钟宏武（B.12）、王微微（B.13）。此外，钟德寿教授和博士研究生李晓宁同学提供了部分章节的初稿，并做了大量工作。本报告得到了国资委有关同志的大力支持，这里表示衷心感谢！也感谢国家能源集团在本报告撰写过程中给予的大力支持！本报告的出版得到了社会科学文献出版社王利民社长的热心支持，这里一并感谢！当然文责自负！

这是我们第一本"国有经济蓝皮书"，由于时间和能力所限，还有很多不成熟的地方，欢迎读者批评指正，以利于我们以后持续完善"国有经济蓝皮书"！

黄群慧

2021年11月

Abstract

After completing the building of a moderately prosperous society in all respects and achieving the First Centenary Goal, China will enter a new stage of development in the 14th Five-Year Plan period. It's the first five-year period for China to take advantages for a new journey towards a modern socialist country and the Second Century Goal. In this new stage of development, China's state-owned economy is a major force to promote the modernization of China and safeguard the common interests of Chinese people. Meanwhile, China's state-owned enterprises are important material and political foundation of the Socialism with Chinese Characteristics. The both must make new and greater contributions to implementing the new development philosophy and constructing the new development paradigm.

Blue Book of The State-owned Economy—Report on China's State-owned Economy (*2021*) analyzes the overall development of China's state-owned economy by focusing on its serving approach to build the new development paradigm. The blue book discusses several major tasks, including improving the modern enterprise system with Chinese characteristics, optimizing the layout and structure of China's state-owned capital, promoting the reform of mixed-ownership economy proactively and prudently, improving China's marketization operating system, establishing the management-oriented supervisions system on state-owned capital, propelling state-owned enterprises to participant in fair competition, implementing a series of targeted reforms on state-owned enterprises. Concerning the new development paradigm, the report analyzes the position and development strategy of state-owned enterprises in China, and probes into promoting the reform of relevant enterprises and the development of the state-owned economy, so as to

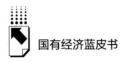

fully exert the strategic role of the state-owned economy in optimizing China's economic structure and circulation. At last, the report provides new ideas and policy suggestions for high-quality economic development.

According to the report, since the 18th CPC National Congress, the Supervision and Administration Commissions of the State-owned Capital, together with related enterprises, has set Xi Jinping's Thought on the Socialism with Chinese Characteristics for a New Era as the guide. The authorities and enterprises have comprehensively implemented President Xi's important expositions on the reform and development of state-owned enterprises and the Party building, especially the gist on the 2016 National Conference of the State-owned Enterprises on Party Building. Carrying out the decisions of the CPC Central Committee and the State Council, both the government and enterprise sides continuously promote to implement the "1 + N" policy system for the reform of China's state-owned enterprises, and push forward the reform towards a deep and solid level. By now, China has achieved concrete results, making new major progress and substantive breakthroughs. As the report reveals, in the new era, China's state-owned enterprises are more in number, stronger in strength, and bigger in scale. As the economic efficiency and operation quality steadily improved, the enterprises also substantially boost the capacity of innovation, basic support and livelihood supply. Thus, China's state-owned enterprises make great contributions to national strategy and the prevention against major risks.

The report also suggests that in the new stage of development, China should persevere in the CPC leadership on the state-owned enterprises, and establish modern state-owned enterprise system with Chinese characteristics. For the enterprises themselves, they should take the responsibility and serve the overall strategy for the great rejuvenation of the Chinese nation, where they should play as the mainstay in the new journey of comprehensively building a modern socialist country. In the new stage of development, state-owned capital should concentrate more on the high-level self-reliance and self-improvement in science and technology, the innovation and development of real economy and the improvement of the governance on industrial and supply chain. The reform on the supervision system of state-owned assets should focus on improving the management-oriented system based on the "technical attribute" of capital, rather than the "financial attribute" . From the three dimensions of development, reform and management, the report puts forward a series of constructive and innovative countermeasures and suggestions on the approach to the high-quality development of China's state-owned enterprises and the construction of the new development paradigm.

Keywords: State-owned Economy; State-owned Assets; State-owned Enterprises; The New Development Paradigm

Contents

Ⅰ General Report

Abstract: Since the 18th National Congress of the Communist Party of China, the Chinese government has been pushing forward the reform of state-owned enterprises, to make its state-owned capital and enterprises stronger, better, and bigger. Meanwhile, China has further propelled its modern enterprise system with Chinese characteristics and the supervision system on state-owned assets, which is centralized on capital management. The country has also continued to optimize the layout and structure of its state-owned economy, with a vigorous development on mixed-ownership economy. Therefore, China's state-owned economy meets its improvement in terms of competitiveness, innovation, controllability, influence and risk-resistance. It is fair to say that China has made tremendous achievements in the reform of state-owned enterprises and the development of the state-owned economy, contributing historically to China's economic and social development, scientific and technological progress, national defense construction, and the improvement of people's livelihood. At present, the socialism with Chinese characteristics has entered a new stage. Thus, China needs to fully implement the new development philosophy, and accelerate the construction of the new development paradigm. China's state-owned enterprises serve as a vital force to improve the nation's comprehensive strength, to propel its modernization process and to protect people's common interests. Towards a modern socialist country, new missions and tasks must come down to China's state-owned enterprises. Therefore, state-owned capital and enterprises should focus on high-level self-reliance and self-improvement in science and technology, improve the management of the industrial and supply chains, so as to promote the common prosperity and realize people's pursuit towards a better life. By doing so, China's state-owned capital and enterprises can play a better role in the dual circulation where domestic driven forces can pull up overseas demands, and encourage the innovation of China's real economy.

Keywords: State-owned Enterprises; Reform and Development; New Development Stage; New Development Paradigm; Mission and Task

Ⅱ Development Reports

B.2 The Overview of the Development of China's

State-owned Economy   *Gao Wenshu* / 017

Abstract: Since the 18th National Congress of the Communist Party of China, the number of China's state-owned enterprises has been increasing, while that of employees in state-owned enterprises has remained stable with a slight decline. Besides, the total assets of state-owned enterprises have been growing, with net assets expanding and operating income rising in fluctuations. The total profits of state-owned enterprises as a whole shows a trend of continuous growth, while the profit margin of operating income remained stable with a slight rising. Meanwhile, the tax payable of China's state-owned enterprises grows steadily, opposite to a downward trend of the asset-liability ratio. Overall, the operation quality of China's state-owned economy has been significantly improved. In terms of industrial distribution, the assets of state-owned enterprises mainly concentrate on industry, social service, transportation, logistics, and real estate. Heavy industry holds a major

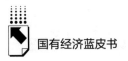

国有经济蓝皮书

proportion of all state-owned assets in industry sector. And the assets are mostly concentrated on the service industry among the three major industries. The proportion of industry in the state-owned economy drops significantly, while that of service industry increases continuously. In terms of regional distribution, the assets of state-owned enterprises in China are mainly in the developed provinces and regions, with a relatively low proportion in central and western China, especially in northeast China. However, the proportions of state-owned assets in eastern China is decreasing, with that in central and western China increasing. Meanwhile, the proportion in northeast China shows a mild fluctuation. With state-owned enterprises and capital increasingly stronger, better, and bigger, China's state-owned economy has been significantly strengthened in competitiveness.

Keywords: State-owned Economy; State-owned Enterprise; State-owned Capital; State-owned Economic Layout

B.3 Layout and Strategic Adjustment of China's State-owned

Capital   *Hu Jiya* / 037

Abstract: Over the past decade, China's state-owned capital layout has distinctive characteristics. The industry distribution has gradually adjusted from basic industries to commercial service industries. The regional distribution relies on the local economy and gradually tilts to the West. The development focus is based on profits and takes into account enterprises and employment. The industrial state-owned capital focuses on the heavy chemical industry and begins to pay attention to strategic emerging industries. At present, the main problems of China's state-owned capital layout include the gap between the industrial layout of state-owned capital and the "Double Cycle" development strategy; the regional distribution of state-owned capital does not match the regional coordinated development strategy; The scale distribution of state-owned capital is not synchronized with the growth rate of capital efficiency; the layout of state-owned capital enterprises is not in line with the needs of R & D and innovation. Facing the new requirements of the

296

"Double Cycle" development strategy for the layout of China's state-owned capital, it is suggested to make strategic adjustments to the layout of China's state-owned capital from four aspects: overall layout, regional layout, industrial layout and innovation layout.

Keywords: State-owned Capital; Industrial Structure; "Double Cycle"; Strategic Adjustment

B.4 Development of China's State-owned Economy:
Central and Local   *Fu Chunyang* / 060

Abstract: The organic combination of central state-owned enterprises and local state-owned enterprises in coordinating national economic planning and promoting regional economic development can give full play to the two active systems and mechanisms of central enterprises and local enterprises, better mobilize the potential of regional development, and optimize government responsibilities. The system and government organizational structure play the role of economic ballast for the balanced and coordinated development of various regions. The state-owned economy provides sufficient budgets for the local and central finances. The organic coordination of the two plays an important role in establishing a central and local fiscal relationship with clear powers and responsibilities, financial coordination, and regional balance. The overall planning of central and local state-owned enterprises is an important part of a stable system that is compatible with the powers, expenditure responsibilities, and financial resources of governments at all levels.

There are three sections in this chapter, which respectively describe the development of central state-owned enterprises and local state-owned enterprises, the development and changes of state-owned economy in different regions, and the influence of state-owned economy on central and local finances. Looking at the overall trend, after 2010, the role of the state-owned economy in the overall economic and industry development has become more and more significant, and as China has entered the middle-income country sequence, state-owned capital has

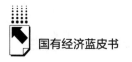
国有经济蓝皮书

also tilted more toward the tertiary industry. At the local level, local state-owned enterprises have always played a supporting role in local employment and economic development, while central enterprises have played a more important role in controlling key industries and fields; state-owned enterprises, especially central enterprises, have always invested domestically in research and development. The backbone of scientific research. From the perspective of fiscal expenditure, central and local state-owned enterprises are major taxpayers. With the expansion of the scale of local state-owned enterprises, the tax amount of local state-owned enterprises is increasing relative to the number of central enterprises, and the budget and final accounts obtained by them are also rising. This is not only conducive to the development of the local economy, but also conducive to the coordination and overall planning of regions.

Keywords: State-owned Economy; Central; Local

B.5　Development of State-owned Economy: An International
　　　Comparative Perspective　　　　　　　*Liu Yanhong* / 084

Abstract: Since the 21st century, although the proportion of state-owned economy in all countries in the world continues to decline, its importance and influence in the world are becoming more prominent. In addition to China, countries with a high proportion of state-owned economy are mainly concentrated in former socialist countries in Europe, economic powers in the European continent and emerging economies. The industrial layout of state-owned economies around the world shows significant consistency, mainly focusing on basic and strategic industries such as resources, energy, water, gas and electricity, transportation, telecommunications and finance. Affected by the diversification of business objectives and the complexity of external environment and internal constraints faced by enterprise development, state-owned enterprises still have the problem of low business performance on the whole. There are obvious differences in the functional orientation of state-owned economy between economically developed countries and developing countries. In addition to the traditional functions of providing public goods, ensuring national economic security and maintaining economic and social stability, state-owned enterprises in many developing countries also play a pioneering or leading role in national development strategies such as economic transition, catching up and even international competition. Based on the above differences, the financial crisis not only accelerated the rise of the strength of emerging economies to a certain extent, but also accelerated the pace of their state-owned enterprises participating in international economic and trade cooperation and competition. The rise of the global influence of state-owned economy in emerging economies has aroused great concern in economically developed countries and triggered profound changes in the development environment of state-owned economy. On the one hand, led by European and American countries, countries around the world generally strengthen security review and raise the threshold for foreign investment access in key infrastructure, core technology, information security and other fields. On the other hand, the overseas development of state-owned enterprises will be restricted by more stringent international rules such as competition neutrality, which is bound to have an important impact on their role in implementing and promoting national (overseas) development strategies. According to the changed external development environment, the country urgently needs to make corresponding deployment and adjustment in the external development strategy, the layout structure of the state-owned economy and deepening the reform of state-owned enterprises.

Keywords: State-owned Enterprises; Functional Orientation; International Comparison; Overseas Development Environment

Ⅲ Reform Reports

B.6 The Functional Positioning and Classification Reform of
State-owned Enterprises   *Wang Xiuyun* / 106

Abstract: Since the 18th National Congress of the Communist Party of

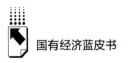
China, the reform of state-owned enterprises has entered a new stage of development. However, there are still many problems in the reform, such as the multiplicity of business objectives, the ambiguity of the subject of property rights responsibility, the excessive dependence on administrative resources, the administrative appointment system of managers, the imperfect internal system and mechanism, and the urgent needs to deepen the reform of monopoly industry. To a large extent, it is the premise and key that to solve these problems by clarifying the functions and positioning of state-owned enterprises, and according to the functions and characteristics of different enterprises, effectively implementing classified reform, classified development, classified responsibility and classified supervision. Only by insisting on classification reform, making overall plans and take all factors into consideration and focusing on key enterprises, can we promote the structural optimization of state-owned economy, standard state-owned enterprise as a legal person governance structure, enhance the enterprise market competition ability, build a fair and perfect market mechanism, strengthen the effective supply of public products, develop the good control power, influence and momentum of the state-owned enterprises. Firstly, this chapter reviews the historical function orientation of state-owned enterprises. Then, explains the connotation and extension of the function orientation and classification of state-owned enterprises which including purpose and significance of the function orientation and classification of state-owned enterprises, principles, dimensions and methods of classification and so on. On the basis of the classification, summarizes and sorts system construction of the reform of Chinese state-owned enterprises and local classification reform practice. Besides, focuses on the problems existing in the reform of state-owned enterprise classification practice. Finally, raises some thoughts for reforming state-owned enterprises of different types, puts forward some practical measures for the existing problems.

Keywords: State-owned Enterprises; Function Orientation; Classification Reform

B.7 Mixed Ownership Reform: Policy and Implementation

Zhou Linjie / 130

Abstract: While a pivotal component of the reform of the Chinese economy is that of state-owned enterprises (SOEs), among a series of approaches to reform SOEs, the establishment of mixed ownership arguably takes a center stage. Promoting the mixed ownership reform of SOEs is valuable for further improving their corporate governance structures, enhancing their operating efficiencies, increasing their dominance and influences, and achieving a better allocation of state-owned capital. Since China's reform and opening-up, the policy making of the mixed ownership reform of SOEs has gone through three different stages—an exploration stage, a development stage and a reform-deepening stage. In the reform-deepening stage, policy makers have not only highlighted the goal and focuses of the reform, but also provided a "1 +N" policy package. Furthermore, they have made some details of key reform policies clearer than ever. Under the guidance of these policies, the implementation of the reform witnessed important milestones, including for instance the "Four Pilot Reforms", the "Ten Pilot Reforms", the "Double-hundred action", and the "Comprehensive Regional Reform Tests". The expansion of pilot reforms' coverage and the accumulation of experience in this process have enhanced the reform quite effectively. The promulgation of the *Three-year Action Plan for the SOE Reform* (2020 – 2022) features a new phase for the mixed ownership reform of Chinese SOEs. It is worth noting that to further promote the reform, it is essential to keep holding on to its goal and focuses—including utilizing the property right reform to enhance the value and allocation of state-owned capital; improving the diversity of investors to increase synergies and competitiveness; differentiating enterprises according to their positioning to better push the reform to different industries; shifting the roles and compensations of executives and establishing an employee stock ownership plan in SOEs.

Keywords: State-owned Enterprises (SOEs); Mixed Ownership; Reform

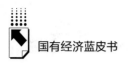
国有经济蓝皮书

B.8　Progress of the Reform of State-owned Assets Management System　　　　　*Li Shiqiang* / 153

Abstract: State-owned assets management system is the synthesis of those rules about the administration of state-owned assets, the partition of rights and liabilities, and the methods of management. The core of the reform of state-owned assets management is partitioning the rights and liabilities suitably among the different levels of governments and administrations. The earlier researchers though that the owner of means of production should simultaneously take the responsibility of the using of them. In other words, the state-owned economy means both "state-owned" and "state-run", and this is how the title of "state-run enterprise" come about. Since the reform and opening in 1978, the direction of the reform of state-owned assets management is separating the enterprises and governments, separating the rights of owning and running, building up the modern enterprise management system, and accomplishing the transformation, extrication and development of the state-owned enterprises (SOEs). After the establish of the State Asset Supervision and Administration Commission (SASAC), a state-owned assets management system combining the managing of assets, human resources and issues was set up. In the year of 2013, the new government was established. The Central proposed the strategy of deepening reform in an all-round way along with the new normal status of the economy. On 24th August, 2015, the Central and the State Council issued the *Instructions on Deepening the Reform of State-owned Enterprises* and supposed to refine the state-owned assets management by focusing on capital managing. If the modern enterprise management system can be seen as the milestone of the first stage of China's reform of the state-owned for-profit assets management, the transformation from "enterprise-managing" to "asset-managing" then to "capital-managing" is the fresh new view on the current reform of SOEs. This means that China begins to see state-owned assets managing from the view of capital operating. The management of state-owned assets is no longer focused on the physical assets, but on the owner's equity of the state-owned assets in the form of shareholder rights. The management of fixed asset changes to the management of capital which is more flowable. Thus, the value preserving and increasing of the state-owned assets becomes critical, not the industries of the operating, the distribution of control rights, the behaviors of producing and business running, nor the identity of human resources. Since then, the reform of the state-owned assets management keeps moving on, taking capital management as the mainline.

Keywords: State-owned Assets; Regulations; State-owned Economy

B.9　Improve the Modern State-owned Enterprise System

　　　with Chinese Characteristics　　　*Li Xianjun, Xiu Jing* / 171

Abstract: Improving the Modern State-owned Enterprise System with Chinese Characteristics is an important part of improving the socialist market economy with Chinese characteristics. Since the founding of the People's Republic of China, the establishment of the state-owned enterprise system went through four states, from "Unity of Government and Enterprise", to the "Delegation of Power and Profit" and the establishment of a modern enterprise system after the reform and opening up, and the improvement of the modern state-owned enterprise system with Chinese characteristics after the new era. The state-owned enterprise system has undergone a process of continuous exploration and pioneering, which is the process of state-owned enterprise reform and system innovation under the leadership of Communist Party of China with persisting in combining the basic principles of Marxism with the reality of China, and is the result of insisting on the integration of top-level design and bottom-level innovation. In order to improve the Modern State-owned Enterprise System with Chinese Characteristics in the future, it is necessary to further strengthen and optimize the Communist Party of China's leadership over state-owned enterprises to promote the integration of party leadership into the management process of state-owned enterprises. And it is important to further implement the reform of state-owned assets and state-owned enterprises, especially to improve the state-owned capital management system based on managed capital through hierarchical and classified reforms. It is crucial to

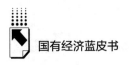
further innovate and improve the governance structure of state-owned enterprises and form a state-owned enterprise governance system with Chinese characteristics.

Keywords: Modern State-owned Enterprise System With Chinese Characteristics; Communist Party of China's Leadership; Modern Enterprise System; New Era

Ⅳ Management Reports

Abstract: Since the reform and opening up, the reform of "Three Systems" has been advancing steadily, especially playing an indispensable role in the wave of state-owned enterprise reform. However, the reform of the "Three Systems" is a long-term task, which is related to the national economy and the people's livelihood. At the same time, it also involves multi-party interest game. The reform is old-fashioned, repeated and inefficient. Starting from the analysis of the current situation of the three system reforms of state-owned enterprises, this chapter analyzes the main problems that need to be paid attention to in the innovation of management system of state-owned enterprises, constructs the evaluation system of management system of state-owned enterprises, and finally puts forward feasible suggestions for the three system reforms of state-owned enterprises.

Keywords: State-owned Enterprises; Personnel System; Selection System; Distribution System; "Six Able"

Abstract: As the general direction, goal, characteristic and guideline of an enterprise, company mission explains the fundamental reasons for enterprises' survival and development. Throughout the history of Chinese state-owned enterprises, most of successful companies enjoyed clear mission statements, and could carry out effective business strategies based on their own missions. Based on the retrospection of mission evolution during different periods, combined with the classified reform of state-owned enterprises, this paper focuses on explaining the economic mission, national mission and social mission that state-owned enterprises need to assume under the new development paradigm. Furthermore, this paper puts forward policy suggestions on the mission-driven strategic management innovations for Chinese state-owned enterprises.

Keywords: State-owned Enterprise; Company Mission; Strategic Management Innovation

B. 12　Development of Social Responsibility Management
　　　in State-owned Enterprises　　　　　　　*Zhong Hongwu* / 231

Abstract: SOEs are the important material and political basis of socialism with Chinese characteristics and the relying force of the Party. Under the new situation, SOEs adhere to the five new development concepts of innovation, coordination, green, openness and sharing. According to the strategic needs of the party, the country, the overall situation of economic and social development, they have undertaken the tasks of developing the national economy, leading scientific and technological innovation, promoting coordinated regional development, building ecological civilization, helping to overcome poverty, resolving urgent difficulties and dangers, and ensuring people's livelihood We have promoted political, economic and social responsibilities in overseas responsibility performance, established and improved responsibility management, actively issued social responsibility reports, and achieved a series of important achievements during the 13th Five Year Plan period, laying a solid foundation for the high-quality start of the 14th Five Year Plan.

Keywords: SOEs; Corporate Social Responsibility; CSR Reports

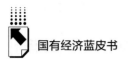

国有经济蓝皮书

B.13 Transnational Operation and International Management of

State-owned Enterprises   *Wang Weiwei* / 270

Abstract: As the backbone of national economy, the international operation of state-owned enterprises plays an important role in the process of economic globalization in China. This chapter summarizes the transnational operation status of state-owned enterprises in China from three perspectives: foreign direct investment, foreign trade and cross-border M&A, analyzes the necessity of transnational operation and international management of state-owned enterprises in China, and summarizes some problems existing in transnational operation and international management of state-owned enterprises in China, such as investment decision-making efficiency and effectiveness to be promoted, the trade structure remains to be upgraded. In addition, in the process of cross-border M&A, there are many risks and obstacles in political, legal, financial, exchange rate and other aspects. The construction of international management system and mechanism needs to be strengthened and the management level needs to be improved. Finally, this paper puts forward some policy suggestions to promote the transnational operation and international management of China's state-owned enterprises. Under the background of the double-cycle new development pattern, China's state-owned enterprises must learn from international experience, actively participate in global competition and play the coordinating role of the government in order to better participate in the transnational operation and international management. Strengthen institutional construction, strengthen the restriction and supervision of transnational operation and international management of state-owned enterprises, timely adjust business strategies, and improve the modern enterprise system. Improve the quality of management, actively undertake social responsibility, shape the identity of enterprise culture.

Keywords: State-owned Enterprises; Transnational Operation; International Management

权威报告·一手数据·特色资源

皮书数据库
ANNUAL REPORT(YEARBOOK)
DATABASE

分析解读当下中国发展变迁的高端智库平台

所获荣誉

- 2019年，入围国家新闻出版署数字出版精品遴选推荐计划项目
- 2016年，入选"'十三五'国家重点电子出版物出版规划骨干工程"
- 2015年，荣获"搜索中国正能量 点赞2015""创新中国科技创新奖"
- 2013年，荣获"中国出版政府奖·网络出版物奖"提名奖
- 连续多年荣获中国数字出版博览会"数字出版·优秀品牌"奖

成为会员

通过网址www.pishu.com.cn访问皮书数据库网站或下载皮书数据库APP，进行手机号码验证或邮箱验证即可成为皮书数据库会员。

会员福利

- 已注册用户购书后可免费获赠100元皮书数据库充值卡。刮开充值卡涂层获取充值密码，登录并进入"会员中心"—"在线充值"—"充值卡充值"，充值成功即可购买和查看数据库内容。
- 会员福利最终解释权归社会科学文献出版社所有。

数据库服务热线：400-008-6695
数据库服务QQ：2475522410
数据库服务邮箱：database@ssap.cn
图书销售热线：010-59367070/7028
图书服务QQ：1265056568
图书服务邮箱：duzhe@ssap.cn

社会科学文献出版社 皮书系列
SOCIAL SCIENCES ACADEMIC PRESS (CHINA)
卡号：461275321195
密码：

S 基本子库
SUB DATABASE

中国社会发展数据库（下设 12 个子库）

整合国内外中国社会发展研究成果，汇聚独家统计数据、深度分析报告，涉及社会、人口、政治、教育、法律等 12 个领域，为了解中国社会发展动态、跟踪社会核心热点、分析社会发展趋势提供一站式资源搜索和数据服务。

中国经济发展数据库（下设 12 个子库）

围绕国内外中国经济发展主题研究报告、学术资讯、基础数据等资料构建，内容涵盖宏观经济、农业经济、工业经济、产业经济等 12 个重点经济领域，为实时掌控经济运行态势、把握经济发展规律、洞察经济形势、进行经济决策提供参考和依据。

中国行业发展数据库（下设 17 个子库）

以中国国民经济行业分类为依据，覆盖金融业、旅游、医疗卫生、交通运输、能源矿产等 100 多个行业，跟踪分析国民经济相关行业市场运行状况和政策导向，汇集行业发展前沿资讯，为投资、从业及各种经济决策提供理论基础和实践指导。

中国区域发展数据库（下设 6 个子库）

对中国特定区域内的经济、社会、文化等领域现状与发展情况进行深度分析和预测，研究层级至县及县以下行政区，涉及省份、区域经济体、城市、农村等不同维度，为地方经济社会宏观态势研究、发展经验研究、案例分析提供数据服务。

中国文化传媒数据库（下设 18 个子库）

汇聚文化传媒领域专家观点、热点资讯，梳理国内外中国文化发展相关学术研究成果、一手统计数据，涵盖文化产业、新闻传播、电影娱乐、文学艺术、群众文化等 18 个重点研究领域。为文化传媒研究提供相关数据、研究报告和综合分析服务。

世界经济与国际关系数据库（下设 6 个子库）

立足"皮书系列"世界经济、国际关系相关学术资源，整合世界经济、国际政治、世界文化与科技、全球性问题、国际组织与国际法、区域研究 6 大领域研究成果，为世界经济与国际关系研究提供全方位数据分析，为决策和形势研判提供参考。

法律声明

　　"皮书系列"（含蓝皮书、绿皮书、黄皮书）之品牌由社会科学文献出版社最早使用并持续至今，现已被中国图书市场所熟知。"皮书系列"的相关商标已在中华人民共和国国家工商行政管理总局商标局注册，如LOGO（▓）、皮书、Pishu、经济蓝皮书、社会蓝皮书等。"皮书系列"图书的注册商标专用权及封面设计、版式设计的著作权均为社会科学文献出版社所有。未经社会科学文献出版社书面授权许可，任何使用与"皮书系列"图书注册商标、封面设计、版式设计相同或者近似的文字、图形或其组合的行为均系侵权行为。

　　经作者授权，本书的专有出版权及信息网络传播权等为社会科学文献出版社享有。未经社会科学文献出版社书面授权许可，任何就本书内容的复制、发行或以数字形式进行网络传播的行为均系侵权行为。

　　社会科学文献出版社将通过法律途径追究上述侵权行为的法律责任，维护自身合法权益。

　　欢迎社会各界人士对侵犯社会科学文献出版社上述权利的侵权行为进行举报。电话：010-59367121，电子邮箱：fawubu@ssap.cn。

社会科学文献出版社